オッカム哲学の基底

オッカム哲学の基底

渋谷克美著

知泉書館

まえがき

筆者は最近,『オッカム「大論理学」註解』I-V巻（創文社, 1999-2005）を出版した。序論で述べているごとく, およそ10年に及ぶ註解の作業の中で, 筆者は或ることに気づいた。それは, オッカムの『大論理学』(*Summa Logicae*) が,〈心の内の言葉と, 心の外のものを区別する〉という明確な哲学的意図をもって書かれた論理学書だということである。本書の目的は, このようなオッカムの哲学的意図が, 彼が『大論理学』の中で行なっているさまざまな議論において明確に見出されることを証明することである。

　第I部存在について第1章においては, トマスやエギディウス・ロマヌスのesseとessentiaの実在的区別に対するオッカムの批判を取り上げた。オッカムは, ①エッセンチアとエッセは実在的に異なる二つのもの (res) ではなく, もの (res), としては同一であり, 従って「エッセンチア」と「エッセ」という二つの語は全く同一のものを表示する同義語であり, ②ただし,「エッセンチア」と「エッセ」とでは表示の仕方 (modus significandi) が異なると主張する。すなわちオッカムは, 心の内の言葉と, 心の外のものを区別し, エッセンチアとエッセは心の外のもの (res) の側の区分ではなく, 言葉の側の区分であるとしている。

　第2章においては, ドゥンス・スコトゥスの共通本性と個体化の理論に対するオッカムの批判を取り上げた。スコトゥスに対するオッカムの批判の根底に,〈心の内の言葉の側のことと, 心の外のものを明確に区別しようとする〉彼の哲学的意図が見出されることは明らかである。オッカムは,〈事物を認識し, 正当に或る概念を取り出すことができるとすれば, その概念に対応する何らかの存在性 (realitas) が心の外の実在的事物の側になければならない。さもなければ, 心の内に形成された概念はすべて虚構

であることになる〉と考えるスコトゥスの思考法そのものを批判しているからである。オッカムは，多くの個物の内に内在している普遍的原理——共通本性（例えば人間性）——が心の外に存在することを否定し，普遍的な原理を，心の外から，認識する者の心の中へと移行させる。

　第3章においては，エギディウス・ロマヌス等 'moderni' 達の量独立説に対するオッカムの批判を取り上げた。moderni 達は，「量は実体や性質から実在的に独立したもの（res absoluta）であり，また関係も実体や性質と実在的に別なもの（parva res）である。それゆえ実体，性質，量，関係，能動，受動といったように多くの，相互に別なもの（res）が心の外に存在する」と主張する。しかし，オッカムによれば，実体，性質，量，関係という区分は，心の外のもの（res）の側の区分ではなく，ものを認識する心の概念・言葉の側の区分である。例えば，実体の範疇に属する語「人間」と，量の範疇に属する語「立体」は同一のもの（res）を表示するのであり，ただその表示の仕方（modus significandi）が異なる。すなわち「人間」は単意語として或るものを表示し，「立体」は併意語として同じものを表示する。言語の領域と存在の領域は対応しない。なぜなら，表示する語や心の概念の間の相違と，表示されるものの間の相違は必ずしも同じではないからである。

　それゆえ，トマスやエギディウス・ロマヌスの esse と essentia の実在的区別に対する批判においても，スコトゥスの共通本性と個体化の理論に対する批判においても，エギディウス・ロマヌス等 'moderni' 達の量独立説に対する批判においても，オッカムは一貫して〈心の内の言葉と，心の外のものとの区別〉という同一のテーゼを提出して，従来の存在論を斥けているのである。これらの批判においてオッカムが言いたかったのは，〈言葉は人々を欺く〉ということであると筆者は考える。我々は，'currens（走るもの）'－'cursus（走行）'，'esse（エッセ・存在）'－'essentia（エッセンチア・本質）'，'homo（人間）'－'humanitas（人間性）'，'equus（馬）'－'equinitas（馬性）'，'Sortes（ソクラテス）'－'Sorteitas（ソクラテス性）'，'quando（何時）'－'quandalitas（何時性）'，'ubi（何所）'－'ubitas（何所性）'という具象語と抽象語を持っている。あるいは 'homo（人間）'－'corpus（立体）'，'homo（人間）'－'pater（父親）'という単意語

と併意語を持っている。オッカムによれば，このような語の多様性がしばしば哲学者達を誤りへと陥らせるのである。なぜなら第1章で述べたごとく，'currens（走るもの）'–'cursus（走行）'，'esse（エッセ・存在）'–'essentia（エッセンチア・本質）'という具象語と抽象語に対応し，これら二通りの語の成立を根拠づける何らかの，実在的に異なる二通りのもの（res）が外界の事物の側にあると考えたことから，トマスやエギディウス・ロマヌスはesseとessentiaの実在的区別を主張したからである。また第2章で述べたごとく，'humanitas（人間性）'，'equinitas（馬性）''Sorteitas（ソクラテス性）'という抽象語に対応する何らかの存在性（realitas）が心の外の実在的事物の側に存在すると考えたことから，スコトゥスは共通本性が心の外に存在すると主張し，形相的区別を措定したからである。更に第3章で述べたごとくmoderni達は，「'quandalitas（何時性）'，'ubitas（何所性）'という抽象語は，心の外の何らかの小さなもの（parva res）が対応する」と主張し，また'homo（人間）' 'corpus（立体）' 'pater（父親）'という様々な範疇に属する語を持つことから，「量や関係は，実体や性質から独立し，それらと実在的に別なもの（res）である」と主張したからである。オッカムは『大論理学』第I部第51章の中で，このような誤りを防ぐために，〈併意語を含んでいる命題を，それと同値な，単意語のみを含む命題へと置き換える〉試みについて述べている。

　更に『大論理学』の，存在についての議論だけでなく，言語や論理についての議論においても，序論で述べられた〈心の内の言葉と，心の外のものを区別しようとする〉オッカムの哲学的意図が明確に見出される。第II部言語と論理について第4章においては，オッカムのポルピュリオス註解を取り上げた。オッカムは，ポルピュリオスのテーゼから，存在論的な意味合いをできるだけ取り除き，存在についての議論を，言葉の側に属する論理についての議論へと転換させて解釈することを提案している。オッカムによれば，〈類は種よりも本性的により前である〉〈種差は，事物の本質的部分である〉〈類は自らのうちに，すべての種差を可能態において持つ〉というような表現はすべて，ここでは，事物の側の実在的な関係を意味するのではない。むしろ，これらのポルピュリオスのテーゼは論理的な関係を意味するものとして解されるべきなのである。このようなオッカムの解

釈はきわめて特異であり，ポルピュリオスに忠実なものと言えないであろう。しかしオッカムが敢えてこのような解釈を提示していることに，〈心の内の言葉と，心の外のものを明確に区別しようとする〉彼の哲学的意図を見ることができる。

第5章においては，オッカムが『大論理学』第II部，第III部−1の中で議論している，分離された意味において（in sensu divisionis）用いられる様相命題と，結合された意味において（in sensu compositionis）用いられる様相命題との区分の問題を取り上げた。分離された意味において用いられる様相命題の主語は個体代示を持つものであり，外界の事物（res）について語る言語のレベル1の命題である。他方，結合された意味において用いられる様相命題の主語は，単純代示あるいは質料代示を持つ。このような様相命題は，言語のレベル1に属する言表句である命題について語る，言語のレベル2の命題である。オッカムはこのような区分を設定することによって，心の外の事物（res）について語る言語のレベル1の命題と，外界の事物を表示し，代示するレベル1の命題そのものについて語る言語のレベル2の命題を区別し，言語の階層というアイデアを彼の哲学の中に導入している。

最後の第6章において筆者は，『大論理学』が〈心の内の言葉と，心の外のものを区別しようとする〉哲学的意図をもって書かれた論理学書であることを，オッカムが偽リカルドゥスとの論争の中で導入した，述語づけの遂行態（actus exercitus）と述語づけの表示態（actus significatus）との区別を考察することによって明らかにした。例えば「色は視覚の第一の対象である」の主語「色」がもし或る個物を代示しているとしたら，命題は偽である。では，「色」は外界の普遍的な形相や共通本性を代示すると解すべきであるのか。しかし，これはオッカムが最も避けたいことである。なぜなら，その場合には，スコトゥスの言うような共通本性や普遍的形相を外界の事物の側に認めなければならなくなるからである。そこでオッカムは，「色は視覚の第一の対象である」という述語づけの遂行態の命題を，「〈色〉に，〈視覚の対象である〉ことが，第一に述語づけられる」という述語づけの表示態へと転換して解釈すべきであると主張する。述語づけの遂行態の命題は，外界のもの（res）についての言明である。他方，述語

づけの表示態の命題は，外界のもの（res）についての言明ではなく，外界のものを表示する言葉，あるいは心の内の言葉である概念そのものについての言明である。オッカムはこの区別を導入することによって，命題の主語「色」の代示の対象を，心の外の普遍的形相・共通本性から，心の中の普遍的概念へと移行させる。

目　次

まえがき ………………………………………………………… v

序論　心の内の言葉と，心の外のものとの区別

（一）オッカムの哲学的意図 ……………………………………… 3
（二）オッカムの哲学の基本的な立場 …………………………… 8

第Ⅰ部　存在について

第1章　14世紀における esse と essentia に関する議論 ……… 13
（一）エギディウス・ロマヌスの説 ……………………………… 13
（二）エギディウス・ロマヌスの説に対するオッカムの批判 …… 23

第2章　スコトゥスの共通本性と個体化の理論に対する
　　　　オッカムの批判 ……………………………………… 45
（一）スコトゥスの『命題集註解』における個体化の理論 ……… 46
（二）オッカムの批判 ……………………………………………… 53

第3章　エギディウス・ロマヌスなど 'moderni' 達の量独立説
　　　　に対するオッカムの批判 …………………………… 81
（一）エギディウス・ロマネス達の量独立説 …………………… 82
（二）量独立説に対するオッカムの批判 ………………………… 85
（三）「関係は parva res である」と主張する moderni（現代の人々）
　　　の説に対するオッカムの批判 ……………………………… 92
（四）オッカムの批判の意図 ……………………………………100

補遺　　スコトゥス，オッカムにおける様相論理と可能世界論 …… 107

第II部　言語と論理について

第4章　オッカムのポルピュリオス註解——存在についての議論を，
　　　　論理についての議論へと転換する ………………………… 121
　（一）　類は種よりも本性的により前である ……………………… 122
　（二）　類が除去されると，種も除去される ……………………… 123
　（三）　類も種も，それらが述語づけられるところのものよりもより
　　　　前である ………………………………………………………… 125
　（四）　種差は，事物の本質的部分である ………………………… 127
　（五）　類は自らの内に，すべての種差を可能態において持つ ……… 132
　結論——オッカムの解釈の意図 ……………………………………… 134

第5章　言語の階層 …………………………………………………… 137
　（一）　オッカムのテキスト（『大論理学』第II部第9, 10章）の解釈
　　　　 ……………………………………………………………………… 137
　（二）　オッカムが結合された意味における様相命題と，分離された
　　　　意味における様相命題を区分した理由（I）……………… 143
　（三）　オッカムが結合された意味における様相命題と，分離された
　　　　意味における様相命題を区分した理由（II）……………… 144

第6章　代示 suppositio に関する，偽ルカルドゥスとオッカム
　　　　の議論——述語づけの遂行態と述語づけの表示態 ……… 149
　（一）　代示に関する問題 …………………………………………… 150
　（二）　これらの命題の主語の代示の問題に関する，オッカム以前の
　　　　伝統的な説 ……………………………………………………… 153
　（三）　これらの命題の主語の代示の問題に対する，オッカムの解答（I）
　　　　 ……………………………………………………………………… 158
　（四）　オッカムの解答（II）——述語づけの遂行態と述語づけの表示態 … 160
　（五）　偽カムプザのルリカルドゥスの反論 ……………………… 171

（六）述語づけの遂行態を表示態へと転換させるオッカムの意図 …173

関連テキスト
（羅和対訳）

オッカム『七巻本自由討論集』第2巻第7問題 ……………………… 180
ドゥンス・スコトゥス『アリストテレス形而上学問題集』第7巻
　第13問題 …………………………………………………………… 190

関連テキスト註 ………………………………………………………… 204

あとがき ………………………………………………………………… 223
索　引 …………………………………………………………………… 225

オッカム哲学の基底

序　論
心の内の言葉と，心の外のものとの区別

───────

（一）　オッカムの哲学的意図

筆者は最近，オッカム（1285-1349）『「大論理学」註解』Ⅰ−Ⅴ巻（創文社，1999-2005）を出版した。およそ10年に及ぶ註解の作業の中で，筆者は或ることに気づいた。それは，オッカムの『大論理学』（*Summa Logicae*）が明確な神学的，哲学的意図をもって書かれた論理学書だということである。『大論理学』が明確な神学的意図をもって書かれたものであることは，オッカムが論理学の理論を述べる際に，キリスト教の三位一体論やその他の神学の例をしばしば取り上げていることから言える[1]。これは，他の中世の論理学書，例えばペトルス・ヒスパーヌスの『論理学綱要』（*Tractatus Summulae Logicales*）やシャーウッドの『論理学入門』（*Introductiones in Logicam*）においても，またオッカムと同時代のバーレーの『論理学の純粋性について』（*De Puritate Artis Logicae*）においても見出されない，オッカムの『大論理学』のみが持つ特徴である。では何故オッカムは，論理学の理論を述べる際に，三位一体論やその他の神学の例を取り上げているのか。我々はその理由は，『大論理学』の序文に相当す

---

1)　例えば，① Ockham, *Summa Logicae*, I, cap. 66；拙訳『大論理学註解Ⅱ』創文社，2000, 82-85頁，② *Summa Logicae*, III-1, cap. 5；拙訳『大論理学註解Ⅳ』創文社，2005, 26-28頁，③ *Summa Logicae*, III-1, cap. 44；拙訳『大論理学註解Ⅳ』創文社，2005, 136-137頁，その他多くの箇所で，オッカムは神学の例を挙げて議論している。

るオッカムの書簡の中に見つけることができる。

> 若い人達が，論理学について充分に習得しない前に，神学やその他の諸学の細部を研究しようとするということがしばしば起こる。このことによって彼等は，他の人々にとっては些細な，あるいは何でもない事柄において，彼等に解くことができない難問に陥り，真なる論証を言わば詭弁として斥け，詭弁を真なる論証として受け入れることによって，多くの誤謬へと滑り落ちる。このことが，私がこの論考を書くに至った理由であり，その際に私は時には議論の途中で，哲学や神学から例をとって，論理規則を明示した。(Ockham, *Epistola Prooemialis*, OPhI, p. 6, lin. 21-28) [2]

すなわちオッカムは，神学研究の手助けにしたいという明確な意図をもって，この論理書を書いたのである [3]。

更に，『大論理学』が明確な哲学的意図をもって書かれた論理学書であることも明らかである。そのように考えられる理由として，筆者は二つの理由を挙げることができる。一つは，『大論理学』(*Summa Logicae*) という大部な著作の中でオッカムは，同一のテーマを繰り返し論じていることである。このようなテーマの第一は，スコトゥスの共通本性と個体化の理論に対する批判である。オッカムはこのテーマを『大論理学』第Ⅰ部第7章，第15-17章，第Ⅲ部-1第4章，10章，41章，第Ⅲ部-3第6章，7章の中で繰り返し取り上げている。第二は，エギディウス・ロマヌス等'moderni'達の「量は実体や性質から独立し，それらと実在的に別なものとして存在する res absoluta である」とする量独立説に対する批判である。オッカムはこのテーマを『大論理学』第Ⅰ部第6章，8章，43-62章，第Ⅲ部-3第30章，第Ⅲ部-4第8章，10章の中で繰り返し論じている。第三は，述語づけの表示態（actus significatus）と述語づけの遂行態（actus exercitus）についての議論である。オッカムはこのテーマを『大論理学』第Ⅰ部第43章，66章，72章，第Ⅲ部-3第18章，22章，第Ⅲ部-4第6章の中で述べている。第四は，esse exsistere（存在）と essentia

---

[2] 拙訳『大論理学註解Ⅱ』創文社，2000，解説，xxvi を参照。
[3] Armand Maurer, *The Philosophy of William of Ockham in the light of its Principles*, Introduction, p. 6 を参照。

（本質）に関する議論である。オッカムはこのテーマを『大論理学』の中で繰り返し述べているわけではないが，第III部－2第27章において，論証に関する議論の間に挿入する仕方でこのテーマについて論じている。更にオッカムは，他の著作『七巻本自由討論集』（Quodlibeta Septem）第2巻第7問題[4]においても，このテーマについて論じている。これらの第一から第四のテーマは一見関連がないように見えるが，実は一つの大きなテーゼにまとめられることができる。すなわち，トマスやエギディウス・ロマヌスの esse と essentia の実在的区別に対する批判においても，スコトゥスの共通本性と個体化の理論に対する批判においても，エギディウス・ロマヌス達の量独立説に対する批判においても，オッカムは一貫して〈心の内の言葉と，心の外のものとの区別〉という同一のテーゼを提出して，従来の存在論を斥けているからである。オッカムは，スコトゥスのように，「個々の人間に共通な本性が心の外に存在する」と考える人々を批判して，

> 心の観念が述語づけによって（per praedicationem），外界の複数の事物に共通な普遍なのである。……外界の事物の側には，端的に個である物以外には，何も存在しないのだからである。かくして，「外界の事物の側に，個物以外に何か或るものが存在する。例えば，個々の人間から区別された人間の本性が，諸々の個物のうちに，それらの本質に属するものとして存在する」と考えたすべての人々の誤謬が，彼等をこれらやその他の多くの論理学上の誤りへと陥らせたのである。
> (Ockham, *Summa Logicae*, I, c. 66; OPhI, p. 204, lin. 125-131)[5]

と述べている。すなわち人々には，心の内の普遍観念に対応するものが，心の外にも存在すると考える傾向があり，オッカムは〈心の内の言葉と，心の外のものとの区別〉というテーゼを提出することによって，このような立場を斥ける[6]。それゆえオッカムが，〈心の内の言葉と，心の外のものを区別す

---

[4] Ockham, *Quodlibeta Septem*, Quodlibet II, Quaestio 7; OThIX, pp. 141-145. 本書の付録として付けられた関連テキスト①。

[5] 拙訳『大論理学註解II』創文社, 2000, 85頁。

[6] このように，心の中の言葉である観念に対応する何らかのものが外界の事物の側にも存在すると考える傾向のことを，ボーラーは「プラトニズム」と呼び，このような立場を斥けることがオッカムの主要な関心事であったと述べている。J. Boler, "Ockham on Intuitve Cognition," *Journal of the History of Philosophy*, XI, 1973, pp. 95-106. 稲垣良典

る〉という哲学的意図をもって『大論理学』を書いたことは明白である。

　更に,『大論理学』が明確な哲学的意図をもって書かれた書であると理解される第二の理由は,この論理学書の構成に見出されることができる。中世論理学が新しく開拓した論理学の主要な分野として,代示 (suppositio) の理論と,討論における拘束の術 (obligatio) の理論と,解決困難な命題 (insolubilia) いわゆる嘘つきのパラドックスについての理論の三つが挙げられる。オッカムも『大論理学』の第Ⅰ部第63－77章の中で代示 (suppositio) の理論について論じ,第Ⅲ部－3第39－45章の中で討論における拘束の術 (obligatio) の理論について論じ,第Ⅲ部－3第46章の中で解決困難な命題 (insolubilia) いわゆる嘘つきのパラドックスについての理論を論じている。しかし,これら三つの理論に対するオッカムの態度は,オッカムと同時代の他の論理学者と大きく異なっている。オッカムの『大論理学』はしばしば中世論理学の集大成のごとくに見做されるが,決してそうではない。オッカムは代示の理論を重要視し,代示の理論を『大論理学』の議論全体において多用する。しかし,拙訳『オッカム「大論理学」註解Ⅴ』(創文社,2003) 付論「嘘つきのパラドックスとオッカム」の中で述べた[7]ごとく,オッカムの嘘つきのパラドックスについてのテキストは意外なことに,全集版でわずか3頁足らずであり,他の中世の論理学者のinsolubilia論に比べて極端に短く,議論も不明瞭である。これに対して,オッカムと同時代のバーレーによって1302年頃に書かれたinsolubilia論のテキスト (Walter Burley, *Insolubilia Walteri Burlei*, in M. L. Roure, "La problématique des propositions insolubles au XIIIe siècle et au début du XIVe, suivie de l'édition des traités de W. Shyreswood, W. Burleigh et Th, Bradwardine", *Archives d'histoire doctrinale et littéraire du moyen âge* 37, 1970, pp. 262-284) は分量がオッカムのテキストの10倍以上であり,内容的にも先ずcassatio説やrestrictio説といった先行する説を検討した後で,バーレーは自己の説を提出している。このようなバーレーのinsolubilia論と比較するならば,オッカムの議論はかなり見劣りすると言わざるをえない。し

『抽象と直観』創文社,1990,187-188頁を参照。
　7)　拙訳『大論理学註解Ⅴ』創文社,2003,689-690頁。

かも『オッカム「大論理学」註解V』の付論で筆者が推測しているごとく，オッカムがこのバーレーのテキストを良く知っており，バーレーのテキストを直接に見て『大論理学』第Ⅲ部-3第46章を書いたのだとしたら，オッカムは嘘つきのパラドックスについての理論を重要だと考えておらず，従って簡単に述べるだけにとどめたと解することができるであろう。討論における拘束の術（obligatio）の理論に関しても同様のことが言える。オッカムは，バーレーの討論における拘束の術（obligatio）の理論についてのテキスト（*Tractatus de obligationibus*, ed Romulad Green, O. F. M., in his *An Introduction to the Logical Treatise, 'De Obligationibus'* vol. II, Louvain: Université Catholique, 1963）を読んでいた[8]。しかし，オッカムは討論における拘束の術の理論を重要だと考えていなかった。それゆえ，簡単に述べるだけにとどめた。では何故オッカムは代示の理論を重要視し，討論における拘束の術の理論と解決困難な命題（insolubilia）いわゆる嘘つきのパラドックスについての理論を重要でないと考えたのか。それは，討論における拘束の術の理論と嘘つきのパラドックスについての理論が論理学的に重要でないからではない。例えば嘘つきのパラドックスに対しては，拙訳『オッカム「大論理学」註解V』付論で述べたごとく，現代論理学においてもさまざまな議論がなされており[9]，嘘つきのパラドックスについての理論は論理学的には非常に重要なものである。筆者は，オッカムが『大論理学』という書物を〈心の内の言葉と，心の外のものを区別する〉という明確な哲学的意図をもって書いたことと，オッカムが代示の理論を重要視し，討論における拘束の術の理論と嘘つきのパラドックスについての理論を重要でないとし，簡単にしか述べていないことが密接に関連していると考える。すなわち，〈心の内の言葉と，心の外のものを区別する〉というオッカムの哲学的意図からすれば，代示の理論は大変役立つ重要な理論であり，他方，討論における拘束の術の理論と嘘つきのパラドックスについての理論はオッカムの哲学的意図からはずれており，重要ではないことになる。オッカムの『大論理学』第Ⅲ部-3第46章の最後の言葉

---

8) 前掲拙訳『大論理学註解V』訳者註解481，441頁を参照。
9) 前掲拙訳『大論理学註解V』682-683頁。

私が討論における拘束と解決困難な命題に関する事柄を挿入したのは，『大論理学』の完成のためであり，論理学の重要な部分が全く言及されずに省略されることがないようにするためである。(Ockham, *Summa Logicae,* III-3, c. 46; OPhI, p. 746, lin. 71-73)[10]
は，この辺の事情を良く表わしていると思われる。すなわちオッカムの哲学的意図からすれば，討論における拘束と解決困難な命題に関する理論は重要ではないが，しかし，だからといってこれらの理論に全く言及せずに省略することもできない。これらの理論は論理学的には大変重要な部分だからである。それゆえ，オッカムはこれらの理論についても簡単に述べたのである。以上述べた『大論理学』という論理学書の構成の特異性が，オッカムがこの書を〈心の内の言葉と，心の外のものを区別する〉という明確な哲学的意図をもって書いたことを証明している。

(二) オッカムの哲学の基本的な立場

以上，オッカムの『大論理学』が明確な哲学的意図をもって書かれた論理学書であることを明らかにした後で，筆者は次に，オッカムの哲学の基本的な立場について述べる[11]。「外界における事物はすべて個物であって，普遍であるのは人為的に制定された言語，更により本来的には，我々の心の持つ言葉・概念のみである。概念は，外界の多くの事物を表示（significare）し，代示（supponere pro）する記号であり，それゆえ，普遍という性格を持つ」というのが，オッカムの哲学の基本的な立場である。オッカムが一貫して主張するのは，「概念は，我々が話したり書いたりする言語と類似した，心の内の言葉（verbum mentale）である。音声語や文字語が外界の事物を表示し，代示するのとちょうど同じ様に，概念は外界の事物を表示し，心の中に懐抱され，形成される命題の主語や述語として，或るものを代示する記号である」ということである。このようなオッ

---

10) 前掲拙訳『大論理学註解Ⅴ』178頁。
11) 渋谷「オッカムの概念論」哲学41，日本哲学会，1991，90-91頁。拙著『オッカム「大論理学」の研究』創文社，1997，3‐4頁。

カムの基本的な立場は，ボエティウスとアウグスティヌスから大きな影響を受けている。オッカムは，ボエティウスの『アリストテレス命題論註解』に従い，語 (terminus) を書かれた語と話された語と知性の中に懐抱された概念である語に分類し，「心の中の概念が第一義的に自然本性的に或るものを表示し，人為的に制定された書かれた，あるいは話された言語は第二義的に，概念が表示するのと同じものを表示する」と述べ，更に知性の中に懐抱された概念のことを，アウグスティヌス『三位一体論』第15巻に従い「心の内の言葉」(verbum mentale) と呼んでいるからである[12]。

　ここにおいて注意すべきことは，オッカムが概念を「事物の似姿・類似物」(similitudo rei) ——トマスの形象説——としてではなく，「事物の記号」(signum rei) として定義していることである[13]。このオッカムの定義はその背後に，オッカム以前の哲学者達によって基本的に受け入れられてきた存在論の否定を含意している。このことは，概念を事物の記号であるとするオッカムの立場と，トマスの形象説との比較によって明らかになるであろう。トマスによれば，概念とは知性が外界の事物の本性・形相 (natura) を認識して得られる可知的形象 (species intelligibilis) である。例えば，人はこの石を見て石の表象を持ち，更にここという場所的制約，今という時間的制約，あるいはその他の個別的な条件を切り離し抽象することによって，普遍的な石の本性を認識する。このようにして得られた概念が可知的形象なのであり，それは外界の事物の本性・形相の認識である。そこにおいては，大雑把に言って，図のような存在の構図が前提されている。

---

12) Ockham, *Summa Logicae*, I, c. 1; OPhI, pp. 7-8. 拙訳『大論理学註解Ⅰ』創文社，1999，6-7頁。このテーマに関しては，Calvin G. Normore, "Ockham on Mental Language," in J-C. Smithed., *Historical Foundations of Cognitive Science*, Dordrecht, Boston, London: Kluwer, 1990, pp. 53-70を参照。

13) 拙訳『大論理学註解Ⅲ』創文社，2001，訳者註解，定言命題について，註19，148-149頁。

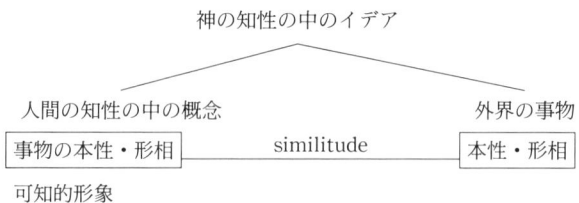

　この意味で、トマスの形象説に従えば、概念は外界の事物の似姿・類似物 (similitudo rei) なのである。他方、オッカムは、概念が外界の事物を表示し、代示する記号であることを強調し、形象を不要である[14]と排除することによって、このような存在の構図を捨て去ってしまう。すなわち、概念Aが外界の事物Bを表示する記号であるという場合、記号Aが事物Bの本性を表示している必要はないし、記号Aと事物Bの間に、トマスの言うような意味での類似が成立している必要もない。例えば、足跡が人間を表示する記号であるという時、足跡と人間の間に、トマスが言うような意味での類似は存在しない。同様に、概念が外界の事物を表示し、代示する記号であるという時、概念が外界の事物の普遍的な本性・形相の認識である必要もない。我々の持つ概念は、外界の事物の本性の認識であるかもしれないし、あるいは、そうでないかもしれない。オッカムが保証するのは、我々の心の抱く概念が何らかの仕方で心の外の事物に対応し、それを表示し、それを代示するという事だけである。我々は、外界の世界の構造の本質そのものを、充分に認識することができない。オッカムは、外界の事物の本性とか、形相といった存在論について語ろうとしない。オッカムによれば、外界の事物は、概念という記号によって表示されたもの、代示されたものとしてのみ措定される。

---

　14)　Ockham, *Quaestiones in librum secundum Sententiarum* (*Reportatio*), II, q. 13; OThV, pp. 253-275.

第Ⅰ部

存在について

第1章

14世紀における esse と essentia に関する議論

本章の参照テキスト

① Aegidius Romanus, *Theoremata de Esse et Essentia*, Texte precede d'une introduction historique et critique par Edgar Hocedez, S. J. Louvain, 1930, pp. 19-26. 渋谷訳，エギディウス・ロマヌス『存在（エッセ）と本質（エッセンチア）に関する諸定理』第5定理。(『オッカム「大論理学」註解IV』創文社，2005，訳者註解，第III部－2，註解177，511-520頁）

② Ockham, *Summa Logicae*, III-2, cap. 27. OPhI, pp. 553-555. 渋谷訳『オッカム「大論理学」註解IV』創文社，2005, 219-222頁。

③ Ockham, *Quodlibeta Septem*, Quodlibet II, Quaestio 7. OThIX, pp. 141-145. 本書の付録として付けられた関連テキスト①

筆者は先ず，トマスやエギディウス・ロマヌスの esse と essentia の実在的区別に対するオッカムの批判から見ていこう。オッカムは第III部－2第27章において，論証に関する議論の間に無理やり挿入する仕方でこのテーマについて論じ，「事物の本質（エッセンチア）と事物の存在（エッセ，esse exsistere）は心の外にある，相互に区別された二つのものであるか」[1]という問いを立てて議論している。ここで言及されている存在（エ

---

1) Ockham, *Summa Logicae*, III-2, cap. 27, OPhI, p. 553, lin. 4-5；拙訳『大論理学註解IV』創文社，2005, 219-220頁。

ッセ）と本質（エッセンチア）の実在的な区別はもともと13世紀のトマス・アクィナスによって提示された説であり，彼はそれをボエティウスの『デ・ヘブドマディブス』の解釈から得ている。しかし，オッカムがここで，直接に批判しているのはトマスではなく，エギディウス・ロマヌスの説である。エギディウス・ロマヌス（1243/47-1316）は彼の著作『存在（エッセ）と本質（エッセンチア）の諸定理』（*Theoremata de Esse et Essentia*）において，トマスの説をより先鋭化し，「存在（エッセ）と本質（エッセンチア）は，二つのもの（res）ともの（res）として実在的（realiter）に異なる」と主張する。

（一） エギディウス・ロマヌスの説

例えば『存在（エッセ）と本質（エッセンチア）の諸定理』の第5定理の中で，エギディウス・ロマヌスは次のように述べている[2]。

> 第5定理　非質料的で，質料から切り離された形相はすべて，もしそれが他者から存在（エッセ）を受け取るとするならば，その形相はエッセそのものではなく，自らのエッセと実在的に異なり区別されたものである。

（1）　もし我々が人間にふさわしい仕方で哲学的に探求しようとするならば，我々は可感的なものから可知的なものへと上昇し，質料的な事物において我々が見る複合を通じて，分離実体の複合について何事かを認識し，事物の生成（generatio）の内に我々が見るものを通じて，事物の創造（creatio）について何事かを把握しなければならない。それゆえ，我々は

---

2) Aegidius Romanus, *Theoremata de Esse et Essentia*, Texte précédé d'une introduction historique et critique par Edgar Hocedez, S. J. Louvain, 1930, pp. 19-26. 拙訳『大論理学註解IV』創文社，2005，訳者註解，第III部－2，註解177を参照。この書は22の定理から成る。この書全体の内容については，箕輪秀二監修，八木雄二・大野晃徳・松山英麿訳『エギディウス・ロマヌス：Theoremata de Esse et Essentia（訳）を巡って──中世存在論の一断面──』，中央学院大学総合科学研究所，1997を参照。

次のように述べる。生成が我々に，質料が形相と異なることを知らせたのと同様に，創造が我々に，本質（エッセンチア）が存在（エッセ）と異なることを知らせる。すなわち，質料が単独で生成されるのでも，形相が単独で生成されるのでもなく，質料と形相から複合され，それらから成る複合体が生成されるのであり，それと同様に，第一の超自然的な能動者によって，本性が単独で創造されるのでも，存在（エッセ）が単独で創造されるのでもなく，本性とエッセから成る複合体が創造されるのである。そして，複合体が生成される時には，質料と形相が生成されるのであり，同様に，在るところのものが創造される時には，エッセンチアとエッセが創造されるのである。それゆえ形相は，それ自体で在るものではないがゆえに，単独で生成されるものではなく，むしろ生成の終極，あるいは生成の根拠である。なぜなら，形相を受け取る限りにおいて，或るものは生成するのであるから，生成とは形相への過程だからである。同様に，被造物におけるエッセはそれ自体で在るものでないがゆえに，単独で創造されるものではなく，むしろ創造の終極であり，創造の根拠である。エッセを持つ限りにおいて，或るものは創造されるのだからである。

（2）以上から，エッセとは何であるかが明らかでありうる。すなわち形相が質料の現実態であり完成であるのと同様に，存在（エッセ）は本質（エッセンチア）の現実態であり完成である。そして，質料が形相と実在的に区別されるのと同様に，エッセンチアはエッセと実在的に区別される。質料と形相の複合が，エッセとエッセンチアの複合とどのように異なるのかということは，後続の定理において述べられるであろう。しかし，今のところは，生成させる者によって形相が質料に刻印づけられる限りにおいて，生成が行なわれるのと同様に，創造者によってエッセがエッセンチアに刻印づけられる限りにおいて，創造が行なわれるということを知るだけで充分である。それゆえ，注釈者アヴェロエスが『天球の実体について』の中で，生成されうるものとの関連において生成について述べ，「生成されうるものにおける生成は我々に，二つの異なった本性，すなわち質料と形相を認識させる」と言っているのであるが，それと同様に我々も，創造されたものとの関連において創造について述べることができるのであり，「創造は我々に，被造物の内に或る二つの異なったもの，すなわちエッセ

とエッセンチアがあることを認識させる」と言うことができる。ただし，このような類似はすべての面においてではない。生成においては質料が形相よりも前に在るが，創造においては本質（エッセンチア）が存在（エッセ）よりも前に在るわけではないからである。従って，我々は次のように言うことができる。エッセがそのうちに受け取られるエッセンチアは，質料が示すことはない何らかの現実態をそれ自体において示している。質料は，存在するものの領域において純粋な可能態だからである。しかしこの，エッセンチアが含んでいる現実態は，エッセンチアが現存し，実在の世界の内に在るのに充分なものではない。それゆえ，エッセンチアが現存し，実在の世界の内に在るためには，能動者によって，或る現実態や完成態がエッセンチアに付け加えられなければならないのであり，こうした現実態や完成態がエッセと呼ばれる。それゆえエッセは，エッセンチアの或る種の現実態であり，或る種の完成態である。もし仮にエッセンチアがそれ自体で，他のものの付け加えなしに現存し，実在の世界の内に在ることができるだけの現実態や完成態を意味するとするならば，その場合には，このようなエッセンチアは存在しないということが有り得ず，また他からエッセを受け取るということもないであろう。なぜなら『分析論後書』第1巻の学説から理解されることができるごとく，それ自体によって，そのものに基づいて或るものに適合する事柄は，他のものによってそのものに適合するのではなく，むしろそれ自体によって他のものに適合するのだからである。しかし，こうしたことは，すべての被造物の本性に反することである。それゆえ，定理において示唆されたごとく，すべての被造物の本性は，たとえそれが非質料的で，質料から切り離されている形相であるとしても，他者からエッセを受け取るのであるから，その形相はエッセそのものではなく，自らのエッセと実在的に異なり区別されたものである。

　（3）従って我々は，事物の創造が次のような仕方で行なわれると想像するであろう。被造物の本性は存在（エッセ）なしには決してありえないし，同様に被造物のエッセも本性の内に受け取られることなしに自存することはありえない。両方とも互いに他に依存し，両方とも創造を必要とする。それゆえ，本性がエッセなしに創造されることも，エッセが本性なしに創造されることもできない。

（4） ただし注意されねばならないのは，もし我々が存在（エッセ）と本質（エッセンチア）についてより明確な理解を持とうと欲するならば，そしてもし我々が，質料と形相の複合を前提とする事物の生成から，エッセンチアとエッセの複合を必要とする事物の創造を理解しようと欲するならば，我々はプラトンが主張したような，事物の生成の様式を思い描くべきだということである。プラトンは，イデアから形象が我々の魂の中に流入し，それによって知識が成立するのだから，イデアは知識のために役立つと述べた。更にまた『形而上学』第7巻の記述から明らかなごとく，プラトンはイデアが生成のためにも役立つと主張した。イデアから形相が質料に流入し，形相の流入によって，生成されることが可能なものが生成されるからである。それゆえプラトンによれば，イデアは自らによって存在する離在的な形相であり，その離在的な形相そのものから形相が質料の内に分有されるという仕方で，イデアによって生成が生じたのである。それと同様に，神は自らによって存在する或る離在的な存在であり，この離在的な存在そのものから，エッセが被造物のエッセンチアに分有され流入するという仕方で，神によって事物の創造が生ずると，我々は理解する。

（5） 以上のことが前もって吟味されたので，それゆえ，「被造物の本性は，それが如何に非質料的であり，質料から分離されたものであろうとも，自らの存在（エッセ）ではなく，自らの存在（エッセ）と実在的に異なり区別されたものである」ということを示すために，我々は三つの道を進むことができる。第一の道は，被造物の本性が可能態においてあるということに基づく。第二の道は，被造物の本性の限定ということに基づく。第三の道は，被造物の本性の複合ということに基づく。

（6） 第一の道は，以下のように明らかである。被造物の本性は存在することも，存在しないことも可能であるのだから，被造物の本性は自らの存在（エッセ）ではなく，エッセに対して可能態においてあるものである。何物も自分自身に対して可能態においてあることはないのであり，また何物も自分自身を受け入れたり，自分自身を受け入れることによって生成されたり，産出されたり，創造されたりすることはないからである。能動者は常に，働きかける時に，可能態においてしかじかであるものを，現実態においてしかじかであるものにするのだからである。それゆえ産出はすべ

て，可能態が可能態に刻印づけられることによって生ずるのではない。もしそうだとしたら，産出された事物は依然として可能態においてあることになり，従って，未だ存在しないことになるからである。更にまた，現実態が現実態に刻印づけられ，同じものが同じものに刻印づけられることによって生ずるのでもない。なぜならその場合には，産出された事物はそれが生ずるより以前にも存在したということになるからである。そうではなくて，産出はすべて，現実態が可能態に刻印づけられることによって生ずるのである。然るに，現実態と可能態は或る種の対立であるのだから，それらの一方は他方ではない。それゆえ創造において，本質（エッセンチア）に刻印づけられる存在（エッセ）は現実態という特質を有し，エッセを受け取るエッセンチアは可能態という特質を有するのであるから，それらのうちの一方は他方ではなく，それらは相互に実在的に区別される。ただし，我々が生成や産出について語る際に，我々はこのことを神のペルソナにまで拡張しようと意図しているわけではないということが注意されなくてはならぬ。そこにおいては，関係による区別のみがある。

（7）　同じ事を証明するための第二の道は，被造物の本性が限定されたものであることに基づく。すなわち，分離実体の本性が質料の内に受け取られていないとすれば，先に言及されたごとく，この本性は或る意味で下位のものによって制限を受けていない。分離実体の本性には，質料が基体としてその下に置かれるということがないのであるから，質料の内に本性が受け取られ，質料によって本性が制限を受け，限定されるということがないからである。それゆえもし仮に，上述のごとく，この本性が自らと実在的に異なる存在（エッセ）を受け取るものではなく，本性がエッセそのものであるとしたら，そのエッセはもはや他のものに受け取られるものではなく，従って本性は自らによって存在するものであることになるであろう。然るに，このようなものはすべて，純粋なものであり，制限を受けないものである。それゆえ，分離実体のエッセは分有されたもの（participatum）ではなく，純粋であり制限を受けないものであることになる。従って，分離実体における本性もまた，全く制限を受けないものであることになるであろう。というのも，このような本性は質料の内に受け取られないがゆえに，下位のものによって制限を受けることがなく，また存在

(エッセ)を分有するのではなく，それがエッセそのものであるがゆえに，より上位のものによって制限を受けることもないであろうからである。しかし，このように全く制限を受けないものであるということは，どんな被造物にも反することである。どの被造物も或る限定によって制限されたものだからである。それゆえ，知性実体の本性が，そのエッセと異なるものではないということは有り得ない。それゆえ，分離実体の内にありうる，本性・本質（エッセンチア）と存在（エッセ）の複合はいずれも，物体的諸事物の内にもありうるのであるから，これら物体的諸事物は，従ってあらゆる被造物は，エッセと異なる本性を持つのでなければならない。

　（8）第三の道は，被造物の本性の複合ということに基づく。すなわち，もし仮に被造物の本性が自らの存在（エッセ）であるとしたら，被造物の本性は全く単純なものであることになるであろう。なぜなら，前述のごとく，そしてボエティウス『デ・ヘブドマディブス』の権威が述べているごとく，存在（エッセ）そのものは何ものも決して分有しないからである。それゆえ，もし仮に或る被造物の本性が存在（エッセ）そのものであるとしたら，被造物の本性は他の如何なるものも分有するということは有りえず，全く単純なものであり，従って本性的に完全に不変なものであることになってしまうであろう。しかし，こうしたことは被造物に適合することができない。(Aegidius Romanus, *Theoremata de Esse et Essentia,* Texte précédé d'une introduction historique et critique par Edgar Hocedez, S. J. Louvain, 1930, pp. 19-26)

　エギディウス・ロマヌスの説は次のように要約される。先ず（1）においてエギディウスは，可感的ものから可知的なものへ，質料的な事物から非質料的なものへ向かう，我々人間にふさわしい探求の仕方に従い考察を進め，① 質料的な事物の生成(generatio)において質料と形相の複合が認められ，両者が実在的に異なるのと丁度同じ様に，質料的な事物の創造(creatio)においても本質（エッセンチア）と存在（エッセ）の複合が認められ，両者が実在的に異なること，② 更に非質料的分離実体（天使）においてもエッセンチアとエッセの複合が認められ，両者が実在的に同一でないことを主張する。なぜなら，創造において被造物はすべて，他者か

ら存在を受け取る（ab alio habere esse）のだからである。存在の原因である神においてのみが，存在と本質は同一である。すなわち（２），形相が質料の現実態（actualitas）であり完成態（perfectio）であるのと同様に，エッセはエッセンチアの現実態であり完成態である。創造は，創造者である神によって，存在（エッセ）という現実態と完成態が，被造物のエッセンチアに刻印づけられる（imprimi）ことによって行なわれる。従って，実在的に区別された形相と質料の複合を認めなければ生成（generatio）ということを説明できないのと同じ様に，実在的に区別されたエッセとエッセンチアの複合を認めなければ創造（creatio）ということを説明できない。ただし（３），エッセとエッセンチアが実在的に区別されるからといって，エッセがエッセンチアなしに自存することはありえないし，またその逆もありえない。

　更に（４）では，エギディウスはプラトンの言い方を用いて，「離在的な存在である神から存在（エッセ）が被造物の本質（エッセンチア）に流入し（fluere），エッセが被造物のエッセンチアに分有される（participari）ことによって創造が行なわれる」と述べている。

　（５）以上のこと，すなわち「被造物の本性は自らの存在（エッセ）ではなく，自らのエッセと実在的に異なり区別されたものである」ことは，三つの道によって示されることができる。（６）第一の道は次のごとくである。被造物の本性は存在することも，存在しないことも可能であるのだから，エッセに対して可能態においてある。それゆえ，被造物の本質（エッセンチア）と存在（エッセ）は実在的に区分される。（７）第二の道は次のごとくである。もし仮に非質料的分離実体（天使）の本性・本質（エッセンチア）が存在（エッセ）そのものであるとしたら，分離実体は質料という下位のものからも，エッセという上位のものからの制限を受けないものであることになるであろう。その場合には，分離実体のエッセは他から受け取られたものでも，分有されたもの（participatum）でもないことになるからである。しかし，このことは被造物の本性に反することである。それゆえ，分離実体（天使）の本性・本質（エッセンチア）は存在（エッセ）と同一であることはありえない。物体的事物の場合も同様である。（８）第三の道は次のごとくである。もし仮に被造物の本性・本質

（エッセンチア）が自らの存在（エッセ）であるとしたら，被造物のエッセンチアは何ものも分有せず，全く単純なものであることになるであろう。このことは，被造物に反する。それゆえ，分離実体（天使）のエッセンチアはエッセと同一であることはありえない。従ってエギディウス・ロマヌスの説によれば，エッセンチアとエッセの実在的区別を否定することは創造という事実を否定することであり，もし創造ということを認めるならば，すべての被造物は，実在的に異なるエッセンチアとエッセという二つのものの複合体であることを認めなければならない。

　このエギディウス・ロマヌスの説に対しては，オッカム以前に，既にガンのヘンリクス（1293年没）が「本質（エッセンチア）と存在（エッセ）は実在的に同一のものであり，ただ志向的概念（intentio）において区別される」という立場から反論を行なっている。すなわちヘンリクスは先ずエッセを〈本質存在〉(esse essentiae) と〈現実存在〉(esse actualis existentiae) とに区分し，「第一の存在である本質存在 (esse essentiae) と本質（エッセンチア）は，実在的に（re）同一のものであり，観点において（ratione）のみ区別される」と主張する。更に，第二の存在である現実存在 (esse actualis existentiae) と本質（エッセンチア）に関しては，「それらは実在的に（re）同一のものである。ただし，両者の場合には観点において（ratione）のみ区別されるだけでなく，知性は被造物についてそれが在るということと，それが何であるかということを別々の概念において把握するのであるから，現実存在（エッセ）と本質（エッセンチア）は志向的概念において（intentione）異なる」と主張する[3]。何故，本質（エッセンチア）と存在（エッセ）は実在的に同一のものでありながら，志向的概念において（intentione）異なるのか。その理由は，ヘンリクスによれば，「本質（エッセンチア）」は我々人間の知性によって，神の知性との関係において把握され，「存在（エッセ）」は我々人間の知性によ

---

3) Si vero loquamur de secundo esse creaturae, illud, licet non differt re ab essentia creaturae, non tamen differt ab illa sola ratione, in quantum intellectus diversis conceptionibus capit de ea quod est et quod tale quid est, substantia vel accidens, sed etiam differt ab illa intentione. (Henricus de Gandavo, Henrici Gandavo Opera Omnia V, *Quodlibet* I, R. Macken edidit, Leuven University Press, 1979. Quaestio 9, p. 55.)
詳しくは，加藤雅人『ガンのヘンリクスの哲学』創文社，1998，第5章，162-171頁を参照。

って，神の意志との関係において把握されているからである。ヘンリクスは，実在的には同一であるが，志向的概念（intentione）において異なる例として次のものを挙げている。

　　被造物の本質（エッセンチア）と存在（エッセ）は実在的には（re）同一のものであるが，志向的概念において（intentione）異なっているのだから，被造物において「それらのエッセンチアはそれらのエッセである」と言われることができないというだけで，今のところ，充分である。このことを我々は，次の例においてより明確に見る。currens（走るもの）−cursus（走行）−currere（走る），lucens（光るもの）−lux（光）−lucere（光る），vivens（生きているもの）−vita（生）−vivere（生きる）は，ens（存在するもの）−essentia（エッセンチア・本質）−esse（エッセ・存在）と同様に，実在的には（re）全く同一のものであり，同一のものを表示する。しかしながら，「走行は走るである」（cursus est currere），「光は光るである」（lux est lucere）と私は言うことはできない。同様に，それらは実在的に（re）同一であるとしても，「存在するものは存在である」（ens est suum esse）と私は言うことができない。(Henricus de Gandavo, *Quod*., I, ed., R. Macken, p. 56)

ここでヘンリクスの挙げている例，例えばcurrens（走るもの）−cursus（走行）−currere（走る）は実在的には同一のもの（res）に属し，同一のものを表示する。しかしながら，同一のものを認識する様態（modus intelligendi）が異なっており，同一のものが別々の概念において把握されている。この認識様態の相違に応じて，更に具象名詞であるか抽象名詞であるか動詞であるかという，それぞれの表示様態（modus siginificandi）も異なっている。それゆえ，「走行は走るである」（'cursus est currere'）と言うことができないのである。ens（存在するもの）−essentia（エッセンチア・本質）−esse（エッセ・存在）の場合も同様に理解される[4]。

　これに対して，フォンテーヌのゴドフロワ（1306/9没）はヘンリクスの志向概念説を修正し，「本質（エッセンチア）と存在（エッセ）は実在

───────
　4）　加藤前掲書，167-171頁を参照。

的に同一のものであり,ただ観点において (ratione) のみ区別される」
と主張する[5]。

(二) エギディウス・ロマヌスの説に対するオッカムの批判

オッカムのエギディウス批判も,ヘンリクスやゴドフロウのエギディウス批判と同じ哲学的立場に立つものであり,彼等の影響を受けて成立したものであると解される。オッカムは『大論理学』第III部-2第27章,『七巻本自由討論集』第2巻第7問題の中でエギディウス・ロマヌスの説に対する批判を提出している。本章では,オッカムの批判を詳細に検討することによって,彼のエギディウス批判のうちに,序論の中で述べた〈心の内の言葉と,心の外のものを区別する〉オッカムの哲学的意図が明確に見て取れることを指摘したい。オッカムは,エギディウスに対して次のように批判する。オッカムの主要な批判は以下のごとくである[6]。

1 オッカムの批判 (I)——存在(エッセ)と本質(エッセンチア)との複合に関して[7]

〔トマスやエギディウス・ロマヌスの説〕
エギディウス・ロマヌスは,事物のうちに二通りの複合を認める。一つは,

---

5) 詳しくは,加藤前掲書171-185頁を参照。
6) 本質(エッセンチア)と存在(エッセ)が実在的に異なると主張するエギディウス・ロマヌスに対するオッカムの批判というテーマに関しては,次の研究書を参照せよ。
① Ernest A. Moody, *The Logic of William of Ockham*, New York; Sheed Ward. 1935, pp. 263-267.
② Ph. Boehner, "The Metaphysics of William Ockham" The Review of Metaphysics 1, 1947-48, pp. 59-86 (In *Collected Articles on Ockham*, Franciscan Institute Publication,, 1958, pp. 388-397)
③ Matthew C. Menges, *The Concept of Univocity regarding the predication of God and Creature according to William Ockham*, St. Bonaventure, New York and Louvain, The Franciscan Institute, 1952, pp. 101-104.
④ Gordon Leff, *William of Ockham*, Manchester University Press, 1975, pp. 165-167.
7) 渋谷訳『大論理学註解IV』訳者註解,第III部-2,註解179,520-522頁を参照。

事物の生成（generatio）において見出される形相と質料の複合であり，ここにおいて質料は形相に対して，可能態が現実態に対するごとき関係にある。いま一つの複合は，事物の創造（creatio）において見出される，被造物の本質（エッセンチア）と存在（エッセ）の複合であり，ここにおいては，エッセを受け取るエッセンチアはエッセに対して，可能態が現実態に対するごとき関係にある。トマスにおいても同様であり，彼は『神学大全』第１部第50問題第２項第３異論解答において，次のように述べている[8]。

> こうした事情を明らかにするために，我々は，この二通りの複合がともに見出される質料的事物の場合についての考察から出発することができよう。そこには先ず形相と質料の第一の複合があるのであって，これら両者から或る本性が構成されている。然るに，このような仕方で複合されている本性も，それ自身が自らの存在 suum esse であるわけではなく，存在（エッセ）はこうした本性の現実態にほかならない。それゆえ，本性そのものの自らの存在に対する関係は，まさしく可能態 potentia の現実態 actus に対する関係に等しい。（Thomas Aquinas, *Summa Theologiae*, I, q. 50, art. 2, ad3）

〔オッカムの批判〕

このようなトマスやエギディウス・ロマヌスが措定する，エッセンチアとエッセの複合に対して，オッカムは『大論理学』第Ⅲ部－２第27章の中で次のように批判している。

> もし存在（エッセ）と本質（エッセンチア）が二つのものであるとしたら，それらは自体的に一なるものを形成するのか，あるいはそうでないのか，いずれかである。もし自体的に一なるものを形成するとしたら，それらの一方は現実態であり，他方は可能態でなければならないことになり，従って一方は質料であり，他方は形相であることにな

---

8) Quod quidem manifestum potest esse ex consideratione rerum materialium, in quibus invenitur duplex compositio. Prima quidem formae et materiae, ex quibus constituitur natura aliqua. Natura autem sic composita non est suum esse, sed esse est actus eius. Unde ipsa natura comparatur ad suum esse sicut potentia ad actum.

るが,これは馬鹿げている。もしそれらが自体的に一なるものを形成するのではなく,単に付け加えによって一である,あるいは単に付帯的に一なるものを形成するとしたら,それらの一方は他方の付帯性であることになってしまうであろう。(Ockham, *Summa Logicae*, III-2, Cap. 27, OPhI, p. 553, lin. 13-18)[9]

同様の批判は,オッカムの『七巻本自由討論集』第2巻第7問題の中にも見出される[10]。

同じくまた,もし存在(エクシステンチア)と本質(エッセンチア)が別なものであるとしたら,それらは自体的に一なるものを形成するか,あるいは付帯的に一なるものを形成するか,いずれかである。もし自体的に一なるものを形成するとしたら,それらの一方は質料であり,他方は形相であることになってしまう。もしそれらが付帯的に一なるものを形成するとしたら,天使は付帯的に一であることになってしまう。(Ockham, *Quodlibeta Septem*, Quodlibet II, Quaestio 7; OTh IX, p. 142, lin. 26-28)

すなわちオッカムは,外界に独立して存在するもの(res absoluta)としては性質と実体(形相と質料と両者の複合体である事物)しか認めない[11]。それゆえ,もしトマスやエギディウス・ロマヌスの説のように,もし存在(エッセ)と本質(エッセンチア)が異なった二つのもの(res)であり,エッセンチアが存在エッセに対して,可能態-現実態という関係にあり,それらが複合して自体的に一なる事物を形成するとすれば,エッセンチアは質料であり,エッセは形相であることになるであろうが,これは馬鹿げている。あるいは,エッセンチアとエッセが複合して付帯的に一なる事物を形成するとすれば,エッセはエッセンチアに外部から付け加わる付帯的性質であることになるであろう。これも不合理である。

---

9) 前掲拙訳『大論理学註解IV』220頁。
10) 本書の付録として付けられたラテン語対訳版のテキスト①を参照。
11) Ockham, *Summa Logicae*, I, cap. 44-62, 渋谷訳『大論理学註解II』創文社, 2000, 6-72頁, 及び本書第3章を参照。

2 オッカムの批判（II）──被造物において，存在(エッセ)と本質(エッセンチア)との間に実在的区別を措定すべき理由に関して[12]

何故，トマスやエギディウス・ロマヌスは，被造物における存在（エッセ）と本質（エッセンチア）との間に実在的区別を主張したのであろうか。トマスは『神学大全』第1部第3問題第4項主文において，「神においては本質と存在は同じものであるが，被造物においては本質と存在は同じものではない」ことを主張して，次のように述べている。

> その存在がそのものの本質とは別のものであるところのものは，いずれも，他者によって原因された存在（esse causatum ab alio）を有しているのでなくてはならぬ。然るに，こうしたことは神について言われることができない。我々は神を第一作動因だとなしているのだからである。神においては，それゆえ，存在とその本質とが別のものであることは不可能である。
>
> 　第二に，存在は，あらゆる形相乃至は本性にとってその現実態 actualitas である……それゆえ，存在そのものと，これとは別のものである本質との関係は，あたかも現実態の可能態に対する関係のごとくでなくてはならない。それゆえ，先に示されたごとく，神においては如何なる可能態的なるものも存しない以上，神における本質は神の存在と別のものではありえないという帰結が導かれる。かくして，神の本質は神の存在である。
>
> 　第三に，例えば火を有するが火ではないところのもの，かかるものは分有によって火熱せるものなのであるのと同様に，存在 esse を有しているが存在ではないところのものは分有によって存在するもの（ens per participationem）なのである。ところで神は，先に示されたごとく，自らの本質にほかならない。それゆえもし神が自らの存在ではないとしたら，神もまた分有によって存在するものであって，本質によって存在するものでないこととなり，従ってまた，第一の存在するものでないことになるであろう。このようなことを言うのは不条理である。それゆえ神は，自らの存在なのであって，単に自らの本質

---

12) 渋谷訳『大論理学註解IV』訳者註解，第III部-2，註解182, 528-531頁を参照。

たるにとどまらない。(Thomas Aquinas, *Summa Theologiae*, I, q. 3, art. 4, c.)

更に，先に引用されたエギディウス・ロマヌスのテキストにおいても，「被造物においては，本質（エッセンチア）と存在（エッセ）が実在的に区別されたもの（res）である」ことが主張されて，

テキスト（2）被造物においては，創造者によってエッセがエッセンチアに刻印づけられる限りにおいて，創造が行なわれる。(Aegidi Romani *Theoremata de Esse et Essentia*, Texte précédé d'une introduction historique et critique par Edgar Hocedez, Louvain 1930, p. 20, lin. 19-p. 21, lin. 1)

テキスト（2）すべての被造物の本性は，……他者からエッセを受け取るのであるから，その形相はエッセそのものではなく，自らのエッセと実在的に異なり区別されたものである。(Ibid., p. 22, lin. 6-9)

テキスト（4）神は自らによって存在する或る離在的な存在であり，この離在的な存在そのものから，エッセが被造物のエッセンチアに分有され流入するという仕方で，神によって事物の創造が生ずると，我々は理解する。(Ibid., p. 23, lin. 7-9)

テキスト（6）創造において，エッセンチアに刻印づけられるエッセは現実態という特質を有し，エッセを受け取るエッセンチアは可能態という特質を有するのであるから，それらの一方は他方ではなく，それらは相互に実在的に区分される。(Ibid., p. 24, lin. 15-18)

と述べられている。以上のテキストから，トマスやエギディウス・ロマヌスが何故，被造物におけるエッセとエッセンチアとの間に実在的区別を主張したのか，その理由は明白である。①神が被造物を創造したのであるから，神は第一の原因であり，これに対して被造物は他者によって原因され，第一原因に依存し従属するものである。②被造物の本質は可能態においてあり，神からエッセが流入し，エッセンチアに刻印づけられるという仕方で，被造物はエッセを分有し，他者である神からエッセを受け取る。それゆえ，「神においてはエッセンチアとエッセは実在的に同じものであるが，被造物においてはエッセンチアとエッセは実在的に同じものではない」と，彼等は主張したのである。

〔オッカムの批判〕

　これに対してオッカムは，彼等の主張①を認めるが，主張②を否認し，存在（エッセ）と本質（エッセンチア）との間の実在的区別を否定する。オッカムは『大論理学』第III部－2第27章の中で次のように述べている。

　　それゆえ，本質と存在は二つのものではないと言われなくてはならぬ。……すなわち，「存在」が或る存在するものに述語づけられ，それが他のものに依存していることを表示しない場合には，「存在」は単一な第一の原因を意味表示する。他方，「存在」が第一の原因以外のものに述語づけられる場合には，第一の原因に依存し，従属して存在するものを意味表示する。第一の原因以外の，存在するものは，第一の原因に依存し，従属する仕方においてでなければ，存在するものではないのであり，それ以外の仕方において在ることはないからである。(Ockham, *Summa Logicae*, III-2, cap. 27; OPhI, p. 554, lin. 27-32)

　　何故，聖なる者達やその他の人々は，「神は存在そのものであるが，被造物はそうではない」と述べているのか，その理由は次のごとくである。神は存在しないことが有り得ず，存在することが必然であり，その存在は他のものに依るのではないという仕方で存在するからである。他方，被造物は，必然的に或る事物なのではなく，同様に必然的に存在するのでもなく，他のものを産出因として，それによって生ずる事物であり，同様にその存在は他のものに依るという仕方で存在するからである。(Ockham, *Summa Logicae*, III-2, cap. 27; OPhI, p. 555, lin. 51-55)[13]

すなわちオッカムによれば，神による世界の創造という①を説明するという理由のために，②を認め，「神においては本質（エッセンチア）と存在（エッセ）は同じものであるが，被造物においてはエッセンチアとエッセは実在的に同じものではない」という結論を導き出すべきではない。彼等の主張①を認め，しかし主張②を否認し，エッセとエッセンチアとの間の実在的区別を否定することは可能だからである。

---

13)　前掲拙訳『大論理学註解IV』220-221頁。

第1章　14世紀における esse と essentia に関する議論

〔反論と，それに対するオッカムの解答〕

オッカムに反論して，或る人が図のごとく，

　　　　　　　　　神，存在（エッセ）
　　　　　　　依存し，従属する関係
　　　被造物の本質（エッセンチア）

「被造物の本質が神から受け取る存在（エッセ）がまさに，被造物が神に依存し従属する関係（respectus）であり，エッセが神と被造物との間を結ぶ第三のもの（res）である。従って，主張①と②は密接に関連している」と述べるならば，オッカムは次のように答える。

　　もしあなたが，「エッセがまさに，被造物が神に依存する関係である」と反論するならば，これに対しては次のように答える。このような関係は不要である。更にまた，もしエッセがまさに，被造物が神に依存する関係であるとしたら，天使はこのような依存関係なしに在ることができることになるが，しかしこの後件（結論）は偽である。ここでの推論は明白である。天使がこのような関係に依存する程度は，結果がその原因に依存する，あるいは付帯性がその基体に依存する，あるいは形相が質料に依存する程度よりもより少ない。然るに神は，これら（結果と原因，付帯性と基体，形相と質料）のうちの一方を，他方なしに生じさせることができる。それゆえ，云々。(Ockham, *Quodlibeta Septem*, Quodlibet II, quaestio 7; OTh IX, p. 142, lin. 13-19)

すなわち，オッカムは「関係は，その関係を構成している項である res absoluta〈独立して存在する事物〉と実在的に異なるもの（res）ではない」(relatio non est aliqua res distincta realiter a rebus absolutis) という見解を支持しており[14]，依存関係を構成する神と被造物以外に，両者を結ぶ関係である存在（エッセ）を第三のもの（res）として措定することを不要であると答える。オッカムは，このことを帰謬法を用いて証明している。あなたが言うように，もし仮にエッセが，被造物例えば天使が神に依存する関係であると仮定するならば，天使は神との依存関係なしに在る

---

14) *Summa Logicae*, I, cap. 6; OPhI, p. 21, lin. 67-68, 拙訳『大論理学註解 I』20頁。このような見解に関しては，オッカム『大論理学』第 I 部第49–50章（拙訳『大論理学註解 II』26-37頁），及び拙著『オッカム「大論理学」の研究』第2章，99頁，註1を参照。

ことができる，という偽である結論が出てくる。

　　存在（エッセ）は，天使が神に依存する関係である──→
　　　　　　　　　　　　　　　天使は神との依存関係なしに在る

　ここでの推論は明白である。天使がこのような関係に依存する程度は，結果がその原因に依存する，あるいは付帯性がその基体に依存する，あるいは形相が質料に依存する程度よりもより少ない。然るに神は，これら（結果と原因，付帯性と基体，形相と質料）のうちの一方を，他方なしに生じさせることができる。それゆえ，神はより容易に，天使をこのような関係なしに生じさせることもできるはずである。従って，「エッセは，被造物が神に依存する関係である」という仮定から，偽である結論が導き出されるのであるから，前提が誤っている。

3　オッカムの批判（Ⅲ）── 'quo est'（それによってものが在るところのもの）と 'quod est'（在るところのもの）との区別に関して[15]

〔トマスの議論〕

　トマスはしばしば，'quo est'（それによってものが在るところのもの）と 'quod est'（在るところもの）とを区別することによって，存在（エッセ）と，存在（エッセ）を受け取ることによって存在する実体の相違を説明しようとする。トマスは，ボエティウスの『デ・ヘブドマディブス』の解釈から，このような説を得ている。

［Ⅰ］ボエティウス『デ・ヘブドマディブス』[16]

　存る（esse）と在るところのもの（id quod est）は異なる。

　というのも，存る（esse）そのものは，未だ在らぬ。しかし，在ると

---

15) 渋谷訳『大論理学註解Ⅳ』訳者註解，第Ⅲ部－2，註解187, 534-538頁を参照。
16) Diuersum est esse et id quod est.
　　Ipsum enim esse nondum est. At uero quod est accepta essendi forma est atque consistit.
　　Quod est participare aliquo potest, set ipsum esse nullo modo aliquo participat. Fit enim participatio cum aliquid iam est. Est autem aliquid cum esse susceperit.

第1章　14世紀におけるesseとessentiaに関する議論　　　31

ころのもの（quod est）は，存るの形相（forma essendi）を受け取って存る，すなわち存立する。
　在るところのもの（quod est）は何らかのものを分有することができるが，在る（esse）そのものは，何ものも決して分有しない。或るものが既に在る時には分有が生じているのであり，或るものが存る（esse）を受け取った時に，或るものは在るのだからである。(PL. 64, 1311b-c)

に対して，トマスは次のように註解している。

　〈解釈1〉次いで「というのも，存在（エッセ）は云々」と語る時，上述された相違を三つの仕方で明らかにしている。
　　それらの第一の仕方は次のごとくである。存在そのもの（esse）は，存在することの基体として表示されない。それはちょうど，走ること（currere）が走行（cursus）の基体として表示されないのと同様である。それゆえ，「走ることは走る」（ipsum currere currat）と我々は言うことができないのと同様に，「存在することは存在する」（ipsum esse est）と言うこともできない。他方，在るところのもの（id quod est）は存在することの基体として表示される。それはちょうど，走るところのものが走ることの基体として表示されるのと同様である。それゆえ，走るところのもの，すなわち走っているもの（currens）について，そのものが走行の基体であり，走行を分有する限りにおいて，「そのものは走る」と我々は言うことができるのであり，同様に，存在するもの（ens），すなわち在るところのもの（id quod est）も，それが存在するという現実態（actus essendi）を分有する限りにおいて，「そのものは存在する」と我々は言うことができるのである。このことがまさに，「在るそのものは，未だ在らぬ」とボエティウスが言っていることである。エッセは自らを，存在することの基体であるとすることはないからである。他方，「在るところのもの（quod est）は，存在という形相（forma essendi）を受け取る，すなわち存在するという現実態（actus essendi）を受け入れることによって，存在し存立する。つまり，自己自身において自存する。(Thomas, *Expositio libri Boetii de Ebdomadibvs*, II, Sancti Thomae de Aquino

Opera omnia iussu Leonis XII P. M. edita, t. 50, Paris/Romma 1992, p. 271, lin. 46-63)

〈解釈2〉先ず最初に注意すべきことは，存在（esse）と在るところのもの（quod est）は，〔単一なものにおいては〕概念において（sucundum intentiones）相違しており，複合されたものにおいては実在的に（realiter）相違していることである。実際このことは上述されたことより明らかである。先に語られたごとく，存在（esse）そのものは或るものを分有し，その特質が多くのものから構成されていることはない。また，外的な或るものを混合して所有し，従ってそのものの内に付帯的な複合があるということもないからである。それゆえ，存在（esse）そのものは複合されたものではなく，従って，複合された事物は自らの存在（esse）ではない。かくして，「すべての複合された事物において，存在（esse）と，存在を分有することによって在るところの複合されたものは別々のものである」とボエティウスは述べているのである。(Ibid., p. 272, lin. 204-p. 273, lin. 215)[17]

すなわちトマスは先ず解釈1において，'quo est'（それによってものが在るところのもの）である存在（エッセ）と，'quod est'（在るところのもの）が異なることを，次の二つの論拠から証明している。①'quod est'（在るところのもの）は，存在することの基体（subiectum essendi）であるが，存在そのものは存在することの基体（subiectum essendi）ではない。②エッセという現実態を分有することによって，'quod est'（在るところのもの）は現実的に存立する。それゆえ，'quo est'（それによってものが在るところのもの）であるエッセと，'quod est'（在るところのもの）は区別されなければならない。

更に解釈2においてトマスは，「両者の区別は，単一なもの（神）の場合には概念における相違（sucundum intentiones）であるが，形相と質料から成る複合実体の場合には実在的な相違（realis distinctio）である」ことを指摘している[18]。

---

17) 山本耕平訳，中世思想原典集成第14巻，上智大学中世思想研究所，平凡社，1993, 215-223頁を参照。
18) 山田晶『トマス・アクィナスの《エッセ》研究』創文社，1978, 119-122頁を参照。

第1章　14世紀における esse と essentia に関する議論　　　33

[II] 同様に『神学大全』第1部第50問題第2項第3異論解答おいても，トマスは 'quo est'（それによってものが在るところのもの）と 'quod est'（在るところのもの）との区別について次のように述べている。

　　天使においては，形相と質料の複合というものはないのであるが，そこには然し，現実態 actus と可能態 potentia とがある。こうした事情を明らかにするために，我々は，この二通りの複合がともに見出される質料的事物の場合についての考察から出発することができよう。そこには先ず形相と質料の第一の複合があるのであって，これら両者から或る本性が構成されている。然るに，このような仕方で複合されている本性も，それ自身が自らの存在 suum esse であるわけではなく，存在（エッセ）はこうした本性の現実態に他ならない。それゆえ，本性そのものの自らの存在に対する関係は，まさしく可能態の現実態に対する関係に等しい。それゆえ，本性から質料が取り除かれ，形相が質料のうちにない場合を想定したとしても，そこでもやはり，形相の存在に対する関係は，依然として可能態が現実態に対する関係に等しいのである。かくして天使の場合にあっても，まさしくこうした可能態と現実態との複合が見られる。或る人々によって，天使が，「それによって在るところのもの」quo est と「在るところのもの」quod est の複合であるとか，ボエティウスが言うごとく，「存在」esse と「在るところのもの」quod est の複合であるとか言われているのも，このことをいうものに他ならない。すなわち「在るところのもの」quod est とは自存する形相そのものであり，「存在」esse とは，「それによって実体が在るところのもの」quo substantia est である。それはちょうど，「走行」cursus ということが，「それによって走っている者が走るところのもの」quo currens currit であるのに似ている。ただ，神においては「存在」esse と「在るところのもの」quod est とが別のものではないことは，先に示されたごとくである。神のみが純粋な現実態だからである。(Thomas Aquinas, *Summa Theologiae*, I, q. 50, art. 2, ad3)

更に『神学大全』第1部第75問題第5項第4異論解答においても，トマスは次のように述べている。

自らの存在そのもの ipsum suum esse である神のみが，純粋にして限られざる現実態なのである。知性実体の場合には，これに対して，現実態と可能態との複合が存している。これはもとより質料と形相との複合ではなく，形相と分有された存在（エッセ）との複合である。知性実体が或る人々によって，「それによってものが在るところのもの」quo est と「在るところのもの」quod est との複合と言われる所以もここにある。エッセこそがまさしく，それによって事物が存るところのものなのだからである。(Thomas Aquinas, *Summa Theologiae*, I, q. 75, art. 5, ad4)

〔オッカムの批判〕

これに対してオッカムは，ボエティウスの「それによってものが在るところのもの」（quo est）と「在るところのもの」（quod est）との区別を，トマスと別の仕方で解釈すべきであることを提示している。オッカムは『大論理学』第III部-2第27章の中で次のように述べている。

更に，神において，「在るところのもの」quod est と「それによってものが在るところのもの」quo est が異ならないのも，それによって神で在るところのものとは，神に他ならないからである。他方，被造物においては，「在るところのもの」quod est と「それによってものが在るところのもの」quo est は異なる。なぜなら，被造物で在るところのものと，それによって被造物で在るところのものは，神と被造物が異なるごとくに，無条件に区別されるからである。(Ockham, *Summa Logicae*, III-2, cap. 27; OPhI, p. 555, lin. 55-58)[19]

すなわちオッカムによれば，ボエティウスの「それによってものが在るところのもの」（quo est）と「在るところのもの」（quod est）との実在的区別は，トマスのように，存在（エッセ）と，それによって存在するところの被造物との実在的区別として解されるべきではない。むしろ，ボエティウスの言う「それによってものが在るところのもの」（quo est）とはエッセではなく，神である。それゆえ，「それによってものが在るところ

---

19) 前掲拙訳『大論理学註解IV』222頁。

のもの」(quo est) と「在るところのもの」(quod est) との実在的区別は，神と，神によって存在する被造物との実在的区別であると理解されるべきである。

4 オッカムの批判（Ⅳ）——言葉の側の区分と，心の外のもの（res）の側の区分について[20]

〔エギディウス・ロマヌスの議論〕

　エギディウスは，「被造物の本性は存在することも，存在しないことも可能であるのだから，本性は存在（エッセ）に対して可能態においてあり，被造物の本性とエッセは実在的に異なる」と主張する。エギディウスは，テキスト（6）の中で次のように述べている。

　（6）　第一の道は，以下のように明らかである。被造物の本性は存在することも，存在しないことも可能であるのだから，被造物の本性は自らのエッセではなく，エッセに対して可能態においてあるものである。何物も自分自身に対して可能態においてあることはないのであり，また何物も自分自身を受け入れたり，自分自身を受け入れることによって生成されたり，産出されたり，創造されたりすることはないからである。……それゆえ創造において，本質（エッセンチア）に刻印づけられる存在（エッセ）は現実態という特質を有し，エッセを受け取るエッセンチアは可能態という特質を有するのであるから，それらのうちの一方は他方ではなく，それらは相互に実在的に区別される。
　（Aegidi Romani *Theoremata de Esse et Essentia*, Opus cit., p. 24, lin. 3-18）

同様の，「本質（エッセンチア）が存在（エッセ）や非存在に対して中立（indifferens ad esse et non esse）であり，それゆえエッセンチアとエッセが実在的に区別される」という議論は，『七巻本自由討論集』第2巻第7問題にも見出される[21]。

---

20)　前掲拙訳『大論理学註解Ⅳ』訳者註解，第Ⅲ部-2，註解181, 183を参照。
21)　本書の付録として付けられたラテン語対訳版のテキスト①を参照。

エッセや非存在に対して中立であるものは，それら両方から区別される。然るに，エッセンチアはエッセや非存在に対して中立である。それゆえ，云々。(Ockham, *Quodlibeta Septem*, Quodlibet II, quaestio 7; OThIX, p. 143, lin. 34-36)

すなわち，被造物のエッセンチアは存在することも，存在しないことも可能であり，エッセや非存在に対して中立（indifferens ad esse et non esse）である。然るに，AがBであることも，ないことも可能であるということは，A≠Bということである。何物も自分自身に対して可能態においてあることはないからである。それゆえ，エッセンチアとエッセは実在的に区別される。

〔オッカムの批判（1）──「エッセンチア（本質）」と「エッセ（存在）」は同一のものを表示する〕

こうしたエギディウスの議論に対して，オッカムは先ず，①エッセンチアとエッセは実在的に異なる二つのもの（res）ではなく，もの（res）としては同一であり，従って，「エッセンチア」「エッセ」という二つの語は全く同一のものを表示していること，②ただし，「エッセンチア」と「エッセ」とでは表示の仕方が異なることを主張する。オッカムは『大論理学』第III部−2第27章の中で次のように述べている。

> Ideo dicendum est entitas et exsistentia non sunt duae res, sed ista duo vocabula 'res' et 'esse' idem et eadem significant sed unum nominaliter et aliud verbaliter; propter quod unum non potest convenienter poni loco alterius, quia non habent eadem officia. Unde 'esse' potest poni inter duos terminus, sic dicendo 'homo est animal', non sic est de nomine 'res' vel 'entitas'. Unde 'esse' significat ipsam rem.

それゆえ，本質（entitas）と存在（exsistentia）は二つのものではないと言われなくてはならぬ。むしろ，「存在するもの」（res）と「存在する」（esse）という語は同一のものを表示しているのであり，ただ一方は名詞として表示し，他方は動詞として表示しており，同じ働きを持っていないことから，一方が他方の代わりに置かれることが

適切であることができないのである。「存在する（在る）」（esse）は，「人間は動物で在る」（homo est animal）と言うように，二つの語の間に置かれることができるが，「存在するもの」や「本質」といった名詞の場合にはそうではないからである。それゆえ，「存在」は存在するものそのものを表示する。(Ockham, *Summa Logicae*, III-2, cap. 27; OPhI, p. 554, lin22-27)

オッカムは，『七巻本自由討論集』第2巻第7問題においても，同様の議論を行なっている。

Unde idem omnino significatur et consigicatur per unum et per reliquum. Tamen 'esse' aliquando est nomen, et tunc significat omni modo grammaticali et logicali idem cum 'essentia'. Aliquando est verbum, et tunc significat idem verbaliter quod 'essentia' significat nominaliter. Et ideo unum non ponitur convenienter loco alterius, quia non habent eadem officia, sicut nec nomen et verbum. Et ideo 'esse' aliquando convenienter ponitur inter duos terminos dicendo 'homo est animal' vel 'homo potest esse animal'; inter quos non convenienter ponitur 'essentia', quia nihil est dictum dicere 'homo essentia animal'. Ita est de 'cursu' et 'currere' et multis talibus.

それゆえ，'esse'（存在，存在する）と 'essentia'（本質）の一方によって表示されている，あるいは副次的に表示されているのと全く同じものが，他方によっても表示され，あるいは副次的に表示されているのである。ただし，或る場合には 'esse' は名詞であり，その場合には 'esse'（存在すること）は，'essentia'（本質）と全く同じ文法的論理的仕方で同じものを表示する。また，或る場合には 'esse' は動詞であり，その場合には 'esse'（存在する，在る）は，'essentia'（本質）が名詞として表示するのと同じものを，動詞として表示する。それゆえその場合には，名詞と動詞が同じ働きを持っていないのと同様に，それらは同じ働きを持っていないことから，それらの一方が他方の代りに置かれることが適切ではないのである。「存在する（在る）」(esse) は或る場合には，「人間は動物で在る」(homo est animal)，

「人間は動物で在ることが可能である」(homo potest esse animal)
と言うように，二つの語の間に置かれることは適切であるが，「本質」
(essentia)が二つの語の間に置かれることは適切でないのは，この
ゆえである。'homo essentia animal' と言うことは何も言われていな
いのと同じだからである。「走行」(cursus)と「走る」(currere)や
その他の多くの語においても同様である。(Ockham, *Quodlibeta
Septem*, Quodlibet II, Quaestio7; OThIX, p. 143, lin. 55-p. 144, lin. 65)

ここにおいてオッカムは，心の外のもの (res) の側の区分を，言葉の側
の区分の問題へと転換させようとしている。オッカムの論点①〈エッセン
チアとエッセは実在的に異なる二つのもの (res) ではなく，もの (res)
としては同一であり，「エッセンチア（本質）」「エッセ（存在）」という二
つの語は全く同一のものを表示していること〉を明確にするために，トマ
スもオッカムも挙げている currens（走るもの）− cursus（走行）− currere
（走る）という例を取り上げてみよう。トマスは，3．オッカムの批判
(III) で引用された『ボエティウス，デ・ヘブドマディブス註解』におい
ても『神学大全』においても，'currere'「走ること」, 'cursus'「走行」は
形相を表示し，'currens'「走るもの」は形相を受け取り，分有する基体を
表示し，それぞれが異なるものを表示すると考えている。

'currere'「走ること」, 'cursus'「走行」→ 形相
　　　　　　　　　'currens'「走るもの」→ 基体

それゆえ，「走ることは走る」(ipsum currere currit) とか「走行は走る」
(cursus currit) とか，我々は言うことができないのである。トマスのよ
うに考えるならば，我々がそのように言うことができない原因は，心の外
のもの (res) の側にあることになるであろう。'currere'「走ること」,
'cursus'「走行」と 'currens'「走るもの」は実在的に異なった二つのもの
を表示しているのだからである。ens（存在するもの）− essentia（エッセ
ンチア・本質）− esse（エッセ・存在）においても同様である。トマスや
エギディウス・ロマヌスの説によれば，図のごとくに，

事　物 res
実在的区別
存在（esse）res ─────────── 本質（essentia）res

第1章　14世紀における esse と essentia に関する議論

一つの事物（res）の内に，存在（esse）と本質（essentia）という実在的に相互に区別された二つのもの（res）がある。'esse'「存在」は，神から与えられる存在するという現実態（actus essendi）を表示しているのに対して，'essentia'「本質」，'ens' 'id quod est'「在るところのもの」は，存在するという現実態（actus essendi）を受け取り，分有する基体を表示しており，それぞれが異なるものを表示する。それゆえ我々は，「存在することは存在する」（ipsum esse est）と言うことができないのである。トマスやエギディウス・ロマヌスのように考えるならば，我々がそのように言うことができない原因は，心の外のもの（res）の側にあることになるであろう。心の外の側に，存在（esse）と本質（essentia）という実在的に相互に区分された二つのもの（res）があることが，その原因であることになるからである。

　他方，オッカムは，図のような実在的な区別を否定し，トマスやエギディウス・ロマヌスの説を批判して，currens（走るもの）－cursus（走行）－currere（走る）という具象語と抽象語は同義語であって，同一のもの（res）を表示すると主張する。それはちょうど，「馬」（equus）と「馬性」（equinitas），「動物」（animal）と「動物性」（animalitas），「人間」（homo）と「人間性」（humanitas）という語の一方が具象語であり，他方が抽象語であるにもかかわらず，オッカムが両者を，同一のものを表示する同義語として取り扱うのと軌を一にする[22]。この場合，「走ることは走る」（ipsum currere currit）とか「走行は走る」（cursus currit）とか我々が言うことができないのは，心の外のもの（res）の側に原因があるのではない。'currere'「走ること」，'cursus'「走行」と 'currens'「走るもの」は全く同一のものを表示しているのだからである。では何故我々は，「走るものは走る」（currens currit）と言うことができ，「走ることは走る」（ipsum currere currit）と言うことができないのか。それは，'currens'「走るもの」という具象語と 'currere'「走ること」という抽象語は同一のものを表示するが，その表示の仕方が異なるからである。従って，そのことの原因は心の外のもの（res）の側にあるのではなく，専ら言葉の側の

---

22) 第Ⅰ部第6章, 渋谷訳『大論理学註解Ⅰ』18-21頁。

区分にあることになるであろう。res, ens（存在するもの）－essentia, entitas（エッセンチア・本質）－esse（エッセ・存在）においても同様である。確かに我々は、'homo est animal'（「人間は動物で在る」）、'homo potest esse animal'（「人間は動物で在ることが可能である」）と言うことができるが、'homo essentia animal'、'ipsum esse est'（「存在することは存在する」）と言うことができない。しかしその原因は、トマスやエギディウス・ロマヌスが考えたように、'esse'「エッセ・存在」と'essentia'「エッセンチア・本質」が実在的に区別された二つのもの（res）を表示するからではない。これらの語'esse'「存在する（エッセ）」、'res, ens'「存在するもの」、'essentia, entitas'「本質（エッセンチア）」は同一のものを表示している。むしろ原因は心の外のもの（res）の側にあるのではなく、専ら言葉の側の区分にあるのであって、これらの語はいずれの同一のものを表示するが、これらの語の間には、一方が具象語であり他方が抽象語である、あるいは一方は動詞であり他方は名詞であるというように表示の仕方に相違があるからなのである。すなわち、エッセンチアとエッセは心の外の相互に区別された二つのものではなく、一つのものであり、「エッセンチア（本質）」と「エッセ（存在）」はその文法的論理的表示の働きが異なるが、同一のものを表示する同義語なのである。それゆえオッカムによれば、ソクラテスを指して

「これは存在するものである」（Hoc est res）.
「これはエッセ(存在)である」（Hoc est, Hoc exsistit）.
「これはエッセンチア(本質)である」(Hoc est essentia, Hoc est entitas).
という言明はいずれも同じ意味である[23]。

このようなオッカムの議論は、先に述べられたごとく、ヘンリクスやゴドフロウのエギディウス批判と同じ哲学的立場に立つものであり、彼等の影響を受けて成立したものであると解される。例えば、ガンのヘンリクス

---

23) Ph. Boehner, "The Metaphysics of William Ockham" *The Review of Metaphysics* 1, 1947-48, In *Collected Articles on Ockham*, Franciscan Institute Publication, p. 388.
　Matthew C. Menges, *The Concept of Univocity regarding the predication of God and Creature according to William Ockham*, St. Bonaventure, New York, and Louvain, The Franciscan Institute, 1952, p. 102 を参照。

も，エッセンチアとエッセが同一のものを表示すると主張し，
> currens（走るもの）-cursus（走行）-currere（走る），lucens（光るもの）-lux（光）-lucere（光る），vivens（生きているもの）-vita（生）-vivere（生きる）は，ens（存在するもの）-essentia（エッセンチア・本質）-esse（エッセ・存在）と同様に，実在的には（re）全く同一のものであり，同一のものを表示する。しかしながら，「走行は走るである」（cursus est currere），「光は光るである」（lux est lucere）と私は言うことはできない。同様に，それらは実在的に（re）同一であるとしても，「存在するものは存在である」（ens est suum esse）と私は言うことができない。(Henricus de Gandavo, *Quod*., I, ed., R. Macken, p. 56, lin. 31-36)[24]

と述べていた。同様に，フォンテーヌのゴドフロワも次のように述べている。

> 具象名詞，抽象名詞，動詞は別々のものを意味しているのではない。それは例えば，currens（走るもの）-cursus（走行）-currere（走る）の場合に明らかなごとくである。それゆえ同様に，具象名詞，抽象名詞，動詞である，ens（存在するもの）-essentia（エッセンチア・本質）-esse（エッセ・存在）も別々のものを意味しているのではない。名詞としてのens（存在するもの）は，essentia（エッセンチア・本質）に何も付け加えないが，分詞としてens（存在するもの）は，essentia（エッセンチア・本質）に何かを付け加えると反論されるとしても，この反論は無効である。なぜなら，legens（読んでいるもの）は名詞として理解されるとしても，分詞として理解されるとしても，legere（読む）という動詞と常に同じものを表示し，表示様態（modus significandi）においてのみ異なるからである。(Godefridus de Fontibus, *Les quatre premiers Quodlibets de Godfroid de Fontaines*, par M. De Wulf & A. Pelzer (Les

---

24) idem enim sunt omnino re et idem significant currens, cursus et currere, lucens, lux et lucere, vivens, vita et vivere, sicut ens, essentia et esse et tamen non possum dicere: cursus est currere, vel: lux est lucere. Similiter etiam neque possum dicere: ens est suum esse, licet idem sint in re.

Philosophes Belges II), Louvain, 1904, pp. 303-304)[25]

〔オッカムの批判の意図〕
　こうしたトマスやエギディウス・ロマヌスに対するオッカムの批判が，序論で述べた〈言葉の側のことと，心の外のものを明確に区別しようとする〉という彼の哲学的意図によるものであることは明らかである。オッカムによれば，人々は currens（走るもの）－cursus（走行）－currere（走る），ens（存在するもの）－essentia（エッセンチア・本質）－esse（エッセ・存在），人間（homo）－人間性（humanitas），馬（equus）－馬性（equinitas）という具象語と抽象語を現実に有していることから，これら具象語と抽象語に対応し，これら二通りの語の成立を根拠づける何らかの，実在的に異なる二通りのものが外界の事物の側にあると考えることによって誤りを犯している。

　　　抽象語 'currere'「走ること」, 'cursus'「走行」 ⟶ 形相
　　　具象語　　　　　　　　'currens'「走るもの」 ⟶ 基体

　　　　　　　　　　　　　'esse'「エッセ・存在」 ⟶ α
　　　　　　　　'essentia'「エッセンチア・本質」 ⟶ β

例えばトマスやエギディウス・ロマヌスは，'esse'「エッセ・存在」と 'essentia'「エッセンチア・本質」は実在的に異なる二つのもの α と β を表示し，α は神から与えられた存在するという現実態（actus essendi）であり，β はそれを受け取り，分有する基体であると説明している。こうした考えを批判してオッカムは，currens（走るもの）－cursus（走行）－currere（走る），ens（存在するもの）－essentia（エッセンチア・本質）－esse（エッセ・存在）という具象語と抽象語は同義語であり，外界

---

25) Nomen concretum et nomen abstractum et verbum non dictunt diversas res, sicut patet de istis currens, cursus et currere. Ergo a simili nec ista: essentia, ens et esse, quae se habent sicut nomen abstractum et nomen concretum et verbum. Si dicatur quod ens quod est nomen nihil addit super essentiam, sed ens quod est participium addit, nihil est. Quia sicut legens sive accipiatur ut nomen sive ut participium, semper idem significat cum verbo quod est legere, nec est diggerentia nisi in modo significandi. 加藤雅人『ガンのヘンリクスの哲学』創文社，1998，第5章，174-175頁を参照。

の同一のものを表示すると主張しているのである。オッカムによれば，このような具象語と抽象語の相違はあくまでも文法的，あるいは論理的相違であり，そうした言葉の側での相違を，心の外の事物の側にまで投影して，事物の側にも同様の相違があると考えるべきではない[26]。

〔オッカムの批判（2）──エギディウス・ロマヌスの議論に対する直接の批判〕

　以上，「本質（エッセンチア）と存在（エッセ）は実在的に異なる二つのもの（res）ではなく，もの（res）としては同一であり，「本質（エッセンチア）」「存在（エッセ）」という二つの語は全く同一のものを表示している」ことを述べた上で，オッカムはエギディウス・ロマヌスの議論を批判して，『大論理学』第III部-2第27章の中で次のように述べている。

　　それゆえ，本質（エッセンチア）が本質や非本質に対して中立であるということはないのと同様に，本質（エッセンチア）が存在（エッセ）や非存在に対して中立であると考えられるべきではない。なぜなら，その場合には，本質が本質であることも本質でないこともありうるのと同様に，本質は存在であることも，存在でないこともありうることになってしまうからである。それゆえ，〈本質は存在することも存在しないこともありうる，ゆえに，存在は本質と区別される〉，〈本質は存在と反対な状態においてありうる，ゆえに，本質は存在と異なる〉というような議論は妥当ではない。それはちょうど，〈本質は本質でないことも本質であることもありうる，ゆえに，本質は本質と異

---

　26)　トマスやエギディウス・ロマヌスに対する，オッカムの批判の意図に関しては，
① Ernest A. Moody, *The Logic of William of Ockham*, New York; Sheed Ward, pp. 263-266 (1935)
② Ph. Boehner, "The Metaphysics of WilliamOckham" *The Review of Metaphysics* 1, pp. 59-86, In *Collected Articleson Ockham*, Franciscan Institute Publication, pp. 388-389 (1947-1948).
③──, Ockham, *Philosophical Writings*, Introductin, London, p. xlii (1957).
④ Matthew C. Menges, *The Concept of Univocity regarding the predication of God and Creature according to William Ockham*, St. Bonaventure, New York, and Louvain, The Franciscan Institute, pp. 101-102 (1952).
⑤ Gordon Leff, *William of Ockham*, Manchester University Press, pp. 165-167 (1975) を参照。

なる〉，〈本質は本質と反対な状態においてありうる，ゆえに，本質は本質と異なる〉というような議論が妥当でないのと同様である。従って，本質と本質が二つのものでないのと同様に，本質（エッセンチア）と存在（エッセ）は二つのものではない。それゆえ，エッセは，事物の本質と異なるものではない。(Ockham, *Summa Logicae*, III-2, cap. 27; OPhI, p. 554, lin. 33-43)

オッカムは，『七巻本自由討論集』第2巻第7問題においても同様の批判を行なっている。

この議論に対しては，私は次のように答える。存在（エクシステンチア）が存在や非存在に対して中立であることはないのと同様に，本質（エッセンチア）が存在や非存在に対して中立であることはない。なぜならその場合には，本質（エッセンチア）が存在（エクシステンチア）であることも，存在（エクシステンチア）でないこともありうるのと同様に，存在（エクシステンチア）が本質（エッセンチア）であることも，本質（エッセンチア）でないこともありうることになってしまうからである。……それゆえ，「本質（エッセンチア）は存在（エッセ）や非存在に対して中立である」と議論で言われているのは，矛盾対立するもの（「本質は存在する」と「本質は存在しない」）の両方の部分が，或る時には一方が真であり，続いて或る時には他方が真でありうるという意味にすぎない。(Ockham, *Quodlibeta Septem*, Quodlibet II, quaestio 7; OTh IX, p. 143, lin. 52-67)

すなわち本質（エッセンチア）と存在（エッセ）は同一のものであるのだから，本質が存在する時には存在も在り，本質が存在しない時には存在もないのであり，エッセンチアがエッセや非存在に対して中立であることはない。

第2章

スコトゥスの共通本性と個体化の理論に対する
オッカムの批判

本章の参照テキスト

① Ioannus Duns Scotus, *Ordinatio*, Opera Omnia VII, Vaticana, pp. 391-494. 渋谷訳, ヨハネス・ドゥンス・スコトゥス『命題集註解（オルディナチオ）』第2巻, 平凡社, 中世思想原典集成18, 1998, 217-316頁.

② Ioannus Duns Scotus, *Quaestiones super libros Metaphysicorum Aristotelis*, lib. VII, Q. 13, Opera Philosophica IV, St. Bonaventure, N. Y. 1997, pp. 239-246.（本書の付録として付けられた関連テキスト②）。

③ Ockham, *Summa Logicae*, I, cap. 16-17. OPhI, pp. 54-62. 渋谷訳『オッカム「大論理学」註解 I』創文社, 1999, 56-65頁.

④ Ockham, *Scriptum in Librum Primum Sententiarum (Ordinatio)*, Dist. 2, Quaestio. 6. OThII, pp. 160-224. 渋谷訳『オッカム著, スコトゥス「個体化の理論」への批判——センテンチア註解, L. 1, D. 2, Q. 6』ラテン語対訳版, 知泉書館, 2004.

次に, ドゥンス・スコトゥスの共通本性と個体化の理論に対するオッカムの批判を取り上げる。オッカムは主として『大論理学』第I部第16－17章,『センテンチア註解』第1巻第2区分第6問題において, スコトゥスの共通本性と個体化の理論に対する批判を行なっているのであるが, そこにおいても序論の中で述べた〈心の内の言葉と, 心の外のものを区別する〉オッカムの哲学的意図が明確に見出される。

(一) スコトゥスの『命題集註解 (Ordinatio)』における個体化の理論[1]

　ソクラテスとプラトンは，ともに人間性という共通本性を持つ点では一致しているが，しかしそれぞれ別な個物（•この•人間と•あの•人間）であるという点では異なっている。ではソクラテスを，プラトンではなく，まさにソクラテスたらしめているものとは一体何であろうか。あるいは，•この•石がまさに或る一つの不可分な物であり，•あの•石から区別される根拠とは，一体何であろうか。これが，スコトゥスが『命題集註解』第2巻第3区分第1部第1問題から第6問題までで論じている，個物の個体化原理の問題である。スコトゥスはまず第1問題から第5問題までにおいて，当時唱えられていた五つの個体化の理論の説を批判し，次いで第6問題において彼自身の説を展開している。第1問題で検討されているのは，「質料的実体は自らの本性によって，それ自体において個なのであり，それゆえ如何なる個体化の原理も不要である」とする唯名論者達の説である。スコトゥス

---

　1) ヨハネス・ドゥンス・スコトゥス（Johannes Duns Scotus, 1265/66-1308年）には，二つの個体化の理論が存在する。一つはスコトゥスが『命題集註解（オルディナチオ）』(Ordinatio) 第2巻第3区分第1部第1問題から第6問題 (*Ordinatio*, Liber Secundus, Distinctio Tertia, Pars Prima; Ioannis Duns Scoti Opera omnia. Studio et cura Commissionis Scotisticae ad fidem codicum edita, praeside Carolo Balić, t. VII, Civitas Vaticana 1973, pp. 391-494) までで論じている個体化の理論である。スコトゥスは同じ個体化の問題を『レクトゥーラ』第2巻 (*Lectura in librum secundum Sententiarum* Distinctio Tertia, Pars Prima, Ioannis Duns Scoti Opera omnia. Studio et cura Commissionis Scotisticae ad fidem codicum edita, praeside P. Luca Modrić, t, XVIII, Civitas Vaticana 1982, pp. 229-293) でも取り扱っているが，両方のテキストで論じられている個体化の理論はほぼ同一である。もう一つは，スコトゥスが『アリストテレス形而上学問題集』第7巻第13問題 (Ioannus Duns Scotus, *Quaestiones super libros Metaphysicorum Aristotelis*, Lib. VII, Q. 13; Opera Philosophica IV, St. Bonaventure, N. Y. 1997, pp. 215-280) で論じている個体化の理論である。この二つの個体化の理論は，根本的に相違している（詳しくは，関連テキスト②ヨハネス・ドゥンス・スコトゥス，渋谷訳『アリストテレス形而上学問題集』第7巻第13問題，註19；オッカム著，渋谷訳『スコトゥス「個体化の理論」への批判──センテンチア註解，L. 1, D. 2, Q. 6』ラテン語対訳版，知泉書館，2004，解説スコトゥスの二つの個体化の理論，163-189頁を参照）。しかし，本書では『命題集註解』での個体化の理論のみを扱う。なぜなら，オッカムが批判しているのは専ら，『命題集註解』で述べられた個体化の理論のほうだからである。

はこの見解を批判して，本性はそれ自体で個であるのではなく，本性に何らかのものが付け加わることによって本性は個となるのであると主張する。第2問題で検討されるのは，「個体は，①それ自体においては分割されない，②他のものと同一ではない，という二重の否定から成立するものであり，従ってこの二重の否定が個体化の原理である」とするガンのヘンリクス（Henricus de Gandavo 1293年没）の説である。スコトゥスはこの見解に反論して，個体化の原理は何らかの肯定的定立的なものであることを強調する。第3問題で検討されているのは，「質料的実体は，その現実態としての存在（actualis exsistentia）によって個体なのであり，従って現実存在（esse exsistentiae）が個体化の原理である」という説である。これに対してスコトゥスは，現実存在は本質存在（esse essentiae）の序列や区別を前提しており，然るに他のものの区別を前提し，それ自体は区別されても限定されてもいないものが，他のものを区別し限定する原理であることはできないと反論している。第4問題で検討されるのは，「質料的実体は量によって個体となるのであり，量が個体化の原理である」とするフォンテーヌのゴドフロウ（Godefroid de Fontaines; Godefridus de Fontibus 1306/09年没）やエギディウス・ロマヌス（Aegidius Romanus 1243/47-1316）の説である。スコトゥスはこの見解を否定し，次のように反論している。事物の有するこのものという特質は，何らかの実体的変化がない限り，生じたり失われたりすることはないのであり，それゆえ，量やその他の付帯性が個体化の原理であることはありえない。ソクラテスが，あるいはこの石がまさに或る一つの不可分な物であり，あの石から区別される根拠である事物の個体化の原理は，個物に本質的に内在し，実体に属する何物かでなくてはならぬ。第5問題で検討されているのは，「質料的実体は，質料によってこのものであり個体なのであり，質料が個体化の原理である」という，通常アリストテレスに帰せられる説である。これに対してスコトゥスは，同じアリストテレスの別のテキストを引用しながら，「質料が個体化の原理である」という説はアリストテレスのものではなく，むしろアリストテレスはそのような見解を否定しようとしていることを指摘する。以上，第1問題から第5問題までにおいてスコトゥスは，当時言われていた五つの個体化の理論を検討し批判した上で，次の第6問題にお

いて彼自身の説を提示している。

すなわちスコトゥスによれば，第1問題で述べられたごとく，事物は自らの本性（人間であること，石であること）によって個物であるのではなく，その共通本性をこのもの，この個体へと特定化する個体的差異（differentia individualis contrahens）・個的存在性（realitas individualis）が共通本性に付加されなくてはならない。この付加される個体化の原理は，第2問題で述べられたごとく，否定的な原理ではなく，肯定的に定立しうるものであり，またそれは，第4問題と第5問題で述べられたごとく，或る特定の質料（materia signata）や量といった付帯的な性質ではなく，個物に本質的に内在する実体的原理である。しかしそれは，第3問題で述べられたごとく，現実存在そのものではありえない。従ってスコトゥスの理論においては，質料的実体である個体は，種的本質を構成する共通本性と，その共通本性を個へと特定化する個体的差異・個的存在性から成ることになる。スコトゥスは，これら共通本性と個体的差異の関係について，「両者は同一のもの（res）に属する形相的に区別された二つの存在性（realitates eiusdem rei, formaliter distinctae）である」と述べている[2]。『命題集註解（オルディナチオ）』におけるスコトゥスの個体化の理論の特徴は，実在的に同一のもの（res）の内に，更により原初的な区別を措定し，共通本性とそれを特定化する個体的差異との間に，実在的区別（distinctio realis）ではなく，形相的区別（distinctio formalis）を立てたことである。スコトゥスは次のように述べている[3]。

> 質料も形相も複合体も，それらの各々が本性である限りにおいては，個的存在性ではない。むしろ質料が，形相が，あるいはそれらの複合体がそれとしてあるところの存在の究極的な存在性（ultima realitas entis）こそが個的存在性なのである。従って，共通であるが限定されることが可能な各々のものはすべて，如何にそれが一つのもの（res）としてあるとしても，形相的に区別された複数の存在性

---

2) Duns Scotus, *Ord.*, II, d. 3, p. 1, q. 6, n. 188; Vaticana VII, p. 484, lin. 8-9. ヨハネス・ドゥンス・スコトゥス著，拙訳『命題集註解（オルディナチオ）』第2巻，中世思想原典集成18，294頁。

3) 前掲拙訳，293-294頁。

(realitates formaliter distinctae) へと更に区別されうるのであって，それらの一方は形相的に他方ではなく，一方は形相的に個別の存在性であり，他方は形相的に共通本性の存在性である。これら二つの存在性は，そこから類が取り出される存在性と，そこから種的差異が取り出される存在性（また，それらから種の存在性が取り出される）との場合のように，ものとものの（res et res）としてあることはできない。それらは常に——部分においてであれ，全体においてであれ——同一のもののうちにあって，同一のもの（res）に属する形相的に区別された二つの存在性（realitates eiusdem rei, formaliter distinctae）である。(Duns Scotus, *Ord.*, II, d. 3, p. 1, q. 6, n. 188; Vaticana VII, p. 483, lin. 18-p. 484, lin. 9)

このスコトゥスのテキストから，次のことが明らかである。スコトゥスは，(1) res と res（互いに他から分離可能であり，独立して存在しうるもの）と，(2) 同一の res のうちに属している realitas と realitas（不可分であり，一方が他方なしに存在することが不可能なもの）との間に，存在のレベルの相違を設定している。(1) の res と res との間に実在的区別が成立し，(2) の realitas と realitas との間に形相的区別が成立する。

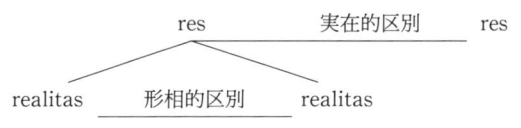

```
             res       実在的区別      res
               \                    /
       realitas    形相的区別   realitas
```

共通本性の存在性と，それを特定化する個体的差異の存在性との間に，実在的区別ではなく，形相的区別が措定される理由を，スコトゥスは次のように説明している。実在的区別が成立するのは，例えばソクラテスとプラトンの場合のように，事物 res と事物 res の関係においてである。しかし，共通本性と個体的差異の関係は，res と res との間の関係ではなく，同一の res における二つの存在性（duae realitates）の間の関係である。共通本性は，いわば可能態が現実態によって現実化され完成されるごとくに，個体的差異によってこのものへと現実化される。スコトゥスは次のように述べている[4]。

---

4) 前掲拙訳，290頁。

個体的存在性は，いわば可能態においてある種的存在性を限定する現実態のごとき位置にある。(Duns Scotus, *Ord.*, II, d. 3, p. 1, q. 6, n. 180,; Vaticana VII, p. 479, lin. 20-21)

しかし，共通本性と個体的差異との関係は，類と種差との関係とも異なる。スコトゥスは次のように述べている[5]。

これら二つ（個体的差異と共通本性）の存在性は，そこから類が取り出される存在性と，そこから種的差異が取り出される存在性（また，それらから種の存在性が取り出される）との場合のように，も・の・と・も・の・(res et res) としてあることはできない。(Duns Scotus, *Ord.*, II, d. 3, p. 1, q. 6, n. 188, Vaticana VII, p. 484, lin. 5-7)

すなわち，種的差異がそこから取られる存在性と，類がそこから取られる存在性は，互いに他から分離可能であり，他から独立して存在しうるも・の・と・も・の・(res et res) との関係にあり，それゆえ，それらの間には実在的区別 (distinctio realis) が成立する。他方，個体的差異と本性との関係は，同一のもの (res) に属する二つの realitas と realitas との間の関係であり，それらの間には形相的区別が成立する。

（証明）もしXとYが実在的 (realiter) に異なるとしたら，XがYなしに存在することが可能である。すなわち，両者は互いに分離可能であり，或る時に或る場所において，XがYなしに存在することが可能である。他方，XとYが形相的 (formaliter) に異なるとしたら，両者が分離して存在することは不可能であり，XはYなしに存在することが不可能である。しかるに，類がそこから取られる存在性（例えば動物性）は，種的差異がそこから取られる存在性（例えば理性的）なしに存在することが可能である。それゆえ，類と種差は，互いに他から分離可能であり，独立して存在しうるものどうし res absoluta と res absoluta の関係であり，両者は実在的に区別される。これに対して，個体的差異と本性は不可分に結びついており，一方が他方なしに存在することは不可能である。それゆえ，個体的差異と本性は実在的にではなく，形相的に区別される。

更に，共通本性と個体的差異との関係は，形相と質料との関係とも相違

---

5) 前掲拙訳，294頁。

第2章 スコトゥスの共通本性と個体化の理論に対するオッカムの批判 51

する。スコトゥスは明確に，共通本性と個体的差異の複合と，形相と質料の複合を区別している。

$$\text{複合} \begin{cases} \text{形相} \\ \text{質料} \end{cases} \neq \text{複合} \begin{cases} \text{共通本性} \\ \text{個体的差異} \end{cases}$$

「もしスコトゥスの主張するように，個体的差異と本性が，現実態と可能態の関係において結び付いているとしたら，同一の個体の内に二つの複合——形相と質料の複合と，個体的差異と本性の複合——が同時に存在することになり，これは不都合である」という反論[6]に対して，スコトゥスは次のように答えている。

　私は次のように答える。複合は本来的には，現実態におけるもの (res actualis) と可能態におけるもの (res potentialis) との複合として解されることができる。——あるいは，それほど本来的ではない意味においては，同一のもの (res) の内の，現実態における存在性 (realitas actualis) と可能態における存在性 (realitas potentialis) との複合として解されることができる。第一の意味では，個体は種的本性と比べると複合体ではない。なぜなら，個体は如何なるもの (res)[7] も付け加えてはいないからである。——すなわち，先の議論が更に続けて述べているごとく，個体は質料を付け加えるのでも，形相を付け加えるのでも，それらの複合体を付け加えるのでもないからである。他方，第二の意味では，個体が複合体であることは必然である。なぜなら，ちょうどもの (res) ともの (res) との場合と同じように，種的差異がそこから取り出されるところの存在性 (realitas) は，個体的差異がそこから取り出されるところの存在性 (realitas) に対して可能態の関係にあるからである。というのも，種的存在性はそれ自体においては，個体的存在性を同一性によって含む事由となるものを有しておらず，或る第三のもの（個物）のみが，両者（種的存在性と個体的存

---

6) Duns Scotus, *Ord.*, II, d. 3, p. 1, q. 6, n. 143, Vaticana VII, p. 464, lin. 4-12; 前掲拙訳，277-278頁。

7) ヴァティカン版では nullam realitatem となっているが，或る写本に従い nullam rem と読む。前掲拙訳，294-295頁。

在性）を同一性によって含むのだからである。(Scotus, *Ord.*, II, d. 3, p. 1, q. 6, n. 189; Vaticana VII, p. 484, lin. 13–p. 485, lin. 4)

すなわち，スコトゥスによれば，一つの個体の内に二つの種類の複合が存在する。一つは，現実態における res absoluta（他から分離可能であり，独立して存在しうるもの）と，可能態における res absoluta の複合 (compositio ex re actuali et re potentiali) である。形相と質料の結合は，この種の複合であり，それゆえ形相と質料は，実在的（realiter）に区別される。いま一つは，同一の res absoluta の内の，現実態における realitas formalis と可能態における realitas formalis の複合 (compositio ex realitate et realitate actuali et potentiali in eadem re) である。本性と個体的差異の結合は，この種の複合である。それゆえ，両者は形相的（formaliter）に区別される。以上から，実在的区別と形相的区別の相違は，図のように理解される。

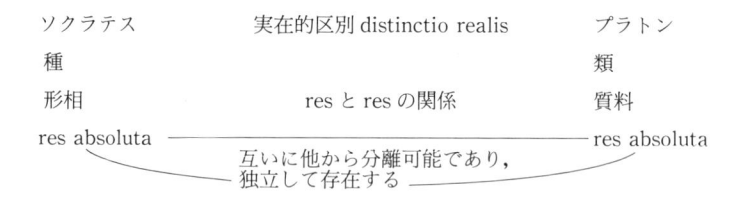

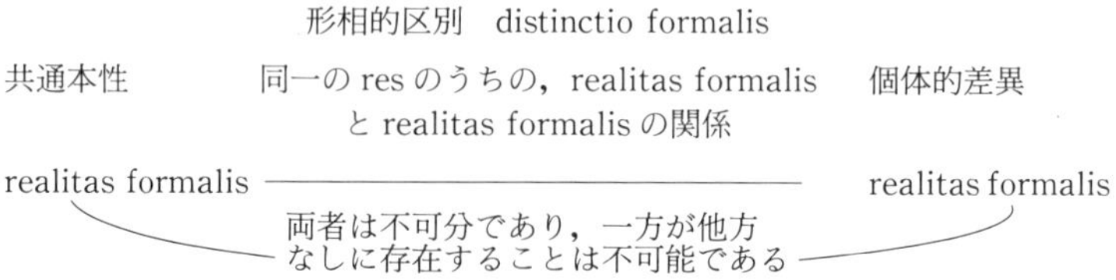

ソクラテス	実在的区別 distinctio realis	プラトン
種		類
形相	res と res の関係	質料
res absoluta	互いに他から分離可能であり，独立して存在する	res absoluta

	形相的区別　distinctio formalis	
共通本性	同一の res のうちの，realitas formalis と realitas formalis の関係	個体的差異
realitas formalis	両者は不可分であり，一方が他方なしに存在することは不可能である	realitas formalis

　更にまた共通本性は次のような特質を持つ。図のごとく，ソクラテスとプラトンは，人間性という共通本性を持ち，一つのグループにまとめられる。あるいは，ソクラテスとプラ
・・
トンとこのサルは，動物性という共通本性を
持ち一つのグループにまとめられる。こうした共通本性の有する一
(unitas) は，こ・のものやあ・のものといった「数的な一」(unitas

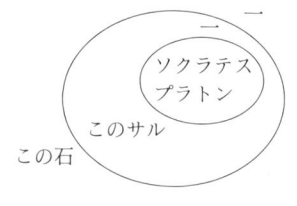

numeralis) とは別である。ソクラテスとプラトンとこのサルとこの石は，このものやあのものといった数的な一において，等しく異なっている。しかし，ソクラテスとプラトンは，数的な一とは別な或る一を有する。あるいは，ソクラテスとプラトンとこのサルは，数的な一とは別な或る一を有する。スコトゥスは，このような共通本性の持つ一を，数的な一よりも「より小さい（弱い）実在的な一」(unitas realis minor) と呼んでいる[8]。このような共通本性（例えば，人間の本性）は外界の実在的な世界においては，個体的差異と結びついており，このもの（ソクラテス）の内に存在している。しかし人間の本性は，それ自体においては (de se)，数的な一よりもより小さい（弱い）一を有し，このもの（ソクラテス）やあのもの（プラトン）といった数的な一・個別性に対して中立 (indifferens) である。ソクラテスの内に存在している人間の本性は，それ自体においては，ソクラテスの内にのみ存在するように限定されているわけではない。ソクラテスの代わりにプラトンの内に，あるいは別の人の内に存在すること，すなわち，多くのものの内に存在することは，人間の本性それ自体に反することではないからである。この意味でスコトゥスは，「多くのものに共通な本性が外界に存在する」と主張している[9]。これが，『命題集註解』の中でスコトゥスによって論じられている個体化の理論である。

（二）　オッカムの批判

1　スコトゥスとオッカムの論争（一）[10]

以上述べられたスコトゥスの個体化の理論に対するオッカムの批判は，『大論理学』(*Summa Logicae*) 第Ⅰ部第17章（OPhI, pp. 57-62），及び

---

8) Duns Scotus, *Ord.*, II, d. 3, p. 1, q. 1, n. 8-28, Vaticana VII, pp. 395-402；前掲拙訳，223-229頁。更に，共通本性に固有な一が，数的な一よりもより小さい（弱い）一であることは，本書の付録として付けられた関連テキスト②ドゥンス・スコトゥス『アリストテレス形而上学問題集』第7巻第13問題においても論じられている。

9) Duns Scotus, *Ord.*, II, d. 3, p. 6, q. 1, n. 173-175, Vaticana VII, pp. 476-478；前掲拙訳，287-288頁。

10) 拙著『オッカム「大論理学」の研究』83-89頁を参照。

『センテンチア註解』第1巻第2区分第6問題（OThII, pp. 160-224）に見出される。

〔**スコトゥスの議論**〕

スコトゥスは，「同一のもの（res）の内に，形相的に異なる二つの存在性（realitas）——共通本性と個体的差異・このもの性——が存在する」と主張して，次のように述べている。

スコトゥスの主張①[11]（『命題集註解』第1巻第2区分第2部第4問題398）

　自らに属する形相的に同一のものによって或る物(A)が他の物(B)とまさに実在的に一致し，それゆえ，そのものによって或る物(A)は他の物(B)と異ならず，しかるに同時にまた，その同一のものによって或る物(A)は他の物(B)とまさに実在的に異なり，それゆえ，そのものによって或る物(A)は他の物(B)と一致しないということは，ありえない。（なぜなら，もしそのものが全く実在的に同一であるとしたら，どうしてそれがまさに，一致し異ならないことの原理であり，同時にまた，異なり一致しないことの原理でもあるのか？）従って，そこにおいて諸々の個体が一致する本質と，それによって諸々の個体が異なる特質は，相違し区別されると結論される。(Duns Scotus, *Ordinatio* I, d. 2, p. 2, q. 4, n. 398; VaticanaII, p. 354, lin. 10-p. 355, lin. 2)

スコトゥスの主張②[12]

　実在的に全く同一のものによって，或る事物(A)が他の事物(B)と実在的に異なり，同時にまた実在的に一致するということは不可能である。しかるに，ソクラテスはプラトンと実在的に異なり，同時にまた，実在的に一致する。それゆえ，〔ソクラテスはプラトンと，或るものによって実在的に異なり，別なものによって実在的に一致する。〕(Ockham, *Sent.*, I, d. 2, q. 6; OThII, p. 173, lin. 6-9)

　11）拙訳『大論理学註解Ⅰ』訳者註解，普遍は心の外のものではない，註33，194-195頁。拙著『オッカム「大論理学」の研究』84頁。オッカム著，拙訳『スコトゥス「個体化の理論」への批判——センテンチア註解，L. 1, D. 2, Q. 6』知泉書館，2004，訳者註解35，131-132頁を参照。

　12）拙訳『スコトゥス「個体化の理論」への批判』26-27頁。拙著『オッカム「大論理学」の研究』84-85頁を参照。

同様のスコトゥスの議論は,『大論理学』第Ⅰ部第17章にも収録されている。
スコトゥスの主張③[13]

> 彼等〔スコトゥス〕は次のように述べる。或る事物が実在的に一致し,実在的に異なる場合には,それらは或るものによって一致し,別なものによって異なっている。ところで,ソクラテスとプラトンは実在的に一致し,実在的に異なっている。それゆえ,別々なものによって,ソクラテスとプラトンは一致し,異なっている。しかるに,ソクラテスとプラトンが一致しているのは,人間の本性,その質料や形相によってである。従ってソクラテスとプラトンは,人間の本性,質料や形相以外に,これらとは別なものを含んでおり,それらによって相違しているのである。彼等は,それらを「個体的差異」と呼んでいる。
> (Ockham, *Summa Logicae* I, cap. 17; OPhI, p. 57, lin. 8-13)

これら①②③において,スコトゥスは次のように主張している。例えばソクラテスとプラトンは,ともに人間であるという点では一致しているが,それぞれ別な個物(この人間とあの人間)であるという点では異なっている。然るに,同じものによって,事物Aが事物Bと実在的に一致し,同時にまた実在的に異なるということは不可能である。それゆえ,もし事物Aが事物Bと実在的に一致し,同時にまた異なるとしたら,事物Aは事物Bと或るものによって実在的に一致し,別なものによって異なるのである。すなわちソクラテスとプラトンはその共通本性,質料や形相によって一致しているが,彼等の内には,それら以外に別なもの(個体的差異・このもの性)が含まれており,それらによって彼等は異なっている。従って,同一の事物(res)の内に,形相的に異なる二つの存在性(realitas)——共通本性と個体的差異・このもの性——が措定されるべきである。ソクラテスとプラトンはともに人間の本性という普遍的な共通本性を有しており,その存在性によって両者は種において一致する。しかし共通本性以外に,ソクラテスは自己に固有な別の存在性(個体的差異・ソクラテス性)を有しており,プラトンもまた自己に固有な別の存在性(個体的差異・プラトン性)を有しており,それらの存在性によって両者は数において異なる。

---

13) 拙訳『大論理学註解Ⅰ』59-60頁。

〔スコトゥスに対する，オッカムの批判〕[14]

　このスコトゥスの議論を，オッカムは次のように批判する。確かにソクラテスとプラトンは人間であるという点では一致し，他方それぞれが別な個物（̇こ̇の事物とあ̇の̇事物）であるという点では異なっている。しかしこの理由から，スコトゥスのように，形相的に異なる二つの存在性を同一の事物の内に措定する必要はない。むしろ，スコトゥスの議論の前提〈同じものによって，事物(A)が事物(B)と実在的に一致し，同時にまた実在的に異なるということは不可能である〉が間違っている。二つの別々の存在性によってではなく，各々が有する同̇じ̇一̇つ̇の̇存̇在̇によって（per idem, eodem），ソクラテスはプラトンと種において一致し，数において異なる。すなわちオッカムは，スコトゥスの主張に対して次のように答えている。

　スコトゥスの主張①②への，オッカムの解答（『センテンチア註解』第1巻第2区分第6問題）[15]

　　最後の議論に対しては，私は次のように答える。一致と相違が両立可能である場合，同じ一つの存在（per idem）によって，AがBに一致することは不適切ではない。それゆえ，同じ一つの存在によって，或るものAとBが種において一致し，数において異なることは，何ら不適切ではない。このことは，彼自身，すなわちスコトゥスの例によって明らかである。特定化された本性と個体的差異は実在的に同一のものであるのだから，特定化された本性は個体的差異と実在的に一致し，しかし何らかの仕方で，本性は特定化する差異と異なっていることは確かだからである。その場合，それらが一致し異なるのは同じ一つの存在によって（eodem）であるのか，あるいは別々の存在（alio et alio）によってであるのかと，私は問う。もし同じ一つの存在によってであるならば，私の主張したいことが得られる。つまり，区別されない同一の存在によって（eodem），本性は個体的差異と実在的に一致し，形相的に異なるのである。同様に容易に，同じ一つの存在によって（eodem），ソクラテスはプラトンと種において一致し，数に

---

14)　拙著『オッカム「大論理学」の研究』86-89頁を参照。
15)　オッカム著，拙訳『スコトゥス「個体化の理論」への批判』114-117頁。

おいて異なると，私は言うことができるであろう。更に広く一般に，他のすべての類似した例においても同様である。他方，もしそれらが一致し，かつ異なるのは，別々の二つの存在によってであるとするならば，それら二つの存在について私は問う。それらは或る仕方においては異なるが，しかし一つのもの（una res）であるのだから，或る仕方においては一致している。だとすると，それらが一致し異なるのは，同じ一つの存在によってであるのか，あるいは別の二つの存在によってであるのか。かくして，無限進行に陥るか，あるいはむしろ，同じ存在によってそれらの一方は他方と一致し，かつ異なるという結論において停止すべきであるだろう。それゆえ同様に容易に，同じ一つの存在によってAはBと種において一致し，数において異なると，私は言うことができるであろう。(Ockham, *Sent.*, I, d. 2, q. 6; OThII, p. 220, lin. 17-p. 221, lin. 12)

スコトゥスの主張③への，オッカムの解答(『大論理学』第Ⅰ部第17章)[16]
　この議論に対しては，私は次のように答える。ソクラテスとプラトンは実在的に一致し，実在的に異なっていることを私は認める。ソクラテスとプラトンは種において実在的に一致し，数において実在的に異なっているからである。しかしながら，彼等が種において一致し，数において異なるのは，同じ存在によって（per idem）なのである。それはちょうど，他の人々〔スコトゥス派の人々〕も，「同じ存在によって個体的差異は実在的に本性と一致し，形相的に異なる」と言わざるをえないのと同様である。

　もしあなたが，「同一のものが一致していることの原因であり，また異なっていることの原因であるはずはない」と主張するとしたら，次のように言われるべきである。同一のものが，一致の原因であり，またその一致と反対の関係にある相違の原因であるということはない。このことは真である。しかし，我々が問題にしているのは，そのような場合ではない。種において一致していることと，数において異なっていることの間には，何ら反対の関係は成立しないからである。それ

---

16)　拙訳『大論理学註解Ⅰ』61頁。

ゆえ，〈同一の存在によって，ソクラテスはプラトンと種において一致し，数において異なる〉ことは，正しいと認められなくてはならぬ。
(Ockham, *Summa Logicae* I, cap. 17; OPhI, p. 58, lin. 36-47)

すなわちオッカムによれば，事物はすべて自己自身によって個体である。それゆえ，スコトゥスのように個体化の原理として個体的差異・このもの性を措定する必要はないし，同一の事物の内に，形相的に異なる二つの別々の存在性（realitas）——共通本性と個体的差異・このもの性——を措定すべきでもない。事物は，各々が有する自己に固有の同一の存在によって，他の事物と種において一致し，数において異なるのである。

2　スコトゥスとオッカムの論争（二）[17]

スコトゥスによれば，図のごとく，例えばソクラテスとプラトンは，人間性という共通本性を持つことにおいて，一つのグループにまとめられる。あるいは，ソクラテスとプラトンとこのサルとこのロバは，動物性という共通本性を持つことにおいて，一つのグループにまとめられる。

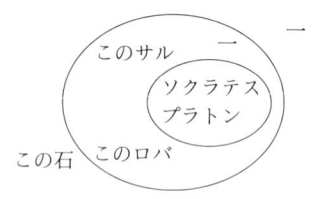

こうした共通本性の有する一（unitas）は，このものやあのものといった「数的な一」（unitas numeralis）とは別であると考えられる。なぜなら，ソクラテスとプラトンとこのサルとこのロバとこの石は，このものとあのものといった数的な一においては，等しく異なっているが，しかし，ソクラテスとプラトンは，数的な一とは別な或る一を有し，それによって一つのグループにまとめられる。あるいは，ソクラテスとプラトンとこのサルとこのロバは，数的な一とは別な或る一を有し，それによって一つのグループにまとめられるからである。スコトゥスは，このような共通本性の持つ一を，数的な一よりも「より小さい（弱い）実在的な一」（unitas

---

17)　拙著『オッカム「大論理学」の研究』89-117頁を参照。

realis minor）と呼んでいる[18]。それゆえ，スコトゥスは次のように主張する。

スコトゥスの主張①－①（このスコトゥスの主張は，『大論理学』第Ⅰ部第17章[19]に収録されている）

ソクラテスとプラトンのほうが，ソクラテスとロバよりもより多く一致している。それゆえ，或るものにおいてソクラテスとプラトンは一致し，そのものにおいてソクラテスとロバは一致しない。しかるに，ソクラテスとロバは一致しないのは，数において一なるものにおいてではない。それゆえ，そこにおいてソクラテスとプラトンが一致するところのものも，数的に一（unum numero）ではない。従ってそれは，何らかの共通なものである。(Ockham, *Summa Logicae* I, cap. 17; OPhI, p. 57, lin. 14-17)

同様のスコトゥスの主張は，『センテンチア註解』第1巻第2区分第6問題においても取り上げられている。

スコトゥスの主張①－②[20]

ソクラテスとプラトンのほうが，ソクラテスとロバよりも実在的により多く一致している。それゆえ，或る実在的なものにおいてソクラテスはプラトンと一致し，そのものにおいてソクラテスとロバは実在的に一致しない。しかるにソクラテスとプラトンが一致するのは，ソクラテスにおいてでも，プラトンにおいてでもないのだから，両者は彼等自身とは何らかの仕方で区別された或る（第三の）存在において一致しているのである。この（第三の）存在は，ソクラテスとプラトンの両方に共通である。(Ockham, *Sent.*, I, d. 2, q. 6; OThII, p. 211, lin. 21-25)

スコトゥスの主張①－③[21]

あらゆる知性認識が除外されるとしても，実在的にソクラテスとプラトンのほうが，ソクラテスとこのロバよりもより多く一致している。

---

18) 前註48を参照。
19) 拙訳『大論理学註解Ⅰ』60頁。
20) オッカム著，渋谷訳『スコトゥス「個体化の理論」への批判』98-99頁。
21) 前掲拙訳，116-117頁。

> それゆえ，ソクラテスとプラトンは実在的に或る本性において一致し，その本性においてソクラテスとこのロバは一致しない。(Ockham, *Sent.*, I, d. 2, q. 6; OThII, p. 221, lin. 13-17)

スコトゥスはこう考えている。例えば，ソクラテスとプラトンは，人間であることにおいて（in aliquo）一致し類似している。それゆえ，この実在的な類似関係を成立させる根拠として，ソクラテスとプラトンのほかに，これら数的に一（unitas numeralis）なる個別的なものとは別に，これらに共通な，より小さい（弱い）実在的な一（unitas realis minor）である人間の共通本性が，心の外に存在していなくてはならない。

```
           人間の共通本性
          より小さい（弱い）一
          ／              ＼
         ／     類  似     ＼
    ソクラテス ─────────── プラトン
    数的に一                   数的に一
```

このスコトゥスの主張に対して，オッカムは次のように答えている。

〔スコトゥスの主張①に対する，オッカムの批判〕

スコトゥスの主張①-①への，オッカムの解答（『大論理学』第Ⅰ部第17章[22]）

> この（第二の）議論は妥当ではない。なぜなら，〈ソクラテスとプラトンのほうが，ソクラテスとロバよりもより多く一致している。それゆえ，或るものにおいて（in aliquo）ソクラテスとプラトンは一致し，……〉という推論は成立しないからであり，ソクラテスとプラトンは自らによって（se ipsis）一致するということだけで充分である。それゆえ，私は次のように述べる。ソクラテスは自らの知性的魂によってロバよりもプラトンと一致するのであり，自ら全体によって（se toto）ソクラテスは，ロバよりもプラトンと一致するのである。従って厳密に言うならば，〈彼等の本質に属している或るものにおいて（in aliquo），ソクラテスとプラトンは一致する〉ということは真と

---

22) 拙訳『大論理学註解Ⅰ』61頁。

して認められるべきではなく,〈或るものによって (aliquibus), ソクラテスとプラトンは一致する〉ということが真として認められるべきである。ソクラテスとプラトンは,自らの形相や自己自身によって (se ipsis) 一致するのだからである。(Ockham, *Summa Logicae* I, cap. 17; OPhI, p. 59, lin. 48-55)

スコトゥスの主張①-②への,オッカムの解答[23]

この議論に対して,私は次のように答える。厳密に言うならば,ソクラテスとプラトンは,或るものにおいて (in aliquo),あるいは或る複数のものにおいて (in aliquibus) において一致するのではなく,或るものによって (aliquibus),すなわち自らによって (se ipsis) 一致するのであり,ソクラテスは〈或るものにおいて〉'in aliquo' プラトンと一致するのではなく,〈或るものによって〉'aliquo' プラトンと一致することが真として認められるべきである。ソクラテスはプラトンと,自らによって一致するのだからである。

Si dicatur quod Sortes et Plato conveniunt in homine, dico quod ly homine potest supponere simpliciter vel personaliter. Primo modo potest concedi, quia hoc non aliud quam dicere quod homo est unum commune praedicabile de sorte et Platone. Si auutem ly homine supponat personaliter pro aliqua re, sic est simpliciter falsum, quia in nullo homine conveniunt, nec in aliqua re conveniunt, sed conveniunt rebus, quia hominibus, quia se ipsis. Ad formam ergo dico quod Sortes et Plato se ipsis plus conveniunt realiter quam sortes et asinus, non tamen in aliquo reali.

「ソクラテスとプラトンは人間であることにおいて (in homine),一致している」と反論されるならば,私は次のように答える。「人間」は単純代示[24]を行なうことも,個体代示を行なうことも可能である。

---

23) オッカム著,拙訳『スコトゥス「個体化の理論」への批判』100-101頁。
24) 単純代示 (suppositio simplex) とは,「人間」という語が心の中の概念を代示する場合である。個体代示 (suppositio personalis) とは,「人間」という語が心の外の事物を代示する場合である。オッカム『大論理学』第Ⅰ部第64章(拙訳『大論理学註解Ⅱ』76-78頁)。

第一の仕方においては〔すなわち，単純代示を行なうとすれば〕，言われた命題は真であると認められることができる。「人間」という概念は，ソクラテスとプラトンに述語づけられうる或る一つの共通なものであると述べているに他ならないからである。他方，もし「人間」が個体代示を行ない，或る事物を代示しているとすれば，言われた命題は無条件に偽である。ソクラテスとプラトンは，人間であることにおいて一致するのでも，或る事物において一致するのでもなく，或る事物であることによって一致するのだからである。なぜなら，ソクラテスとプラトンは，人間であることによって，すなわち，自らによって一致しているのだからである。それゆえ，このような論法に対しては，私は次のように答える。ソクラテスとロバよりも，ソクラテスとプラトンのほうが，彼等自身によって，実在的に一致しているのであって，或る実在的な（第三の）存在において，ソクラテスとプラトンのほうが実在的に一致しているのではない。(Ockham, Sent., I, d. 2, q. 6; OThII, p. 211, lin. 25-p. 212, lin. 14)

スコトゥスの主張①-③への，オッカムの解答[25]

これらの第一の議論に対しては，私は次のように答える。そこにおいて行なわれている推論が妥当ではない。……それらは，何らかの仕方でそれら自身と区別された或る実在的なものにおいて一致するのではなく，まさにそれら自身によって，より多く一致しているのである。我々の問題にしている事柄においても同様であって，ソクラテスとこのロバよりも，ソクラテスとプラトンのほうが，たとえその他のすべてのことが除外されるとしても，彼等自身によって (se ipsis) 一致しているのである。それはちょうど，観念的に存在する物よりも実在的に存在する物のほうが神と一致するが，しかし被造物や神とは別な或るものにおいて (in aliquo)，神は被造物と一致するのではないのと同様である。ただし，或る概念においては，神と被造物は一致する。(Ockham, Sent., I, d. 2, q. 6; OThII, p. 221, lin. 22-p. 222, lin. 7)

---

25) オッカム著，拙訳『スコトゥス「個体化の理論」への批判』116-119頁。

〔オッカムの批判の論点（一）──ソクラテスとプラトンは或るものにおいて一致するのではなく，それら自身によって一致する〕

　スコトゥスの主張に対してオッカムは，「ソクラテスとプラトンは，彼等自身の存在とは別な，或る第三の存在において（in aliquo）一致し類似するのではなく，彼等自身によって（se ipsis）一致し類似しているのである」と答えている。確かに我々は，「ソクラテスとプラトンは，人間で在ること（人間の本性）において類似している」と言うことがある。しかし，オッカムによれば，X（例えばソクラテス）とY（プラトン）の類似を，XとYとこれらとは別な第三の存在である共通本性Z（例えば人間の共通本性）との間の三項関係として解すべきではない。ソクラテスとプラトンが，彼等とは別な第三の存在において類似していると考えるのはおかしい。なぜなら，ソクラテスとプラトンの存在が措定されるならば，自ずと彼等の間に実在的な類似の関係が成立するからである。彼等の存在のみで充分であり，彼等以外の如何なる存在も必要ではない。ソクラテスとプラトンは，彼等自身の存在によって（se ipsis）一致しているのである。

　従って，数的に一である個物の存在のほかに，それらとは別なより小さい（弱い）一の存在──共通本性──を措定する必要はない。もちろんオッカムは，ソクラテスとプラトンが類似しており，一つのグループにまとめられることを認める。しかしオッカムによれば，このようなXとYの類似は，スコトゥスの言う「多くの個物に内在する普遍的な共通本性」によるのではなく，各々の個物（X，Y）に固有な，数的に一である個別的な性質によるのである。すなわちオッカムが否定しているのは，〈このようにXとYとの間に実在的な類似関係が成立するのは，個物XとYに内在する普遍的な，共通本性という第三の存在Zにおいてである〉というスコトゥスの主張である。オッカムによれば，それぞれの個物XとYの有する，それらに固有な数的に一なる存在のみによって，XとYの間に類似・一致の関係が成立するのであり，それ以外の如何なる存在も措定されるべきではない。

〔オッカムの批判の論点（二）――「人間」という概念が，ソクラテスとプラトンに述語づけられる共通なものである〕

　スコトゥスの主張①－①への解答には見出されないが，スコトゥスの主張①－②，①－③への解答の後半の部分で述べられている，オッカムの第二の重要な論点は，〈ソクラテスとプラトンは，スコトゥスの言うように，心の外の，多くの個物に内在する，人間という共通本性において一致するのではなく，心の中の，多くの個物を表示し，それらに述語づけられる「人間」という共通な普遍的概念において一致する〉という主張である。ここにおいてオッカムは共通本性を否定し，（1）普遍を心の外から心の内へ，（2）多くの個物に内在する普遍から，多くの個物に述語づけられる普遍へと移行させている。

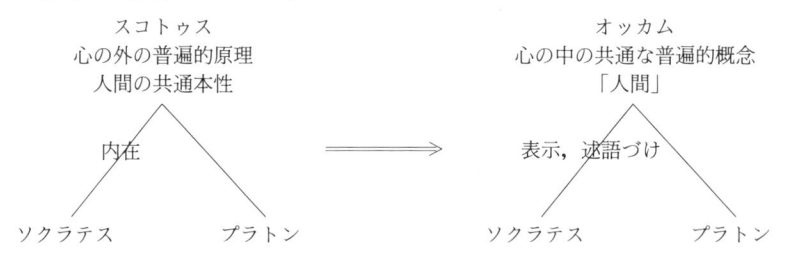

```
       スコトゥス                          オッカム
    心の外の普遍的原理                 心の中の共通な普遍的概念
     人間の共通本性                         「人間」

         ／＼              ⟹              ／＼
        ／  ＼                            ／  ＼
       内在                            表示，述語づけ
      ／      ＼                        ／      ＼
   ソクラテス   プラトン              ソクラテス   プラトン
```

　これらのオッカムの解答に対して，スコトゥスの側から多くの反論が提出される。これまで述べられてきたごとく，個物A（例えばソクラテス）と個物B（プラトン）の間には一致し類似する関係が成立している。この関係は，アリストテレスが『形而上学』第5巻第15章（1021a 9-11）の中で述べられているように，〈或る一〉に基づく。この類似の関係は実在的な関係であり，従って，このような実在的な関係を基礎づけている根拠である，この〈或る一〉もまた実在的な，心の外に存在する一でなくてはならぬ。然るに，この，個物Aと個物Bとの間に成立している一致・類似の関係を基礎づけている〈一〉は，数的な一ではない。なぜなら，AとBとの間に成立している一致・類似の関係（例えば人間であること）は，数的に一である個物A，Bとは実在的に異なった存在だからである。従って，数的な一（unum numero）以外に，別のより小さい（弱い）〈一〉が存在する。

第2章　スコトゥスの共通本性と個体化の理論に対するオッカムの批判　65

```
         人間の共通本性
      より小さい（弱い）
         一致・類似の関係
        ╱              ╲
       A ─────────────── B
      数的に一          数的に一
```

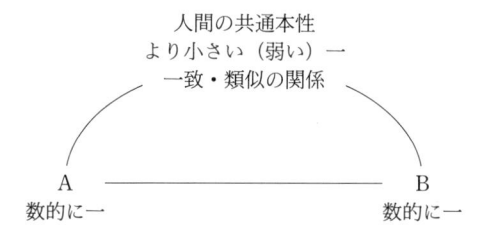

それゆえ，スコトゥスは『命題集註解』第2巻第3区分第1部第1問題の中で次のように主張している。

スコトゥスの主張②[26]

　アリストテレス『形而上学』第5巻関係についての章によれば，同一とか類似とか等しさといった関係は〈或る一〉に基づいている。例えば，類似はその根拠として，性質の範疇に属する事柄を有しているが，その関係が実在的であるのは，実在的な根拠，関係を根拠づけている実在的な近接した基礎づけを有するからなのであり，それゆえ，類似の関係の根拠として必要とされる〈一〉もまた，実在的である。しかし，この〈一〉は数的な一ではない。(Duns Scotus, *Ordinatio* II, d. 3, p. 1, q. 1, n. 18; Vaticana VII, p. 398, lin. 12-18)

このスコトゥスの主張に対して，オッカムは次のように答えている。

スコトゥスの主張②への，オッカムの解答[27]

　この議論に対しては，私は次のように答える。「類似は，関係を構成する項（個物Aと個物B）とは実在的に異なる関係である」と主張されるならば，ここにおいては，二つの実在的な根拠を持つ二つの類似が成立しているのであり，それら二つの実在的な根拠（個物A，個物B）はいずれも，数的に一であると言わなくてはならぬ。この数的に一であるものは，自己の自己自身に対する類似を根拠づける基礎では

---

26) ヨハネス・ドゥンス・スコトゥス著，拙訳『命題集註解（オルディナチオ）』第2巻，中世思想原典集成18, 226頁。このスコトゥスの議論は，オッカム『センテンチア註解』第1巻第2区分第6問題 (OThII, p. 170, lin. 8-13；オッカム著，拙訳『スコトゥス「個体化の理論」への批判』20-21頁）に収録されている。同様のスコトゥスの主張は，本書の付録に付けられた関連テキスト②『アリストテレス形而上学問題集』第7巻第13問題67-69においても述べられている。

27) オッカム著，拙訳『スコトゥス「個体化の理論」への批判』88-89頁。

なく，自己の他のものに対する類似を根拠づける基礎なのである。アリストテレスが〔『形而上学』第5巻第15章の中で〕数的な一のことを考えていたということは明らかである。なぜなら，類似とか同一とか等しいといった関係が如何なる仕方で一に基づいて言われるのかを述べた後で彼は，「けだし，数における一が原理であり，尺度である」と付け加えているからである。それゆえアリストテレスは，数的な一以外の一について，考えていたのではない。――しかし，「この，数的な一以外の一が，類似の関係を根拠づける基礎であると認められるべきではないのか」と主張されるならば，次のように答えられなくてはならぬ。これらの関係は実在的に異なるものであると主張する人々（スコトゥス派の人々）に従い，このような数的な一以外の一が，類似の関係を根拠づけている近接した基礎であると主張されるべきではない。同様にまた，このような数的な一以外の一が，他の関係を根拠づける基礎であると主張されるべきでもない。」(Ockham, *Sent.*, I, d. 2, q. 6; OThII, p. 205, lin. 20-13)

〔オッカムの解答の論点〕

　個物A（例えばソクラテス）とB（プラトン）との間に成立している一致や類似の関係を根拠づけているものは，数的に一である個物Aと個物Bそのものであって，それ以外の何物でもない。個物Aの存在が，自己のBに対する一致・類似の関係（1）を根拠づけ，個物Bの存在が，自己のAに対する一致・類似の関係（2）を根拠づける。

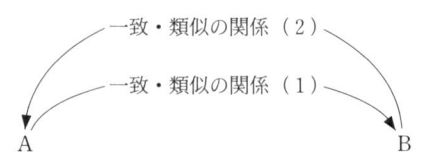

```
        ┌─── 一致・類似の関係（2）───┐
        │  ┌── 一致・類似の関係（1）──┐ │
        ↓  ↓                        │ │
        A                            B
```

個物Aと個物Bのみが存在するならば，自ずと，両者の間に一致し類似する関係が成立するのであり，それ以外の如何なる根拠も必要とされない。従って，スコトゥスの言うように，数的な一以外の〈一〉の存在を，一致し類似する関係を根拠づけるものとして指定する必要はない[28]。

　このオッカムの解答に対して，更に次の反論がスコトゥスの側から提出

第2章　スコトゥスの共通本性と個体化の理論に対するオッカムの批判　67

される（スコトゥスの主張③）。もしオッカムのように〈数的な一〉しか認めないとすれば，或る不都合な事が生ずる。すなわち，我々はいくつかの個物A，B，C，D，……を比較して，AとB（例えばソクラテスとプラトン）を種において同一であるとし，C（例えば，このロバ）やD（この石）から区別する。しかしその場合，このような比較が〈数的な一〉によって行なわれることは不可能である。あるいは，二つの白いものを比較して，これはあれよりも白いと言う時，このような比較は〈数的な一〉によって行なわれているのではない[29]。それゆえ，個別的な数的な一以外に，複数の個物に共通な，普遍的な一が必要とされる。このスコトゥスの主張③に対して，オッカムは次のように解答している。

スコトゥスの主張③への，オッカムの解答（一）[30]

私は〈一性〉を次のように区別する。第一の意味で〈一〉と呼ばれるのは，複数の物ではなく，截然と或る一つの物を指示し，その一つの物を，それと実在的に異なる他の物との関連において指示しているのではない場合である。この意味で私は，「すべての実在的な一は数的な一である」と述べているのである。第二の意味で〈一〉と呼ばれるのは，複数のを指示する，すなわち或る一つの物を，それと実在的に異なる他の物との関連において指示する場合である。この意味では，種における一はソクラテスとプラトンを指示し，類における一はこの

---

28)「関係は，その関係を構成している項である事物 res absoluta A, B と実在的に異なるものではない」という見解を，オッカムは支持している。それゆえオッカムによれば，「類似」という関係語が表示しているのは個物A，B（例えばソクラテス，プラトン）そのものであって，個物と異なる何らかのものを表示しているわけではない（『大論理学』第Ⅰ部第6章，拙訳『大論理学註解Ⅰ』20頁; 第49-50章, 拙訳『大論理学註解Ⅱ』28-37頁及び註解75，143-146頁を参照）。すなわちソクラテスとプラトンは，彼等と異なった第三のもの（共通本性の持つ一）に基づいて類似しているのではなく，まさにソクラテスで在ることによって，プラトンで在ることによって類似している。

29) Duns Scotus, *Ordinatio* II, d. 3, pars 1, q. 1, n. 16-17; Vaticana VII, p. 397, lin. 13-p. 398, lin. 10; ヨハネス・ドゥンス・スコトゥス著, 拙訳『命題集註解（オルディナチオ）』第2巻，中世思想原典集成18, 226頁。このスコトゥスの議論は，オッカム『センテンチア註解』第1巻第2区分第6問題（OThII, p. 169, lin. 12-p. 170, lin. 7; オッカム著, 拙訳『スコトゥス「個体化の理論」への批判』20-21頁）に収録されている。同様のスコトゥスの主張は，本書の付録に付けられた関連テキスト②『アリストテレス形而上学問題集』第7巻第13問題73, 81においても見出される。

30) オッカム著, 拙訳『スコトゥス「個体化の理論」への批判』82-85頁。

人間とこのロバを指示する。しかし，この意味での〈一〉は，これら複数の個物となんらかの仕方で異なった別のものを指示しているのではなく，直接にこれらの個物そのものを指示しているのである。それゆえ，「ソクラテスとプラトンは種において同一である」，「ソクラテスはプラトンと種において同一である」と言われるのは真であり，同様にまた，「この人間とこのロバは類において同一である」，「この人間はこのロバと類において同一である」と言われることも真である。すなわち，これらは同一の種，あるいは同一の類のうちに含まれているのである。明らかにアリストテレスは『トピカ』第1巻，同一に関する章（第7章）において，このような説明を行なっている。このことは，普遍についての議論の最初の問題（第4問題）の中で述べられたごとくである。この意味においては私は，必ずしもすべての実在的な一性あるいは同一性が数的なものではないことを認める。しかしこうした第二の意味での一性は，これらの個体と何らかの仕方で区別されている本性に属するものではなく，直接にこれらの個物そのものに属するものである。あるいは同じ事であるが，他の物との関連において或る一つの物に属するものなのである。(Ockham, *Sent.*, I, d. 2, q. 6; OThII, p. 202, lin. 19-p. 203, lin. 16)

スコトゥスの主張③への，オッカムの解答（二）（『センテンチア註解』第1巻第2区分第4問題）

かくして，次のことが明らかである。種における同一とか類における同一ということは，個物以外のものに関して言われることではなく，個物そのものについて言われることである。それゆえ，ソクラテスとプラトンが種において同一であり，̇こ̇の人間が̇こ̇の馬と類において同一なのである。すなわち，アリストテレスが説明しているごとく，ソクラテスとプラトンは同じ種のうちに含まれているのであり，̇こ̇の人間は，̇こ̇の馬が含まれるのと同じ類のうちに含まれているのである。従って私は，数的な一性あるいは同一性よりもより弱い同一性があることを認める。しかしこのような同一性は，或る普遍に属するものではなく，一緒に解された複数の個物に属するものである。(Ockham, *Sent.*, I, d. 2, q. 4; OThII, p. 151, lin. 18-p. 152, lin. 6)

スコトゥスの主張③への，オッカムの解答（三）[31]
　「このような比較が数的な一によって行なわれることはない」と言われる時には，次のように答える。第一の意味で言われた数的な一に関しては，この主張は正しい。それゆえ，種における一によって行なわれるのである。というのも，それらのいずれも数的に一である二つの事物によって比較が行なわれるからであり，その場合，これら二つの事物と何らかの仕方で区別された第三のものが必要とされることはない。(Ockham, *Sent.*, I, d. 2, q. 6; OThII, p. 205, lin. 15-19)

〔オッカムの解答の論旨〕
　以上のオッカムの解答（一）（二）（三）の論旨は次のように要約される。もちろんオッカムは，ソクラテスとプラトンが一つのグループにまとめられ，種において同一であることを認める。あるいは，ソクラテスとプラトンとこのロバが一つのグループにまとめられ，類において同一であることを認める。しかしオッカムによれば，このような第二の意味での〈一〉，種における一，類における一が表示しているのは，スコトゥスの言う共通本性ではなく，個物そのものであり，このような〈一〉は個物そのものに属する広義の数的な一である。すなわちオッカムは，個物Ａ，Ｂ，Ｃ，Ｄ，……の間に実在的な類似関係が成立しており，例えばＡとＢは種において同一であり，ＡとＢとＣは類において同一であることを認める。オッカムが否定しているのは，「これらの個物と何らかの仕方で区別された第三のものである普遍的な共通本性が，多くの個物のうちに内在する」というスコトゥスの考えである。

3　スコトゥスとオッカムの論争（三）——普遍概念に対応する何かが，心の外の実在的事物の側に存在しなければならない

　スコトゥスは次のように主張する。もしオッカムのように，〈数的な一〉以外に如何なる一も認めないとするならば，個物Ａ，Ｂ，Ｃ，Ｄ，……の間の相違はすべて，単に数的な相違，すなわちこのものとあのものとの相

---

31)　前掲拙訳，88-89頁。

違のみであることになり，ソクラテスもプラトンもロバも図面に引かれた線も，等しく異なっていることになる。しかし我々は，ソクラテスとプラトンを認識し，それらから，例えば「人間」という普遍的概念を抽象する。あるいは，「ソクラテス」や「プラトン」といった個々の事物を表示する名辞以外に，我々は「人間」，「動物」……といった普遍的名辞を用いる。だとすると，このような普遍的概念の抽象，普遍的名辞の使用を正当化する根拠である何かが，心の外の実在的事物の側に存在しなければならない。さもなければ，普遍的概念はすべて虚構であることになるであろう。それゆえ，〈数的な一〉以外に，普遍的な共通本性の持つ〈一〉の措定が必要とされる。スコトゥスは，次のように述べている。

スコトゥスの主張①[32)]（『命題集註解』第2巻第3区分第1部第1問題23)

Quia si omnis unitas realis est numeralis, ergo omnis diversitas realis est numeralis. Sed consequens est falsum, quia omnis diversitas numeralis in quantum numeralis, est aequalis, —— et ita omnia essent aeque distincta; et tunc sequitur quod non plus posset intellectus a Sorte et Platone abstrahere aliquid commune, quam Sorte et linea, et esset quodlibet universale purum figmentum intellectus.

もしすべての実在的な一が数的な一であるとするならば，すべての実在的な相違も数的なものであることになる。しかし，この結論は偽である。なぜなら，すべての数的な相違は，数的なものである限り，その相違の程度は等しいのであり，——それゆえ，すべての事物は等しく異なっていることになる。従ってその場合には知性は，ソクラテスと線よりも，ソクラテスとプラトンから或る共通なものを抽象するということができなくなり，普遍であるものはいずれも，知性の全くの虚構であることになってしまうからである。(Duns Scotus, *Ordinatio* II, d. 3, p. 1, q. 1, n. 23; Vaticana VII, p. 400, lin. 18-p. 401, lin. 2)

---

32) ヨハネス・ドゥンス・スコトゥス著，拙訳『命題集註解（オルディナチオ）』第2巻，中世思想原典集成18，228頁。このスコトゥスの議論は，オッカム『センテンチア註解』第1巻第2区分第6問題（OThII, p. 171, lin. 21-p. 172, lin. 5；前掲拙訳，24-25頁）に収録されている。

第2章　スコトゥスの共通本性と個体化の理論に対するオッカムの批判　71

同様の主張は,『アリストテレス形而上学問題集』第7巻第13問題65の中でもなされている。

スコトゥスの主張②[33]

Probatio falsitatis consequentis: tum quia tunc omnis diversitas realis aequalis. Et licet hoc prima facie sit incoveniens, tamen probatur: quia tunc nihil esset in re quare intellectus magis abstraheret aliquid unum ab istis quam ab illis, nec quare haec unius speciei, illa tantum unius generis, sed essent universalia praecise fictions.

ここでの「すべての実在的相違は数的なものである」という結論が偽であることは次のように証明される。第一には,その場合には,すべての実在的な相違は,その相違の程度が等しいことになってしまうからである。このことは一目で不都合であることが明らかであるが,次のように証明される。なぜならその場合には,何故,知性が他のものどもよりも,これらのものどもから或る一つのことを抽象することができるのか,また何故これらは種において一つであり,あれらは単に類において一つであるのか,その根拠が事物の側にないことになり,〔知性によって抽象された〕普遍はまさに虚構であることになってしまうからである。(Duns Scotus, *Quaestiones super libros Metaphysicorum Aristotelis*, Lib. VII, q. 13, n. 65; OPhIV, St. Bonaventure, p. 241, lin. 6-11)

スコトゥスの主張③[34]

同様に,もしソクラテスとこのロバよりも,ソクラテスとプラトンのほうがより多く一致しているのでなければ,ソクラテスとこのロバよりも,ソクラテスとプラトンから,種的概念が抽象されることは不可能であるだろう。(Ockham, *Sent.*, I, d. 2, q. 6; OThII, p. 221, lin. 18-21)

スコトゥスの主張④[35]

---

33)　本書の付録に付けられた関連テキスト②を参照。
34)　このスコトゥスの主張は,オッカム『センテンチア註解』第1巻第2区分第6問題（前掲拙訳,116-117頁）に収録されている。

例えば「人間」や「動物」といったような普遍的名辞は，或る実体であるものを表示しているが，しかし個別的な実体を表示しているのではない。なぜなら，もし「人間」が個別的な実体を表示しているとしたら，「人間」は個々の人すべてを表示していることになるであろうが，しかしこれは偽であると考えられるからである。それゆえ，このような普遍的な名辞は，個別的な実体とは別な或る実体を表示している。(Ockham, *Summa Logicae* I, cap. 17; OPhI, p. 60, lin. 78-82)

〔スコトゥスの思考法の特徴〕

これらの主張は，〈事物を認識して，正当に或る概念を取り出すことができるとすれば，その概念に対応する何らかの存在性（realitas）が心の外の実在的事物の側になければならない。さもなければ，心の内に形成された概念はすべて虚構であることになる〉と考えるスコトゥスの思考法の特徴をよく表わしている。知性がソクラテスとプラトンから或る共通な概念を抽象することができるのは，ソクラテスとプラトンの間に或る類似関係が成立しているからである。では，なぜソクラテスとプラトンの間に，ソクラテスと白色，あるいはソクラテスと線との間には成立しない類似関係が成立しているのか。スコトゥスは次にように答える。その理由は，ソクラテスとプラトンとに，彼等の本質的実体を構成するものとして，人間性という共通本性が存在しているからである[36]。我々の知性は，個々の個物から，この共通本性を抽象し「人間」という普遍概念を持つ。従ってスコトゥスによれば，このような知性の抽象の働きを可能にし，更に普遍的概念や名辞の使用を正当化する根拠として，心の外の事物の側に共通本性が存在していなければならない。「人間」という普遍的な名辞は，この共通本性・普遍的実体を表示する[37]。

---

35) このスコトゥスの主張は，オッカム『大論理学』第I部第17章に収録されている。拙訳『大論理学註解I』62頁及び註解42，206頁を参照。

36) オッカム『大論理学』第I部第17章，OPhI, p. 58, lin. 22-24；拙訳『大論理学註解I』60頁。

37) 本書序論IIオッカムの哲学の基本的な立場，6頁及び，
Allan B. Wolter, *The Philosophical Theology of John Duns Scotus*, edited by Marilyn McCord Adams, Cornell University Press, 1990, pp. 77-78 を参照。

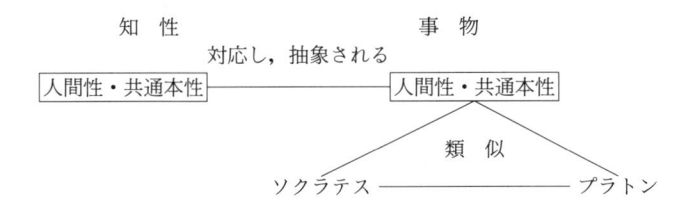

第2章 スコトゥスの共通本性と個体化の理論に対するオッカムの批判　73

```
          知　性              事　物
              対応し，抽象される
    ┌─────────┐                ┌─────────┐
    │人間性・共通本性│──────────│人間性・共通本性│
    └─────────┘                └─────────┘
                              類　似
                       ソクラテス ──────── プラトン
```

　このようなスコトゥスの思考法は，本書の付録に付けられた関連テキスト②『アリストテレス形而上学問題集』第7巻第13問題註19で筆者が指摘したごとく，『命題集註解（オルディナチオ）』第2巻第3区分第1部第6問題における「個体的差異は，究極的存在性（ultima realitas）である」とする彼の議論の中にも顕著に見出される。

　　Non est igitur 'ista entitas' materia vel forma vel compositum, in quantum quodlibet istorum est 'natura', ―― sed est ultima realitas entis quod est materia vel quod est forma vel quod est compositum; ita quod quodcumque commune, et tamen determinabile, adhuc potest distingui (quantumcumque sit una res) in plures realitates formaliter disinctas, quarum haec formaliter non est illa: et haec est formaliter entitas singularitatis, et illa est entitas naturae formaliter. Nec possunt istae duae realitates esse res et res, sicut possunt esse <u>realitas unde accipitur genus et realitas unde accipitur differentia (ex qibus realitas specifica accipitur)</u>, ―― sed semper in eodem (sive in parte sive in toto) sunt realitates eiusdem rei, formaliter distinctae.

　　質料も形相も複合体も，それらの各々が本性である限りにおいては，個的存在性ではない。むしろ質料が，形相が，あるいはそれらの複合体がそれとしてあるところの存在の究極的な存在性（ultima realitas entis）こそが個的存在性なのである。従って，共通であるが限定されることが可能な各々のものはすべて，如何にそれが一つのもの（res）としてあるとしても，形相的に区別された複数の存在性（realitates formaliter distinctae）へと更に区別されうるのであって，それらの一方は形相的に他方ではなく，一方は形相的に個別の存在性であり，他方は形相的に共通本性の存在性である。これら二つの存在

性は，そこから類が取り出される存在性と，そこから種的差異が取り出される存在性（また，それらから種の存在性が取り出される）との場合のように，ものともの (res et res) としてあることはできない。それらは常に――部分においてであれ，全体においてであれ――同一のもののうちにあって，同一のもの (res) に属する形相的に区別された二つの存在性 (realitates eiusdem rei, formaliter distinctae) である。(Duns Scotus, Ord., II, d. 3, p. 1, q. 6, n. 188; Vaticana VII, p. 483, lin. 18-p. 484, lin. 9) [38]

illa realitas a qua accipitur differentia specifica, potentialis est respectu illius realitatis a qua accipitur differentia individualis,

種的差異がそこから取り出されるところの存在性 (realitas) は，個体的差異がそこから取り出されるところの存在性 (realitas) に対して可能態の関係にある。(Duns Scotus, Ord., II, d. 3, p. 1, q. 6, n. 189; Vaticana VII, p. 484, lin. 20-p. 485, lin. 2) [39]

これらのテキストにおいて，スコトゥスは次のように議論している。例えば，この白さという一つのもの (res) の内に，完全性の相違が存在し，複数の存在性 (realitas) が見出される[40]。すなわち我々はこの白さから「色」という類概念を取り出すことができるのであるから，類概念に対応する何らかの存在性がこの白さの内にある。更に我々はこの白さから，種的差異の概念を取り出すことができるのであるから，種差の概念に対応する何らかの存在性がこの白さの内にある。これらのうち，種差の存在性は類の存在性に対して，現実態が可能態に対するごとき関係にあり，種差の存在性が類の存在性を限定し完成する。スコトゥスによれば，このような完成の究極が個的存在性・個体的差異であり，そこからは，それ以上単純化不可能 (simpliciter simplex) な概念しか取り出すことができない。こうした個的存在性が，可能態においてある共通本性の存在性を限定し，完

---

38) ヨハネス・ドゥンス・スコトゥス著，拙訳『命題集註解（オルディナチオ）』第2巻，中世思想原典集成18, 293-294頁。
39) 前掲拙訳，294-295頁。
40) Cf. Duns Scotus, Ordinatio I, d. 2, p. 2, q. 4, n. 407; Vaticana II, p. 358, lin. 3-9.

第2章 スコトゥスの共通本性と個体化の理論に対するオッカムの批判　75

成する現実態の位置にある。更にこうした思考，すなわち〈同一のもの（res）から類概念や種差概念といった異なる概念を取り出されることができるのであるから，同一のもの（res）の内に，このような複数の概念を成立させる根拠である複数の存在性（realitas formalis）が存在するのであり，それらの一方の存在性は他方の存在性に対して，現実態が可能態に対するごとき関係にあり，一方が他方によって限定され完成される〉という発想は，個体化の理論だけでなく，スコトゥスの哲学全体に共通に見出される思想である。スコトゥスは，『レクトゥーラ』における神の単純性についての議論の中でも，次のように述べている[41]。

　　類の概念は本質的に，種差の概念によって限定される。――更に，単に概念だけでなく，そこから類の概念が取り出される，ものの内の存在性（realitas in re）は，そこから種差の概念が取り出される存在性に対して可能態においてあり，それによって限定される。(Duns Scotus, *Lectura* I, d. 8, p. 1, q. 3, 102; Vaticana XVII, p. 34, lin. 6-10)

以上のスコトゥスの主張に対して，オッカムは次のように答えている。
スコトゥスの主張①②への，オッカムの解答[42]

　　Ad illud innuitur in illo argumento, quod si omnis diversitas esset numeralis non plus posset intellectus abstrahere a Sorte et Platone aliquid commune quam a Sorte et linea et quod quodlibet universale esset purum figmentum intellecus, dico ad primum quod ex hoc ipso quod sortes et Plato se ipsis differunt solo numero, et Sortes secundum substantiam est simillimus Platoni, omni alio circumscripto, potest intellectus abstrahere aliquid commune Sorti et Platoni quod no erit commune Sorti et albedini; nec est aliacausa quaerenda nisi quia Sortes est sortes et Plato est Plato, et uterque est homo.

---

41) Conceptus generis essentialiter determinabilis est per conceptum differentiae, ‒ et non tantum conceptus, sed est aliqua realitas in re a qua sumitur conceptus generis, quae est 'esse in potentia', et ita determinabilis per realitatem a qua sumitur conceptus differentiae.

42) オッカム著，拙訳『スコトゥス「個体化の理論」への批判』98-99頁。

この議論において，「もしすべての相違が数的なものだとするならば，知性は，ソクラテスと線よりも，ソクラテスとプラトンから或る共通なものを抽象するということができなくなり，普遍であるものはいずれも，知性の全くの虚構であることになってしまう」と言われていることに対して，私は第一に次のように答える。ソクラテスとプラトンが彼等自身によって数的にのみ異なっており，且つソクラテスはその実体によってプラトンと最も類似しているという事だけで，それ以外の事は何もなくても，知性は，ソクラテスとプラトンに共通で，ソクラテスと白色に共通でない或るものを抽象することができるのである。ソクラテスはソクラテスであり，プラトンはプラトンであり，両者はいずれも人間であるということ以外には，如何なる理由も求められるべきではない。(Ockham, *Sent.*, I, d. 2, q. 6; OThII, p. 211, lin. 11-20)

スコトゥスの主張③への，オッカムの解答[43]

　以上のことから，この反論に対する解答も明らかである。ソクラテスとこのロバよりも，ソクラテスとプラトンのほうがより多く一致しているのは，何らかの仕方で彼等自身と区別された或る実在的なものによってではない。ソクラテスとプラトンは彼等自身によってより一致するのである。(Ockham, *Sent.*, I, d. 2, q. 6; OThII, p. 222, lin. 8-11)

スコトゥスの主張④への，オッカムの解答[44]

　次のように答えられるべきである。このような普遍的な名辞は截然と個別的な事物を表示する。従って，「人間」という名辞は，個々の個別的な人間以外には何も表示しないのであり，それゆえ，個々の人間を代示する場合以外には，如何なる実体も代示しない。(Ockham, *Summa Logicae* I, cap. 17; OPhI, p. 60, lin. 83-86)

〔オッカムの批判の意図——多くの個体に内在する共通本性の否定〕

　こうしたドゥンス・スコトゥスの共通本性と個体化の理論に対するオッ

---

43)　前掲拙訳，118-119頁。
44)　拙訳『大論理学註解Ⅰ』62頁。

カムの批判の根底に，序論で述べた〈心の内の言葉の側のことと，心の外のものを明確に区別しようとする〉彼の哲学的意図が見出されることは明らかである[45]。オッカムは，〈事物を認識して，正当に或る概念を取り出すことができるとすれば，その概念に対応する何らかの存在性（realitas）が心の外の実在的事物の側になければならない。さもなければ，心の内に形成された概念はすべて虚構であることになる〉と考えるスコトゥスの思考法そのものを批判しているからである。スコトゥスに対するオッカムの批判の意図が，〈多くの個物の内に内在している普遍的原理——共通本性（例えば，人間性）——が心の外に存在すること〉の否定であったことは，オッカムの『大論理学』第Ⅰ部の議論全体の構成からも明らかである。

　〈第6章〉　具象語と抽象語は，時には同じものを表示する。
この章においてオッカムは，〈「動物」「馬」「人間」といった具象語が実体である個物を代示し，「動物性」「馬性」「人間性」といった抽象語がその個物の本性を代示する〉という説を否定し，スコトゥスの唱える，共通本性という存在を否定しようとしている。

　〈第7章〉　次のような具象語と抽象語「人間」と「人間性」，「動物」と「動物性」，その他が同義語であるかどうかを，理論的に探求する。

　この章でのオッカムの議論も，スコトゥスに対する反駁となっている。スコトゥスによれば，ソクラテスはその種の本性（人間性）によって個物であるのではなく，その共通本性をこのものへと特定化する個体的差異，ソクラテス性（Sorteitas）が共通本性に付加されなくてはならぬ。これに対して，オッカムは次のように反論する。「人間」と「人間性」の関係は，「ソクラテス」と「ソクラテス性」の関係と同じである。然るに，ソクラテス自身とソクラテス性は，外界の事物の側において，存在において異なるものではない。それゆえ，「ソクラテス」と「ソクラテス性」は同義語である。従って，「人間」という具象語と，「人間性」という抽象語も同義語である。スコトゥスの主張するような共通本性やこのもの性

---

45)　拙著『オッカム「大論理学」の研究』第2章，111-117頁を参照。

(haeceitas) を認めることはできない。
　〈第14章〉　互いに対立する,「普遍」「個」という普通名辞について。
　〈第15章〉　普遍は，心の外のものではない。
これら第14－15章の議論においてもオッカムは,「心の外の事物は，それ自体によって個であり，数的に一である」と主張し，スコトゥスの唱えた〈心の外に存在する普遍〉という考えを否定して，むしろ「心の中の概念が，多くのものを表示する記号であることによって，普遍である」というオッカムの基本テーゼを提出する。
　〈第16章〉　普遍の存在に関する見解について。普遍は如何なる仕方で心
　　　　　　の外に存在を有するのか。スコトゥスに対する反駁。
　〈第17章〉　これまで述べられた事に対して向けられうる諸々の疑問の解
　　　　　　決。
これら第16－17章においてオッカムは，共通本性の個体化に関するスコトゥスの理論を直接に取り上げて，それを否定している。

　スコトゥスによれば，我々の世界を根拠づける普遍的原理として，共通本性が外界に先ず存在し，その共通本性が個体化の原理によって特定化されることによって個物が存在する。これに対してオッカムは，このような〈多くの個物の内に内在している普遍的原理——共通本性——が心の外に存在すること〉を否定し,「心の外の如何なるものも，それ自身によって個であり，数的に一である」と主張する。我々のまわりには，多くの事物が個として存在している。それらのものを認識する過程のなかで，我々人間の知性はそれらを一まとまりに捉え，普遍的な概念を形成し，それを多くの個物に述語づける。オッカムによれば，我々人間の知性が普遍的概念を形成する以前においては，如何なる普遍も存在しないのである。かくして普遍的原理が，心の外から，認識する者の心の中へと移行する。オッカムは『大論理学』第Ⅰ部第17章[46]において，次のように述べている。

　　loquendo de vi vocis et secundum proprietatem sermonis concedi
　　debet quod nullum universale est de essentia cuiuscumque sub-

---
46)　拙訳『大論理学註解Ⅰ』62頁。

stantiae. Omne enim universale est intentio animae vel aliquod signum voluntarie institutum; nullum autem tale est de essentia substantiae, et ideo nullum genus, nec aliqua species nec aliquod universale est de essentia substantiae cuiuscumque, sed magis proprie loquendo debet dici quod universale exprimit vel explicat naturam substantiae, hoc est naturam quae est substantia. ……
Unde omnes auctoritates quae sonant universalia esse de essentia substantiarum vel esse in substantiis vel esse partes substantiarum, debent sic intelligi quod auctores non intendunt nisi quod talia universalia declarant, explimunt, explicant, important et significant substantias rerum.

文字通りに，言葉の本来の意味に基づいて言われるならば，「普遍は如何なる実体の本質も構成するものではない」ということが，真として認められるべきである。なぜなら，普遍であるものはすべて，心の観念，あるいは任意に約束によって制定された或る記号だからである。そのような心の観念あるいは記号は，実体の本質を構成するものではなく，それゆえ，類も種もどんな普遍も，或る実体の本質を構成するものではない。むしろ本来的に言うならば，普遍は，実体の本性，すなわち実体である本性を表わし，指示すると言われるべきである。……従って，「普遍は，実体の本質を構成するものであるとか，諸々の実体のうちに存在するものであるとか，諸々の実体の部分であるとか」語っている権威ある書はすべて，次のように解されなくてはならぬ。ここにおいて著者がまさに言わんと意図しているのは，このような普遍は事物の実体を明示し，表わし，意味し，表示するということである。(Ockham, *Summa Logicae* I, cap. 17; OPhI, p. 59, lin. 63-p. 60, lin. 77)

先に「2 スコトゥスとオッカムの論争（二）」の〔オッカムの批判の論点（二）〕において指摘したごとく，ここにおいてオッカムは普遍を，（1）心の外から心の内へ，（2）多くの個物に内在する普遍から，多くの個物を表示し，多くの個物に述語づけられ普遍へと移行させている。

第3章

エギディウス・ロマヌス等 'moderni' 達の量独立説に対するオッカムの批判

本章の参照テキスト

① Ockham, *Summa Logicae*, I, cap. 44-48. OPhI, pp. 132-153. 渋谷訳『オッカム「大論理学」註解II』創文社, 2000, 6-28頁.

　次に, エギディウス・ロマヌス等 'moderni'（現代の人々）達の「量は実体や性質から独立し, それらと実在的に別なものとして存在する res absoluta である」とする量独立説に対するオッカムの批判を取り上げる。なぜならオッカムは, 第2章で論じられたスコトゥスの共通本性に対する反駁より以上に, 量独立説に対して, 『大論理学』の中でも, その他の多くの著作『アリストテレス範疇論註解』第9章§11（OPhII, pp. 198-199）, 第10章§4（OPhII, pp. 205-224）, 『アリストテレス自然学註解』第4巻第6章§1-4（OPhV, pp. 50-63）, 『センテンチア問題集』（*Quaestiones in Librum Quartum sententiarum, Reportatio*）第4巻第4問題（OThVII, pp. 71-93）, 『七巻本自由討論集』第4巻第25-27問題（OThIX, pp. 416-440）, 『量についての論考』（*Tractatus de quantitate*; OThX, pp. 5-85）, 『キリストの身体についての論考』（*Tractatus de Corpore Christi*）第29-32章（OThX, pp. 157-184）の中でも非常に詳細な反駁を繰り返し行なっているからである。そこにおいて, 序論で述べられた〈心の内の言葉と, 心の外のものを区別する〉オッカムの哲学的意図がより一層明確に見出される。

(一) エギディウス・ロマヌス達の量独立説

ムーディーが指摘しているごとく[1]，ここで批判の対象とされている「量独立説」を主張した moderni（現代の人々）の代表的な人物はエギディウス・ロマヌスである。彼は，『キリストの身体についての諸定理』(*Theoremata de Corpore Christi*) 第39命題の中で，次のように述べている。

テキスト（1）

dicere possumus, omnia alia accidentia competere re mediante quantitate & qualitate, & omnia alia accidentia fundari in quantitate & qualitate. Si ergo ostendere poterimus, quod ipsa qualitas in quantitate fundatur, manifestum erit, caetera accidentia in quantitate fundari: Hoc autem, quantitas sit illud in quo fundatur qualitas, & per consequens omnia alia accidentia, ……

「他のすべての付帯性は量と性質を媒介にして事物に帰属し，従って他のすべての付帯性は量と性質を基盤にしている」と我々は言うことができる。それゆえ，もし我々が，性質そのものは量を基盤にしていることを示すことができるとしたら，それ以外の付帯性も量を基盤にしていることは明らかになるであろう。すなわち量は，性質の基盤となるところのものであり，従って，その他のすべての付帯性の基盤となるところのものである。…… (38 incunabula folios in the Rome 1554 edition, f. 26)

テキスト（2）

sic inter praedicamenta, primum, quod adhaeret substantiae, est quantitas, & postea qualitas, & sic deinceps. Cum ergo substantia sit illud, in quo accidentia fundatur, quantitas, quia immediate

---

1) E. A. Moody, "Ockham and Aegidius of Rome", *Franciscan Studies*, IX, 1949, pp. 417-420.
拙訳『大論理学註解II』訳者註解，範疇註1, 124-125頁を参照。

第3章　エギディウス・ロマヌス等 'moderni' 達の量独立説に対するオッカムの批判　83

adhaeret substantiae, est illud, mediante quo, omnia accidentia in substantia habent esse, igitur omnis accidentia in quantitate fundari habent.

かくして範疇のうちで，実体に内属する第一のものは量であり，次は性質であり，次は……というように続く。それゆえ，実体が付帯性の基盤となるものであるけれども，しかし量が直接に実体に内属するのであるから，量とはそれが媒介になって，他のすべての付帯性が実体の内に存在を持つところのものである。従って，他のすべての付帯性は量を基盤にするものでなければならない。(Ibid., f. 27)

テキスト（3）

In sacramento altaris ergo nullum accidens ponitur per se esse praeter quantitatem, cum ostensum sit, caetera accidentia in quantitate fundari. ……Patet ergo verum esse, quod in Theoremate proponabatur, videlicet, quod non est impossibilis positio fidei, cum solam quantitatem in sacramento altaris sine subiecto ponat: ……

他の付帯性は量を基盤としていることが示されたので，聖体（祭壇）の秘蹟においては，量以外の付帯性が独立に自存するものとして措定されることはない。……それゆえ，定理の中で提示されたこと，すなわち信仰の立場が不可能でないことは明らかに真である。聖体（祭壇）の秘蹟においては，量のみを基体なしに存在するものとして措定しているのだからである。(Ibid., f. 27)

すなわちテキスト（1）（2）からわかるように，量独立説は，①量は実体や性質から独立し，それらと実在的に別なものとして存在する res absoluta であり，②量は実体を基体としてその内に存在し，更に量は実体と性質との間を媒介して，性質やその他の付帯性の基体となると主張する。すなわち量独立説に基づくならば，拡がり（dimensiones）は実体に内属し，物体の性質を担っているものである。それゆえ，実体は拡がりそのものではなく，拡がりの基体なのであり，同様に性質も拡がりそのものではなく，拡がりを基体としてその中に存在するものである[2]。例えば，この

---

2) オッカム『大論理学』第Ⅰ部第48章（拙訳『大論理学註解Ⅱ』27-28頁）を参照。

木やこの白さは自らによって分割可能なものなのでも，或る拡がりを持つ
ものなのでもない。まさに「量」と呼ばれる，それらとは実在的に全く別
なものによって，そのようなものなのである。オッカムも『大論理学』第
Ⅰ部第44章の中で[3]，量独立説を次のように要約している。

　　一般に，現代の人々（moderni）によって次のように主張されている。
　量はいずれも，実体や性質と実在的に全く別なもの（quaelibet
　quantitas est quaedam res distincta realiter et totaliter a substantia
　et qualitate）であり，それゆえ連続的な量は実体と性質を媒介する
　或る付帯性であり，量は実体を基体としてその内に存在し，更に量は
　性質の基体であるとされる。同様に分離的な量も，実体と実在的に別
　なものであると主張される。更にまた，場所や時に関して同じことが
　主張されている。(Ockham, *Summa Logicae* I, cap. 44; OPhI, p. 132,
　lin. 5-11)

　更にテキスト（3）からわかるように，量独立説は，キリスト教の聖体
（祭壇）の秘跡の問題とも深い関連を有している。オッカムが量独立説に
反対し，「量は実体や性質と実在的に別のものではない」という見解を提
示した際に，「それゆえ，アリストテレスの考えに従うものであると私が
考える，量についての別の見解を，それが異端なのであれ公教の正統なも
のなのであれ，次に述べたいと思う。ただし私はこの見解を，自分の説と
して主張することを欲しているわけではない。従って私がこの見解につい
て述べ，哲学に関する註釈（『アリストテレス範疇論註解』）において書い
た時には，私はこの見解を自分の見解として書いたのではなく，私が註釈
したアリストテレスの見解であると私に思われたことを書いたのである。
今の場合も同様であって，私は自分の説であると主張することなしに，こ
の見解について述べるであろう」(Ockham, *Summa Logicae* I, cap. 44;
OPhI, p. 136, lin. 128-133) というふうに，究めて慎重な態度を採っている
のは，このゆえである[4]。

---

　　3)　前掲拙訳，6頁。
　　4)　オッカムの聖体（祭壇）の秘跡論については，Gabriel Buescher, *The Eucharistic
teaching of William Ockham*, The Franciscan Institute, St. Bonaventure, N. Y. 1974 を
参照。更に，量という範疇に関するエギディウス・ロマヌスとオッカムの論争，及びそれと

(二) 量独立説に対するオッカムの批判

量独立説に対してオッカムは,「外界に他から独立して,他と別なものとして存在するもの res absoluta は実体と性質のみであり,量は実体や性質と実在的に別なものではない (quantitas non est alia res a substantia et qualitate)」と主張する。オッカムの量独立説に対する主要な批判は次の二つである。

オッカムの批判 (1)——量が反対のものを受け入れることになってしまう——
　オッカムは『大論理学』第Ⅰ部第43章[5]の中で次のように批判している。
　現代の多くの人々 (moderni) が「量は実体のうちに存在する一つの付帯性であり,性質の実在的な基体である」と主張しているように,量が実体から実在的に区別され,実体に実在的に内属する或る付帯性であり,物体の性質の基体として実在的に存在するものであるということは,アリストテレスの考えではない。もしも現代の多くの人々の主張のごとくであるとするならば必然的に,〈実体以外のものが,数的に一つで同じものでありながら,その固有な変化によって反対なものを受け入れる〉ということになってしまうであろう。なぜなら彼等の主張によれば,量は最初,反対な一方の性質を受け取り,その後でもう一方の性質を受け取るのだからである。いやそれどころか,量は実体よりもより直接に,より前に反対なものを受け取るということになってしまう。なぜなら彼等によれば,実体は反対の性質の直接の基体ではなく,単に間接的な基体なのであり,従って実体は,量を媒介にしてでなければ,反対なものを受け入れることができないことになるからである。(Ockham, *Summa Logicae* I, cap. 43; OPhI, p. 126, lin.

聖体 (祭壇) の秘跡との関連については, Marilyn McCord Adams, "Aristotle and the Sacrament of the Altar", In *Aristotle and His Medieval Interpreters*, Canadian Journal of Philosophy, Supplementary Volume 17, 1991, pp. 195-249 を参照。
　5) 拙訳『大論理学註解Ⅰ』142-143頁。

119-p. 127, lin. 130）

同様の批判は，第44章[6]においてもなされている。

> この見解はアリストテレスの考えに反するものであることは，先の章（第43章）で示された。なぜならアリストテレスによれば，実体と実在的に異なる付帯性が，それ自身の変化によって反対なものを受け入れるということはないからである。しかるに，もし量が付帯性であり性質の基体であるとすれば，明らかに量は性質を受け取ることによって変化しており，従って量はそれ自身の変化によって自らの内に反対なものを受け取るということになるが，これはアリストテレスの考えに反している。(Ockham, *Summa Logicae* I, cap. 44; OPhI, p. 132, lin. 17-23)

すなわち，オッカムと同時代の人々（moderni）は，「形や色といった性質は量（拡がり）を基体としてその内に存在する」と主張する[7]。彼等によれば，量が第一に実体に受け入れられ，その他の物体的諸性質は直接には量を基体として，その内に存在する。例えば，形や色といった性質は直接には量の内に存在するのであり，量を媒介にすることによってのみ実体の内に存在する。この moderni（現代の人々）の主張に対して，オッカムは次のように批判する。もし量独立説に従うならば，実体以外のものである量が，最初は白く，その後で黒いというように，反対なものを受け入れることになる。しかしこれは，「実体のみが反対なものを受け入れる」と述べたアリストテレス『範疇論』第5章に反する[8]。

オッカムの批判（2）──量は不要である──

第二にオッカムは，「たとえ実体や性質と実在的に別なものとして量の

---

6) 拙訳『大論理学註解II』6頁。
7) エギディウス・ロマヌス以外の人達も，同様の説を述べている。
Guillelmus de Militona, *Quaestiones de Sacramentis*, trac. IV, pars 6, q. 26: Dicendum est igitur quod color, fugura et accidentia illa habent quantitatem pro subiecto. (ed. G. Gál, *Bibliotheca Franciscana Scholastica Medii Aevi* XXIII, Quaracchi 1961, 620)
8) オッカムは『アリストテレス範疇論註解』(*Expositio in Librum Praedicamentorum Aristotelis*, Cap. 9, § 11; OPhII, p. 198, lin. 13-p. 199, lin. 35) においても同様の批判を行なっている。拙訳『大論理学註解I』訳者註解，範疇，註64，257-258頁を参照。

存在を措定しなくても，実体は相互に隔たりを有する諸部分を持つことができ，それ自体で量的なもの（quanta）である。それゆえ，量は不要である」と主張し，量独立説を批判している。オッカムは次のように述べている。

議論（1）

　『自然学』第4巻（第9章217a21-217b11）から明らかなごとく，アリストテレスの考えによれば，空気はすべての性質の変化なしに，あるいは或る性質の変化なしに収縮されることができる。それゆえ空気が収縮される時に必然的に，空気の持っている性質の或る部分が消滅することはない。あるいは少なくとも，空気が収縮される時に必然的に，以前持っていたすべての性質を空気が失うということはない。このことに基づいて，私は次のように議論する。空気が収縮される時には，以前の量全体，すなわちまさに空気が以前に持っていた量全体がそのまま存続するのか，あるいはしないのか，そのいずれかである。もしすべての量が存続するのだとしたら，同じ量が以前よりも今のほうがより小さいのはもっぱら，量の部分が相互に以前よりも今のほうがより接近しているからであることになるであろう。しかし，<u>実体の部分もまた全く同じ様に以前よりも今のほうが相互により接近しているのであり，そして量というものが措定されるのはまさに，このことのためであるとすれば，量は不要だと考えられる</u>。他方，もし空気が以前に持っていた量全体がそのまま存在するのではないとしたら，量の或る部分が消滅することになる。しかるに，直接の基体が滅びることによって，その付帯性も滅びるのであるから，〔上述の，量が性質の基体であるという見解に従うならば〕，すべての性質がそのまま存続するのではないということになるであろう。これは，アリストテレスに反する。(Ockham, *Summa Logicae* I, cap. 44; OPhI, p. 132, lin. 24-p. 133, lin. 37)[9]

オッカムの『七巻本自由討論集』第4巻第25問題にも同じ議論が見出される[10]。

---

9) 拙訳『大論理学註解II』6-7頁。

それゆえ，私は次のように答える。〈量は，実体と性質を媒介するものである〉という見解を有する者達は，「事物が収縮されるのは，量を少しも消滅させることなしに，量の諸部分の場所を移動させ，以前よりも今のほうが隔たりを小さくさせる作用因によって，量の諸部分が相互に以前よりも今のほうがより接近しているからである」と述べる。これに対して，それとまったく同様の仕方で私は，「実体が収縮されるのは，実体を少しも消滅させることなしに，作用因によって，たとえ媒介となる量がまったく存在していなくても，実体の諸部分が相互に以前よりも今のほうが場所的に接近させられ，以前よりも今のほうが，隔たりが小さいからである」と主張する。(Ockham, *Quodlibeta Septem*, Quodlibet IV, q. 25; OThIX, p. 420, lin. 114-p. 421, lin. 122)

すなわち，〈量は実体や性質と実在的に別な，それらから独立して存在するものであり，実体と性質とを媒介するものである〉という見解を有する者達は，事物が収縮する理由の説明のために量の存在を措定し，量の諸部分が相互に以前よりも今のほうがより接近しているからであると主張する。しかしオッカムによれば，事物の収縮の説明のためには，単に実体の諸部分が相互に以前よりも今のほうがより接近しているとするだけで充分であり，量の存在を実体や性質と実在的に別なものとして措定する必要はない。

議論（2）

私は次のように議論する。神は，他のものよりもより前なる，他のものから独立して存在するすべてのものを，その場所的な位置を変えることなしに保存し，他のより後なるものを滅ぼすことができる。それゆえ一般的な見解に従うならば，この木は諸々の部分を有している或る実体であり，この実体の或る部分は実体全体に内属している量の或る部分のもとに在り，木という実体の他の部分は量の他の部分のもとに在り，そして実体であるものはそれに内属する量よりも本性的により前であるのだから，神はその場所的位置を変化させることなしに実体を保存し，他方その量を滅ぼすことができることになるであろう。

---

10) 拙訳『大論理学註解II』訳者註解，範疇，註7，127頁を参照。

第3章　エギディウス・ロマヌス等'moderni'達の量独立説に対するオッカムの批判　89

　　もしこのことが可能であるとすれば，それが実際に行なわれたと想定
　してみよう。すなわち，神によって実体が保存され，量が滅ぼされた
　としたら，その場合私は問う。この実体は，相互に空間の隔たりを有
　する諸部分を持つものであるのか。あるいはそうではないのか。もし
　持つとしたら，実体は量が付け加わることなしに，それだけで量的な
　ものなのであり，それゆえ量は不必要である。他方，もしその場合に
　は実体は相互に空間の隔たりを有する諸部分を持っていず，しかし以
　前には実体の諸部分はそのような隔たりを有していたというのであれ
　ば，実体の諸部分は場所的に位置が変えられていることになるが，こ
　れは前提に反する。(Ockham, *Summa Logicae* I, cap. 44; OPhI, p. 134,
　lin. 71-83)[11]

更に『量についての論考』第3問題においても，オッカムは次のように述べ
ている[12]。

　　もし実体が量全体のもとに在り，実体の部分が量の部分のもとに在ると
　すれば，この実体は或る部分の他に別の部分を持っているということに
　なり，従って，実体を形相づける量 (informans quantitas) というもの
　をまったく措定しなくても，実体はそれだけで量的なものであることに
　なるであろう。それゆえ，その場合，実体それ自体が量なのである。
　(Ockham, *Tractatus de Quantitate*, Q. III; OThX, p. 58, lin. 96-99)

ここでオッカムは，〈量は実体を形相づけ，実体に内属する付帯的な形相
であり，それゆえ，量は実体と実在的に別な，それらから独立して存在す
るものである〉という説を反駁している。ここでのオッカムの議論によれ
ば，①量と実体の間に，そのような外的な内属関係を認める必要はなく，
②実体を形相づけ，それゆえ実体と実在的に別なものとして存在する量と
いうものを措定しなくても，実体それ自体が量的なものであり，量である。
議論（3）更に『キリストの身体についての論考』の中では，オッカムは
「実体は相互に空間の隔たりを有する諸部分を持つことができ，それ自体
で量的なものである」という自己の主張を，いわゆる「オッカムの剃刀」

---

11)　拙訳『大論理学註解II』8‐9頁。
12)　拙訳『大論理学註解II』訳者註解，範疇，註16，130-131頁を参照。

の原理を用いて論じている。

　次に，①実体はそれに量が付け加えられることなしに，それだけで量的なものであること，②実体や性質と実在的に別な，それらから独立して存在するものである量というものをまったく措定しなくても，実体は自らの実体的な諸部分によって量的なものであることを示すことが残っている。

　このことは第一に，次のように説得される。より少数のものによって行なわれうる事柄が，より多くのものによって行なわれることは無駄である。この原理は，否定されるべきではない。なぜなら，理論によって，あるいは経験によって，あるいは誤りや間違いを犯し，反駁されることが有り得ない人の権威によってでなければ，多くのものが措定されるべきではないからである。それゆえ，実体や性質と別な量というものがたとえ存在していなくても，実体は量的なものであり，同様に性質も量的なものでありうるのであるから，実体や性質と別なものとして量が存在するということは，理論によっても，経験によっても確証されることができない。(Ockham, *Tractatus de Corpore Christi*, Cap. 29; OThX, p. 157, lin. 5-p. 158, lin. 16)[13]

オッカムの批判の意図——オッカムの基本的な立場——

　以上から，オッカムの基本的な立場は明らかである。オッカムは「量独立説」に反対し，「実在的には，量は実在的に実体や性質から独立し，それらと別なものとして存在するもの res absoluta ではない」と主張する。実体は自らの実体的諸部分によって量的なものであり，性質も同様だからである。オッカムによれば，この主張のほうがアリストテレスの考えに従うものであり，それゆえアリストテレスの実体，性質，量という区分は，心の外のもの (res) の側の区分ではない。では何故，それらの範疇は互いに異なるのか。その理由は，「量」と「実体」，「量」と「性質」は実在的に異なったものを表示しているのではなく，その表示の対象は同じであるが，その表示の仕方 (modus significandi) が異なっているからである。

---

13) 拙訳『大論理学註解II』訳者註解，範疇，註15，130頁を参照。

第3章 エギディウス・ロマヌス等 'moderni' 達の量独立説に対するオッカムの批判　91

オッカムは『七巻本自由討論集』第4巻第27問題の中[14]で次のように述べている。

 Ad propositum dico quod substantia, qualiras, quantitas sunt distincta praedicamenta, quamvis non significent rem absolutam distinctam a substantia et qualitate, quia sunt distincti conceptus et voces easdem res diversimode significantes. Propter quod non sunt nomina synonyma, quia 'substantia' significat omnia sua significata uno modo significandi, puta in recto; 'quantitas' autem significat eadem diverso modo significandi, puta substantiam in recto et partes eius in obliquo: significat enim totam substantiam, et connotat ipsam habere partem distantem a parte. Et sic est de quantitate: exemplum ad hoc est de similitudine.

 提示された問題に対して，私は次のように述べる。量は実体や性質と別な，それらから独立して存在するものを表示していないけれども，しかし実体と性質と量はそれぞれ異なった範疇である。それらは，同じものを異なった仕方で表示する，異なった概念であり，異なった言葉だからである。それゆえ，それらは同義語ではない。なぜなら，「実体」はその表示するすべてのものを或る表示の仕方，すなわち正格において表示し，他方「量」は同じものを異なった表示の仕方で，すなわち実体を正格において，その部分を斜格において表示するものだからである。すなわち「量」という語は，実体全体を表示し，更に相互に隔たりを有する諸部分を持つことを併意している。性質に関しても同じであり，その例は「類似」である。(Ockham, *Quodlibeta Septem*, Quodlibet IV, q. 27; OThIX, p. 436, lin. 65-74)

すなわちオッカムによれば，実体，性質，量の区分は心の外のもの (res) の側の区分ではなく，ものを認識する心の概念・言葉の側の区分なのである[15]。

---

 14) 拙訳『大論理学註解II』訳者註解，範疇，註3，126頁；註31，134頁を参照。
 15) 拙訳『大論理学註解I』解説 xxvi 頁；拙訳『大論理学註解II』解説 xxiii 頁を参照。

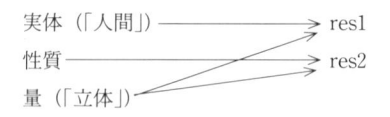

```
実体（「人間」）―――――――→ res1
性質 ―――――――――――→ res2
量（「立体」）
```

　量は実体や性質と実在的に別なものではない。しかし，実体の範疇に属する「人間」はその表示するもの（例えばソクラテス res1）を正（主）格において，直接に表示する単意語（absoluta mere）であるのに対して，量の範疇に属する「立体」（corpus）はソクラテス res1 を正（主）格において第一義的に表示し，更に res1 の部分を副次的に斜格において表示する併意語（connotativa）である[16]。「立体とは，<u>長さ・幅・高さにおいて互いに隔たった諸部分</u>②<u>を有するもの</u>①<u>である</u>」（aliqua　<u>res</u>①　habens ② <u>partem distantem a parte secundum longum. latum et profundum</u>）という立体の何であるか・その意味を表わす定義が示しているごとく，「立体」という併意語は，①の下線部で正（主）格において res1 を表示し，②の下線部で対格において res1 の部分を表示しているからである。ここに，序論において述べられた〈心の内の言葉と，心の外のものを区別する〉オッカムの哲学的意図が明確に見出される。

（三）「関係は parva res である」と主張する moderni （現代の人々）の説に対するオッカムの批判

　更に「関係も，実体や性質のように他から独立して存在するもの（res absoluta）ではないが，しかし他から独立して存在する事物とは実在的に別な小さなもの・存在性（parva　res）[17]として心の外に存在する」と

　16）　単意語と併意語の区別については，『大論理学』第Ⅰ部第10章，及び拙訳『大論理学註解Ⅰ』訳者註解81，164頁を参照。オッカムは，量独立説への批判との関連において，併意語について次のように述べている。
　　　〈量は実体や性質と別なものではない〉と主張する人々に従えば，量の範疇に属するものすべてが併意語である。例えば「立体」（corpus）という名辞は，彼等によれば併意語として措定されなくてはならぬ。（Ockham, *Summa Logicae* I, cap. 10, OPhI, p. 37, lin. 67-70；拙訳『大論理学註解Ⅰ』37-38頁）
　17）　オッカム『大論理学』第Ⅰ部第49，第54章；拙訳『大論理学註解Ⅱ』28-34，55-56頁，及び訳者註解74，142-143頁を参照。'parva res'（「小さな存在性・もの」）という語句が誰によって使用されたのか明確ではないが，「moderni（現代の人々）は関係的存在を

moderni達は主張する。例えば，彼等の見解に従うならば，実体Aと実体Bとの間に親子関係が成立している場合，これらA，B以外に，何らかの小さな存在性（父性paternitasや子性filiatio）がAとBの内に存在していなければならない。同様に，それによって白いソクラテスが白いプラトンと類似する類似性という関係は，ソクラテスやこの類似性の根拠となっている白色という性質と実在的に別である。

1．moderni達（現代の人々）の主張と，オッカムの批判

　moderni達（現代の人々）は，「関係が，それを成立させる根拠と別なものである」ことを次のように証明している。

　　たとえ類似性という関係が存在しなくても，白色は存続することが可能である。それゆえ，白色は類似性という関係と同じではない。
　　(Ockham, *Summa Logicae* I, cap. 54; OPhI, p. 178, lin. 19-20)[18]
このmoderni達の証明は，スコトゥス『命題集註解』第2巻第1区分第5問題に基づく[19]。

　　矛盾することなく，一方が他方のものなしに実在的に存在することが可能であるとするならば，それらのうちの或るものが他のものと実在的に同じであることはない（大前提）。しかるに関係の多くは，矛盾することなく，関係が成立することなしに，それを基礎づける事物のみが存在するということが可能である（小前提）。それゆえ，関係の多くは，それを基礎づける事物と実在的に同じではない。(Duns Scotus, *Ordinatio* II, d. 1, q. 5, n. 200; Varicana VII, p. 101, lin. 8-p. 102, lin. 2)

　　小前提は，それを基礎づける事物が関係を構成する項であることな

'parva res' と呼んでいる」とオッカムが証言している。

　　(moderni) dicunt quod istis abstractis semper correspondent decem parvae res distinctae primo. (Ockham, *Quodlibeta Septem*, Quodlibet V, q. 22; OThIX, p. 565, lin. 17-19)

　　Philosophus non intendebat ponere relationem unam parvam rem extra animam distinctam a rebus absolutis. (Ockham, *Quodlibeta Septem*, QuodlibetVI, q. 16; OTh IX, p. 640, lin. 14-16)

18)　拙訳『大論理学註解II』訳者註解，範疇，註168，174頁で引用された『七巻本自由討論集』第6巻第8問題（OThIX, p. 616, lin. 115-117）も参照。
19)　第2章2．スコトゥスとオッカムの論争(二)を参照。

しに存在することが可能な，すべての関係において明らかである。例えば，（類似や等しさといったような）すべての同一の関係の場合には，もしこの白い事物は存在するが，しかしそれ以外には白い事物が存在しないとしたら，この白い事物は類似という関係を持つことなしに存在する。――そして，もし他の白い事物が生ずるとしたら，この白い事物の内に類似の関係が成立する。それゆえ，類似という関係は，白い事物に伴わないことも，伴うこともありうる。同様に，多くの不同の関係の場合には，もし或る者が人間であり，他の人が彼の支配のもとにいないとしたら，彼は主従という関係を持つことなしに存在するであろう。――そしてまた奴隷の従属によって彼は，主人という関係を持つこともありうる。(Duns Scotus, *Ordinatio* II, d. 1, q. 5, n. 205; Vaticana VII, p. 103, lin. 17–p. 104, lin. 7)[20]

すなわちスコトゥスによれば，関係は，それを基礎づけ，それを構成する項である res absoluta（独立して存在しうる事物）実体A，Bと実在的に別なものとして，心の外に存在するものである。なぜなら，関係が成立することなしに，実体A，Bのみが存在することが，少なくとも論理的に可能だからである。例えば，この世界が唯一つしか白い事物が存在しないとしたら，この白い事物・実体Aは類似という関係を持つことなしに存在する。あるいは或る人Aは，彼に従属する者が存在しないことによって主従の関係を持つことなしに存在することも，彼に従属する奴隷Bとの間に，主従の関係を持つこともありうる。

　しかるに，一方が他方のものなしに存在することが可能であるとするならば，一方のものは他方のものと実在的に同じではない。それゆえ関係的存在は，res absoluta（独立して存在しうるもの）である実体A，Bと実在的に別なもの（res）である。

---

20) オッカムは『センテンチア註解』第1巻第30区分第1問題 (OThIV, p. 283, lin. 13–p. 284, lin. 11) において，「関係は，他から独立して存在しうるすべての単数の事物や複数の事物と別なものとして存在する」(relatio est alia res ab omni re absoluta et ab omnibus absolutis) という moderni 達の主張の根拠として，このスコトゥスのテキストを引用し，反論している。拙訳『大論理学註解II』訳者註解，範疇，註75，143-146頁，註168，174-175頁を参照。

実体（ソクラテス）	res absoluta1
性質（白色）	res absoluta2
関係（類似性，主人性）	parva res 3

スコトゥスの理論によれば，関係（類似性，主人性，奴隷性，父性，子性等）は，実在的な付帯性であり，それらが実体A，Bに付け加わることによって，AとBとの間に関係が成立する[21]。

オッカムは，このようなスコトゥスの見解を次のように論駁している。

> 関係に関しても同様である。この人間が真に父親と呼ばれるのは，彼が産み息子が生ずることによるのであって，彼に何か別なものが付け加わることによるのではない。すなわち，何らかのものが彼に付け加わることによって彼は父親と呼ばれるのではなく，ただ単に彼の息子と呼ばれる人間が存在することを始めることによってのみ彼は父親と呼ばれるのである。同様に，白い事物が新たに他の事物と類似すると言われるのは，ただ単に他の事物が白い事物であることを始めたことによるのであって，他の何らかのものがその事物に付け加わることによるのではない。それゆえ，もし今ソクラテスが白く，プラトンは黒く，そして後でプラトンが白くなるとしたら，たとえソクラテスは全く変化せず，また何らかの考えられうる実在的なものがソクラテスに付け加わらないとしても，ただ単に白い性質がプラトンに付け加わることによってソクラテスはプラトンと真に類似していると言われるであろう。(Ockham, *Expositio in Librum Praedicamentorum Aristotelis*, Cap. 12; OPhII, p. 245, lin. 184-194)

すなわちオッカムによれば，プラトンとソクラテスは，それらとは実在的に別なものである類似性という付帯性がそれら実体に付け加わることによって類似しているのではない。ただ単に，プラトンがソクラテスと同じ様に白いということによって類似しているのである。同じく，父性という実在的な付帯性が実体Aに付け加わることによって，Aは父親なのではない。

---

21) ここでのスコトゥスの論証に関しては，Marilyn McCord Adams, *William Ockham*, University of Notre Dame Press, 1987, pp. 215-218 を参照。「関係が実在的な付帯性である」というスコトゥスの議論に関しては，Peter Schulthess, *Sein, Signifikation und Erkenntnis bei Wilhelm von Ockham*, Akademie Verlag, 1992, S. 164-166 を参照。

Aには何も付け加えられていず，従ってA自身は何も変化していないが，子と呼ばれる実体Bの存在によってAは父親なのである。それゆえ，実体と性質というres absoluta（独立して存在しうるもの）以外のものを措定する必要はない[22]。

2．オッカムの基本的な立場

以上の，moderni達の主張に対する批判から，オッカムの基本的な立場が明らかとなる。オッカムの考えによれば，（1）関係は，心の外に存在するもの（res extra animam）ではなく，外界の事物を表示する第二概念の名前[23]である。心の外には，実体と性質以外の如何なるもの（res）も措定されるべきではない。それゆえ，アリストテレスが『範疇論』や『形而上学』で行なっている実体，量，性質，関係，能動，受動といった範疇の区分は，心の外のものの側の区分ではなく，語（vox）あるいは心の中の概念の側の区分である。

（2）従ってmoderni達のように，〈量は実体や性質と実在的に別なものであり，また関係も実体や性質と実在的に別なものである。それゆえ実体，性質，量，関係，能動，受動といったように多くの，相互に全く別なもの（res）が心の外に存在する〉と考えられるべきではない。moderni達の議論はしばしば未熟な者達を欺き，事物の真理に基づくならば措定すべきではないところの，多数の実在するもの（pluralitas rerum）を認めるように彼等を促す[24]。

（3）更に，〈語（vox）が多数の範疇に区分される，それゆえ語に対応する外界のもの（res）も多数に区分される〉と考えられるべきでもない。なぜなら，表示する語や心の概念の間の相違と，表示されるものの間の相違は必ずしも同じではないからである。言語の領域と存在の領域は対応しない。実体，性質，量，関係といった範疇の区分は，言語の領域に属

22）拙訳『大論理学註解II』訳者註解，範疇，註75，145-146頁を参照。
23）「関係が第二概念の名前である」というオッカムの主張に関しては，『大論理学』第I部第49章；拙訳『大論理学註解II』30頁，及び訳者註解，範疇，註74，79，81，142-148頁を参照。
24）オッカム『大論理学』第I部第51章（OPhI. p. 166, lin. 107-109）；拙訳『大論理学註解II』42頁。

する名辞の種類の分類なのであり，決してこれらの範疇の区分に対応する，外界の存在の領域の区分が存在するわけではない。外界に存在するもの (res) は実体と性質のみであり，さまざまな名辞（実体，性質，量，関係等）はさまざまな表示の仕方 (modus significandi) において同一のもの (res) を表示する[25]。すなわち，実体，性質，量，関係等の範疇がそれぞれ異なったもの（res1, res2, res3, res4）に対応し，それぞれを表示する

実体 ──────→ res1
性質 ──────→ res2
量 ───────→ res3
関係 ──────→ res4

のではなく，量や関係は，独立して存在するもの (res absoluta) である実体や性質と実在的に別なものではないのだから，

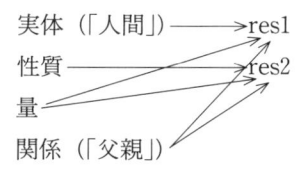

実体（「人間」）──────→res1
性質 ────────→res2
量 ─
関係（「父親」）

量や関係は，実体や性質と同じものを表示するのである。オッカムは『大論理学』第Ⅰ部第49章の中で，次のように述べている。

> praeter res absolutas, scilicet substantias et qualitates nulla res est imaginabilis, nec in actu nec in potentia. Verumtamen illas easdem res diversa nomina diversimode significant. Quia aliqua nomina sic sua significata significant quod absolute possunt de aliquo praedicari absque hoc quod addatur eis aliquis casus obliquus, sicut aliquis est homo, quamvis non sit alicuius homo vel alicui homo, et sic de aliis casibus abliquis. Aliqua autem nomina sic sua significata significant quod de nullo verificari possunt nisi vere et convenienter possit eis addi casus obliquus alterius dictionis, sicut impossibile est quod aliquis sit pater nisi sit alicuius pater, et impossibile est quod aliquis sit similis nisi alicui sit similis, ita quod

---

[25]　前掲拙訳，訳者註解，範疇，註77，146頁を参照。

ista nomina 'pater', 'filius', 'causa', 'causatum', 'similis'et huiusmodi de nullo possunt vere affirmari si significative sumantur nisi vere et convenienter possit eis addi respectu eiusdem liquis casus obliquus. Et omnia talia nomina vocantur nomina relativa.

他から独立して存在しうるもの，すなわち実体と性質以外には，現実態においても，可能態においても，如何なるものも考えられない。ただ，これら同一のものを，さまざまな仕方で表示するさまざまな名辞が存在するのである。すなわち，或る名辞はその表示の対象を表示する場合に，斜格の語がそれに付け加えられることなしに，名辞が単独で，或るものに述語づけられることが可能である。例えば或るものは人間であり，その場合，或るものの〔属格〕人間なのでも，或るものに対して〔与格〕人間なのでもない。その他の格に関しても同様である。他方，他の名辞がその表示の対象を表示する場合には，斜格の語が真に適切な仕方でそれに付け加えられることができなければ，名辞がそれに真に述語づけられることは不可能である。例えば，或るものの〔属格〕父親でなければ，或るものが父親であることは不可能であり，また或るものに対して〔与格〕類似していなければ，或るものが類似することは不可能である。それゆえ，「父親」「息子」「原因」「原因されたもの」「類似するもの」といったような名辞は，それが表示と同じ働きをするものとして解され，個体代示を行なっている場合には，或るものに関して，或る斜格形の他の語が真に適切な仕方でそれに付け加えられることができなければ，名辞がその同じものに真に肯定的に述語づけられることは不可能である。このようなすべての名辞が，「関係的名辞」と呼ばれる。(Ockham, *Summa Logicae* I, cap. 49; OPhI, p. 154, lin. 23-p. 155, lin. 36)[26]

更に，『大論理学』第Ⅰ部第51章の中でも次のように述べている。

Est ergo mens Aristotelis non qui termini quas res significent, sed intendit ostendere quomodo aliqui termini sunt absoluti, aliqui connotativi, aliqui relativi.

---

26) 拙訳『大論理学註解Ⅱ』29-30頁。

アリストテレスの考えていることは，もの (res) を表示している諸々の語 (termini) と同じだけの数の，それらに対応するもの (res) が存在するということではなく，むしろ，如何にして或る語は単意語であり，或る語は併意語であり，或る語は関係を表わす語であるかを示そうとしているのである。(Ockham, *Summa Logicae* I, cap. 51; OPhI, p. 165, lin. 70-72)[27]

更にまた，『アリストテレス範疇論註解』第7章では次のように述べられている。

　　Sic igitur dicendum est quod ista praedicamenta sunt distincta, non tamen consimiliter distinguuntur res significatae per ipsa praedicamenta, sed eadem res, saltem aliqua, significatur per diversa praedicamenta, quamvis non eodem modo. Quia liquando eadem res significatur per unum praedicamentum sine connotatione alterius rei vel plurium rerum, et sine connotatione quod ipsa sit alia res vel non alia, et generaliter sine omni connotatione; et aliquando eadem res significatur per aliud praedicamentum cum aliqua determinata connotatione vel consiginificatione plurium rerum. Verbi gratia praedicamentum substantiae importat istum hominem, sicut quamlibet aliam substantiam, et nihil connotat. Quando autem dico 'pater', hoc praedicatum 'pater', quod est unum contentum sub praedicamento relationis, importat istum hominem qui est pater, connotando filium suum; quia impossibile est intelligere quod sit pater nisi intelligatur quod habeat filium suum; quia impossibile est intelligere quod sit pater nisi intelligatur quod habeat filium. Et ita est de diversis praedicamentis.

　　かくして，次のように言われなくてはならぬ。これらの範疇は別々のものであるが，しかしこれらの範疇によって表示されるもの (res) は同じ様な仕方で区別されるわけではない。同一のものが，少なくとも或るものの場合には，別々の範疇によって，同じ表示の仕方

---

27) 前掲拙訳，40頁。

においてではないとしても，表示されるのである。すなわち或る時には或るものは，他のものや複数のものを併せ意味することなく，あるいはそれが他のものであるか否かを併せ意味することなく，更に一般に如何なることも併意することなく或る範疇によって表示され，また或る時には同一のものが，或る特定のものを併せ意味して，あるいは複数のものを副次的に表示して別の範疇によって表示される。例えば実体という範疇は，この人間を，他の実体と同様に指示し，それ以外のものを併意しない。これに対して，私が「父親」と言う時には，関係という範疇の内に含まれるものの一つである「父親」という述語は，父であるこの人間を，その息子を併せ意味して指示する。なぜなら，息子を持っているということが認識されない限り，父親であるということを認識することは不可能だからである。その他のさまざまな範疇に関しても同様である (Ockham, *Expositio in Librum Praedicamentorum Aristotelis*, Cap. 7; OPhII, p. 159, lin. 44-58) [28]

すなわちオッカムによれば，実体と関係はそれぞれ実在的に別なもの (res) なのではなく，両者は実在的に同一なもの (res1) である。なぜなら，外界に存在するのは res absoluta である実体と性質のみであり，moderni 達の主張するごとき関係的な存在という parava res をオッカムは認めないからである。オッカムによれば，実体の範疇に属する語（例えば「人間」）と，関係の範疇に属する語（例えば「父親」）は同一のもの (res1) を表示するのであり，ただその表示の仕方が異なる。すなわち「人間」は単異語として或るものを表示し，「父親」は併意語として同じものを表示する [29]。

(四) オッカムの批判の意図

更に，その他の範疇に関しても moderni 達は，「何時（いつ）」'quando'

---

28) 前掲拙訳，訳者註解，範疇，註118，159-162頁を参照。
29) 関係を表わす語が併意語の一種であることは，『大論理学』第Ⅰ部第10章（拙訳『大論理学註解Ⅰ』37頁）で述べられている。

という副詞から「何時性」'quandalitas'という抽象語を造り出し，また「何所（どこ）」'ubi'という副詞から「何所性」'ubitas'という抽象語を造り出し，これらの抽象語には常に，心の外の何らかの小さな存在性・もの（parva res）が対応すると主張する[30]。すなわち彼等は，「何時性 quandalitas とは，時間において存在する事物の内に時間の連続のゆえに存続する，或る種の関係的なもの（res respectiva）であり，そのようなもの（res）によって事物は存在したとか，存在するであろうとか，存在するとか言われる」[31]と述べている。また，「何所性 ubitas とは，場所を占めている事物に基づいて成立する，場所の区域限定から生ずる或る種の関係（respectiva）であり，それゆえ場所を占める事物に基づいてこのような関係は成立し，場所がこのような関係の境界を定める」[32]と述べている。moderni 達の主張が，誤った存在論の拡大をもたらしていることは明らかである。

1　オッカムの批判の哲学的意図——言葉は人々を欺く

このような moderni 達の主張に対する批判において，オッカムが『大論理学』の中で第一に言いたかったのは，〈言葉は人々を欺く〉というテーゼであったと筆者は考える。我々は，'currens（走るもの）'－'cursus（走行）'，'esse（エッセ・存在）'，'ens（存在するもの）'－'essentia（エッセンチア・本質）'，'homo（人間）'－'humanitas（人間性）'，'equus（馬）'－'equinitas（馬性）'，'Sortes（ソクラテス）'－'Sorteitas（ソクラテス性）'，'quando（何時）'－'quandalitas（何時性）'，'ubi（何所）'－'ubitas（何所性）'という具象語と抽象語を持っている[33]。あるいは我々は，'homo（人間）'－'corpus（立体）'，'homo（人間）'－'pater（父親）'という単意語と併意語を持っている[34]。第1章でも，第2章でも，そして本章で

---

30)　『大論理学』第Ⅰ部第41章，拙訳『大論理学註解Ⅰ』129頁，及び訳者補註，範疇，註15，250-251頁で引用された『七巻本自由討論集』第5巻第22問題（OThIX, p. 564, lin. 11-p. 565, lin. 38）を参照。
31)　『大論理学』第Ⅰ部第59章，拙訳『大論理学註解Ⅱ』70頁。
32)　『大論理学』第Ⅰ部第60章，前掲拙訳，71頁。
33)　『大論理学』第Ⅰ部第5-9章，拙訳『大論理学註解Ⅰ』15-35頁を参照。
34)　『大論理学』第Ⅰ部第10章，前掲拙訳35-38頁。

も繰り返し指摘したごとく，オッカムによれば，このような語の多様性がしばしば哲学者達を誤りへと陥らせるのである。なぜなら第1章で述べたごとく，'currens（走るもの）'－'cursus（走行）'，'esse（エッセ・存在）'，'ens（存在するもの）'－'essentia（エッセンチア・本質）'という具象語と抽象語に対応し，これら二通りの語の成立を根拠づける何らかの，実在に異なる二通りのもの（res）が外界の事物の側にあると考えたことから，トマスやエギィディウス・ロマヌスは esse と essentia の実在的区別を主張した。また第2章で述べたごとく，'humanitas（人間性）'，'equinitas（馬性）'，'Sorteitas（ソクラテス性）'という抽象語に対応する何らかの存在性（realitas）が心の外の実在的事物の側に存在すると考えたことから，スコトゥスは共通本性が心の外に存在すると主張し，形相的区別を措定した。更に本章で述べたごとく moderni 達は，「'quandalitas（何時性）'，'ubitas（何所性）'という抽象語には，心の外の何らかの小さなもの（parva res）が対応する」と主張した。また彼等は，'homo（人間）'，'corpus（立体）'，'pater（父親）'というさまざまな範疇に属する語を持つことから，「量や関係は，実体や性質から独立し，それと実在的に別なもの（res）である」と主張したからである。オッカムは，「関係は parva res である」と主張する moderni 達の説を批判した後で，彼等がそのように主張する原因を次のように述べている。

  Secunda radix est multiplicare entia secundum multitudinem terminorum, et quod quilibet terminus habet quid rei; quod tamen abusivum est et a veritate maxime abducens. Non enim quaerendum est in omnibus terminis quid rei sed tantum quid nominis in multis, quales sunt omnes termini relativi et nonnulli alii, quorum quilibet aequivalet in significando longae orationi. Et ideo propositiones in quibus ponuntur resolvendae sunt et exponendae, utendo aliquotiens descriptione loco moninis, quia <u>voces et conceptus decipiunt.</u>

  第二の原因は，語（terminus）の多様性に基づいて，多数の存在を措定し，どんな語もそれに対応する事物の側の何らかのもの（quid rei）を有するとすることである。しかし，このことは不適当であり，

何よりも真理から外れている。すなわち，すべての語において必ずしも常に，それに対応する事物の側の何か（quid rei）が探求されるべきではなく，およそ関係を表わす語やその他の多くの語においては，名前の何たるか・その意味（quid nominis）のみが探求されるべきなのである。そのような語はいずれも，その表示する意味において，或る長い文と同値である。それゆえ，そのような語が置かれている命題は分解され，名前の代わりにしばしば記述句を用いて説明されるべきである。言葉や概念は人々を欺くものだからである。(Ockham, *Summa Logicae* I, cap. 51; OPhI, p. 171, lin. 240-247)[35]

ここには，序論において述べられた〈心の内の言葉と，心の外のものを区別しようとする〉オッカムの明確な哲学的意図が見出される。

2 オッカムの存在論

更に1で引用されたテキスト（『大論理学』第I部第51章）の後半の箇所から我々は，オッカムの存在論に関する計画を知ることができる。オッカムの存在論は，次の二つの主張から成る。（主張①）オッカムは esse と essentia の実在的区別を否定し（第1章），普遍的な共通本性を否定し（第2章），更に「量や関係やその他の範疇が実体と性質と実在的に別なものである」ことを否定する（第3章）。従ってオッカムは，個別的な実体と性質のみを，外界に存在するもの（res）として認める。このものを直接に認識することから持たれる語が単意語（absoluta）であり，従って単意語（例えば「人間」,「白さ」 'albedo' 等）は実体と性質のみを表示し，そこにおいては，事物の何であるかを表わす定義（definitio exprimens quid rei）が得られる[36]。

（主張②）他方，量や関係を表わす語（例えば「立体」「父親」「父性」「類似性」等）は併意語である。このような語は知性によって，いくつかの単純観念（単意語）から複合された語であり，それゆえ，このような語に対応する何らかのものが外界の事物の側に存在することはない。従って，

---
[35] 『大論理学』第I部第51章，拙訳『大論理学註解II』47頁。
[36] 拙訳『大論理学註解I』訳者註解，語の区分，註81, 164頁を参照。

このような併意語においては，それに対する事物の側の何らかのもの (qui rei) が探求されるべきではなく，名前の何であるか・その意味を表わす定義 (definitio exprimens quid nominis) のみが探求されるべきである。このような語の側の多様性が人々を欺き，実体と性質以外の多数のもの (res) を認めるように人々を促すとオッカムは考えたことから，オッカムは実在するもの (res) を増加させないために，〈併意語を含んでいる命題を，それと同値な，単意語のみを含む命題へと置き換えて説明しようとする〉試みを計画している。例えば，「父は父性 (paternitas) によって父である」，「子は子性 (filatio) によって子である」，「AとBは類似性 (similitudo) によって類似する」といったような言い方が，人々に誤りに陥る機会を与えている。このような言い方によって，それによって父が父であり，子が子であり，実体AとBが類似する何らかの関係的存在性・小さなもの (res) が心の外に存在すると，人々は勝手に想像してしまうからである。それゆえオッカムは，このような併意語を含む命題を，併意語である名前の代わりに単意語から成る記述句を用いて，二つの命題へと分解する[37]。例えば，「父は父性 (paternitas) によって父である」は，①彼は子を生み出したがゆえに，②父は父であると同値である。あるいは，「子は子性 (filatio) によって子である」は，①彼は生み出されたがゆえに，②子は子であると同値である。あるいは，「AとBは類似性 (similitudo) によって類似する」は，①AはBと同じ種類の性質を有しているがゆえに，②AとBは類似すると同値である。

以上のオッカムの存在論が成功しているかどうかに関して，Paul Vincent Spade は次の疑問を提示している。Spade によれば，オッカムの存在論は実際には二段から成っている (two-tiered)[38]。第一段目の層は，単意語によって表示される個別的な実体と性質である。しかし，これだけでは不充分である。諸々の事物 (A，B，C，D，……) は種において，

---

37) 『大論理学』第Ⅰ部第51章，拙訳『大論理学註解Ⅱ』45頁。
38) Paul Vincent Spade, "Ockham's Nominalist Metaphysics: Some Main Themes." In *The Cambridge Companion to Ockham*, Cambridge Univesity Press, 1999, pp. 100-117. 彼は同様の議論を，"Three Versions of Ockham's Reductionist Program." *Franciscan Studies* 56, 1998, pp. 347-358 においても行なっている。

あるいは類において類似し，互いに或る関係を有し，一方が他方を原因し，場所において配列され，時間的に順序を持っており，これらの相違によって，命題は真にも偽にもなる。それゆえ，このような類似性や関係や原因性や場所における配列や時間的な順序もまた，何らかの実在的存在を持つと認めるべきである。実際，詳細にオッカムの存在論を検討してみると，オッカムは「これらが実体や性質と別なもの（res）である」ことを否定していたにもかかわらず，彼の存在論には，このような類似性や関係や原因性や場所における配列や時間的な順序が第二段目の層として入っている。だとすると，オッカムは一旦否定したことを，彼の存在論の中で認めていることになるのではないか。

このSpadeの疑問に対しては，次のように答えることができよう。もちろんオッカムは，事物が或る長さや幅や高さを持ち，種や類において類似し，互いに或る関係を有し，一方が他方を原因し，場所において配列され，時間的に順序を持つことを認める。しかしだからと言ってオッカムは，一旦否定したことを，彼の存在論の中で認めているわけではない。なぜなら第2章2．スコトゥスとオッカムの論争（二），第3章（二）オッカムの批判（2），（三）1．moderni達（現代の人々）の主張と，オッカムの批判で述べたごとく，外界に他から独立して存在するもの res absoluta として個別的な実体と性質の存在を認めるだけで，それらによって，事物は長さや幅や高さを持ち，類似性や関係や原因性や場所における配列や時間的な順序を有するのだからである[39]。

---

39) 例えばオッカムによれば，能動の範疇に属する「熱する」と性質の範疇に属する「熱」は同じ個別的性質res1を表示する。ただし，一方は名詞としてres1を表示し，他方は動詞として同じres1を表示する。この個別的性質res1の存在によって，事物Aは事物Bを熱するという能動的関係を有する（『大論理学』第Ⅰ部第57章，拙訳『大論理学註解Ⅱ』61-65頁，及び訳者註解，範疇，註195，184-185頁を参照）。何時，何所という範疇に関しても同様である。

補　遺

スコトゥス，オッカムにおける様相論理と可能世界論

存在についての議論の補遺として最後に，筆者は，スコトゥス，オッカムにおける様相論理と可能世界論について論ずる。この議論は，序論で述べられた〈心の内の言葉と，心の外のものを区別しようとする〉オッカムの哲学的意図と直接には関係がないが，しかし14世紀の存在論の大きな特徴だからである。このテーマ自体は，現代哲学の可能世界意味論において盛んに論じられているものであるが，中世哲学においても，ペトルス・ロンバルドゥスによって提起された「神はこの世界よりもより良い世界を造ることができるか」（utrum Deus posset facere mundum meliorem isto mundo）という問いに対する解答として，しばしば論じられている。オッカムはこの問いに答えて，「神はこの世界とは別な，より良い世界を造ることができる」と述べ，この世界の非必然性を強調している[1]。更にスコトゥスは，我々の現実の世界に今存在していないし，また過去にも未来にも存在しないが，しかし論理的には存在可能なものも存在領域を設定した上で，様相論理について語っている。

1　オッカム『大論理学』Summa Logicae のテキスト

先ず，オッカムのテキストを取り上げたい。オッカムは『大論理学』第I部第24章において，次の議論を提出している。

　　存在する（esse exsistere）ということがその主語について言い表わされている命題が真であるにもかかわらず，次の命題は神のちからによって偽となることがありうる。それゆえ，「実体は量を持ってい

---

1) Ockham, *Scriptum in librum primum Sententiarum, Ordibatio*, I, Dis. 44, q. unica; OThIV, pp. 650-655.

る」,「すべての火は熱い」,……はいずれも非必然である。(Ockham, *Summa Logicae*, I. c. 24; OPhI, p. 80, lin. 58-61)[2]

すなわちオッカムによれば,「実体は量を持っている」という命題は非必然（contingens）である。なぜなら，命題（P）「実体は量を持っている」の主語について,「存在する」ということが言われている命題（P'）「実体は存在する」が真であるとしても，元の命題（P）「実体は量を持っている」は神のちからによって偽となることがありうるからである。あるいはオッカムによれば,「火は熱い」という命題は非必然である。なぜなら神は，火が熱いという性質を持たないようにすることができるのであるから，たとえ「火は存在する」という命題が真であり，火が存在するとしても,「火は熱い」という命題は偽であり，火が熱くないということが可能だからである。このオッカムのテキストに対して，アンドレ・ゴドュウ（André Goddu）は，先程述べた「神はこの世界と別な世界を造ることができる」という『センテンチア註解』でのオッカムの言明と，この『大論理学』のテキストを結び付け，可能世界というアイデアがオッカムの哲学の背後に潜んでおり，従ってこのオッカムのテキストは，可能世界というアイデアに基づいて解釈されるべきであるとする[3]。我々の現実の世界Wにおいて実体Xは性質Pを持つとしても，全知全能の神は実体XがPを持たない世界W1を造ることが可能である。それゆえ，たとえ実体が存在するとしても,「実体が量を持つ」という命題は必然ではない。量を持たない実体，例えば身体を持たない人間が存在する世界W1を，神は造ることができるからである。あるいは，火が熱いという性質を持たない世界が神によって考えられ，火が熱いという性質を持たない世界W2を神が造ることができるからである。

同様に『大論理学』第Ⅰ部第26章においても，オッカムは次のように議論している。

「人間は理性的動物である」は無条件に非必然であり，同様に「人間は身体と知性的魂から複合された実体である」も無条件に非必然であ

---

2) 拙訳『大論理学註解Ⅰ』87頁。
3) André Goddu, *The Physics of William of Ockham,* Brill, Leiden, 1984, pp. 59-75.

る。なぜなら,如何なる人間も存在しないとしたら,このような命題は偽だからである。ただし,アリストテレスは「人間は動物である」,「ロバは動物である」という命題が必然であると述べているのだから,彼はこのような命題も必然であると主張するであろう。(Ockham, *Summa Logicae*, I, c. 26; OPhI, p. 87, lin. 97-102)[4]

すなわち,「人間は理性的動物である」,「人間は身体と知性的魂から複合された実体である」という命題はアリストテレスによれば必然であるが,しかしオッカムの立場では必然ではない。なぜなら神は人間が存在しない世界を造ることができるからである。このようなオッカムの「必然」「非必然」といった様相概念は一体どのようなものであり,如何なる哲学的立場に基づくのか。それはアリストテレスの様相概念と,どう異なるのか。

2 通時的様相モデルと共時的様相モデル

上述の疑問を解明するために,我々は次にアリストテレスから14世紀のドゥンス・スコトゥス,オッカムまでの様相概念の歴史的発展過程を概観してみよう[5]。アリストテレスには,三つの様相概念が見出される。一つは,常に生じ,変化しないものが「必然」と呼ばれ,或る時に生じ,或る時には生じないものが「非必然」と呼ばれるように,出来事が生ずる統計上の頻度によって様相を定める考えである。第二は,運動や変化における可能態という意味での様相概念である。第三は,通時的な様相概念(diachronic modalities)である。この様相モデルに基づくならば,図(Ⅰ)のごとく,

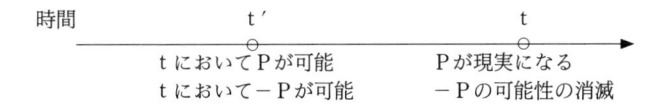

```
時間         t′                    t
─────────○────────────────○────────────▶
      tにおいてPが可能      Pが現実になる
      tにおいて-Pが可能    -Pの可能性の消滅
```

---

4) 拙訳『大論理学註解Ⅰ』97頁。同様の議論は,第Ⅲ-2部第7章(拙訳『大論理学註解Ⅳ』181-182頁,及び訳者註解,註39),第Ⅲ-3部第2章(拙訳『大論理学註解Ⅴ』9頁)でも行なわれている。
5) Simo Knuuttila, *Modalities in Medieval Philosophy*, Routledge, 1993. 拙訳『大論理学註解Ⅰ』訳者註解,論理学者の用いる語,註14,232-235頁を参照。

t′の時点ではtにおいてPであることも，Pでない（－P）ことも可能であるが，しかし後でtの時点でPが現実化された時には，Pでない可能性は消滅する。アリストテレスが『命題論』第9章（19 a 23-27）の中で「存在するものは，それが現実に存在する時，必然的に存在する」と述べているのは，この通時的様相概念に基づいている。

これに対して12世紀前半には，〈全知全能の神は多くの可能な選択肢から自由に選択して，世界を創造する〉というアウグスティヌスの神学上の説の影響を受けて，新しい共時的な様相概念（synchronic alternatives）が登場する。この様相モデルに基づくならば，図（II）のごとく，

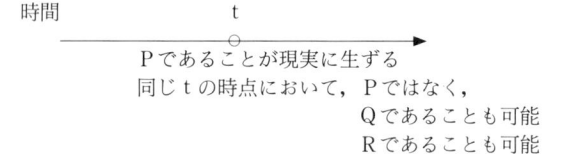

```
時間          t
─────────────○─────────────▶
       Pであることが現実に生ずる
       同じtの時点において，Pではなく，
              Qであることも可能
              Rであることも可能
```

たとえ神がtの時点で多くの選択肢（P，Q，R）からPを選択しPが現実の世界において生ずるとしても，同時に同じtにおいて，Qであることも，Rで有ることも可能である。この様相モデルにおいてQが可能であるとは，Qであることが真である世界を考えることが論理的に矛盾を含まないということに他ならない。Rに関しても同様である。

このような共時的な可能様相概念は14世紀になってはじめて，スコトゥスやオッカム達によって発展し体系化される。スコトゥスは，このような共時的な可能について，次のように述べている。

テキスト① Scotus, *Lec.* I, d. 39, q. 1-5, n. 50（Vaticana XVII, p. 495）

　　この論理的可能性は意志が連続して活動を持つ場合に存在するのではなく，同時に存在するのである。すなわち，意志が或る一つの意志の活動を持つのと同じ瞬間に，同時に意志は反対の活動を持つことが可能なのである。――もし意志が或る瞬間においてのみ存在し，その瞬間において或る事を意志すると仮定されたとしたら，その場合意志は連続して或る事を欲し，それから欲しないということは可能ではないが，しかし意志がaを欲するその瞬間に同時に，aを欲しないことは可能である。すなわち，その瞬間に或る事を欲するということは，意志そのものの本質に属することではないし，それは意志の本性的属性

でもない。従ってそれは，意志に付帯的に伴うことである。然るに，(付帯的に生ずる事柄と) 反対の事柄が，その基体に或る瞬間に矛盾するということはない。それゆえ，この瞬間にaを欲する意志が，同時にaを欲しないことは可能である。こうした論理的可能性は，互いに矛盾しない項に関するものである。

テキスト②　Scotus, *Lec.* I, d. 39, q. 1-5, n. 54, 56 (Vaticana XVII, pp. 497-498)

永遠の瞬間において石が存在することを欲する神の意志は，同じ永遠の瞬間において石が存在することを欲しないことが可能である。……神の意志は永遠の瞬間aにおいて石が存在することを欲し，且つ神の意志は同じ永遠の瞬間において石が存在することを欲しないことが可能である。……

或るものが存在する時，或るものが存在しないことが可能である。あるいはその反対も可能である。この（スコトゥスの）考えに従うならば，時点aにおいてあなたがローマにいることが偽であるとしても，時点aにおいてあなたがローマにいることが真であることは可能だからである。──同様に，時点aにおいて意志が或るものを欲するとしても，時点aにおいて意志がそのものを欲しないことは可能である[6]。

このような共時的様相モデルに基づくならば，例えば神はTの時点で，多くの選択肢からP（火は熱い）を選択し，それゆえ我々の現実の世界W1においては火は熱いという性質を持つ。しかし同時にまた同じTにおいて，Pではなく，QやRであることも可能である。すなわち全知全能の神は，PではなくQを欲し，火が熱くない世界W2を造ることができる。あるいは，神はTの時点で，多くの選択肢（P，Q，R）からP（身体と知性的魂の複合体の存在）を選択し，それゆえ我々の現実の世界W1において人間が存在する。しかし，同時に同じTにおいて，Qであることも，Rであることも可能である。すなわち，同時にまた神はPではなく，Qである，つまり人間が存在しない世界W2を考えることができる。この様相モデル

---

6) このスコトゥスのテキスト全体の解釈については，Simo Knuuttila "Duns Scotus and the Foundation of Logical Modalities," in *John Duns Scotus, Metaphysics and Ethics*, E. J. Brill, 1996, p. 132 を参照。

において，Qが可能であるとは，Qであることが真である世界を考えることが矛盾を含まないということに他ならない。この神の知性によって考えられ認識された，神の知性の中の esse intelligibile であるQは，それが存在することが論理的に矛盾を含まない（cui non repugnat esse）という条件のみを満たすものであるがゆえに，existens（我々の現実の世界に今存在しているもの，過去に存在したもの，未来において存在するであろうもの）とは別な存在の領域に属するものであり，スコトゥスによって「論理的に可能な存在」（esse possibile logicum）と呼ばれる。

3 考えられうるもの esse intelligibile, 論理的に可能な存在 esse possibile logicum

スコトゥスは「論理的に可能」（possibile logicum）ということを，次のように定義している。

テキスト① Scotus, *Ord.*, I, d. 2, p. 2, q. 1-4, n. 262 （Vaticana II, p. 282）[7]

> 私は，次のように述べる。〈論理的可能〉ということは，〈実在的可能〉ということと異なる。このことは，アリストテレス『形而上学』第5巻可能についての章から明らかなごとくである。論理的可能とは，知性によって形成された，その構成要素が矛盾を含まない複合の様態である。……他方，実在的可能とは，実在的なもの（res）の何らかの可能性から得られるものである。

テキスト② Scotus, *Lec.* I, d. 7. q. un. n. 32 （Vaticana XVI, p. 484）

> 論理的可能は，知性によって形成された，それを構成する項が矛盾しない複合の様態を表わすものである。こうした可能は，それを構成する項が矛盾しないということ以外には，如何なる実在性も必要としない。……従って論理的可能は，複合を構成する要素が矛盾しないということだけを必要とするものである。

---

7) dico quod <u>possibile logicum</u> differt possibili reali, sicut patet per Philosophum V Metaphysicae cap. De potentia. Possibile logicum est modus compositionis formatae ab intellectu cuius termini non includunt contradictionem, ……sed possibile reale est quod accipitur ab aliqua potentia in re

テキスト③　Scotus, *Lec.* I, d. 39. q. 1-5. n. 49 (Vaticana XVII, p. 494)[8]
その可能性は論理的可能性である（実在的可能性がそれに対立する）。<u>論理的に可能であるとは</u>，それを構成しうる項が，互いに矛盾せず，一つに結合されることができるという意味で，可能なものの場合である。それは，実在的なものの側の何らかの可能性ではない。

　これらのテキストから，次のことが明らかとなる。先ず第一に，スコトゥスの言う「論理的に可能な存在」とは，如何なる実在性（realitas）も必要としないものである。すなわち，たとえ我々の現実の世界に今存在していないとしても，過去に存在したことがないとしても，未来において存在するであろうことがないとしても，論理的に存在可能なものの存在領域を，スコトゥスは神の知性の内に措定している。第二に，そのような「論理的に存在可能なもの」は神の知性によって形成され，考えられ，認識されうるもの esse intelligibile であるから，矛盾を含まないものでなければならない。なぜなら，全知全能の神はその絶対的能力によってあらゆることができるが，矛盾を含むことはできないというのが中世哲学に共通な理解であり，従って，神によって考えられ，認識され，可能世界において生じさせられうる「論理的可能な存在」とは，矛盾を含まないものでなければならない。すなわち，〈Qが論理的に可能である〉とは，〈Qが矛盾を含まない〉ということに他ならない[9]。ただし，より詳しく述べるならば，矛盾を含まないということには二通りある。（1）一つは，Qが存在することが論理的に矛盾を含まないということである（cui non repugnant esse）。この基準によって，例えばキマエラ[10]は，論理的に可能な存在か

---

8)　alia potentia, quae est <u>logica</u> (cui etiam correspondet potentia realis). <u>Potentia logica</u> non est aliqua nisi quando extrema sic sunt possibilia quod non sibi invicem repugnant sed uniri possunt, licet non sit possibilitas aliqua in re.

9)　スコトゥスは「存在するということが，形相的にそのものに矛盾しない」(formaliter non repugnat ex se sibi esse)，すなわち，〈それが存在するということは，それが形相として持つ内在的な本性によって，そのものに矛盾しない〉と繰り返し述べている。それゆえ，ここでの矛盾とは，単なる言葉における矛盾ではなく，存在するものの側における矛盾である。

10)　Scotus, *Ordinatio* I, d. 36, q. unica. n. 60-61; Vaticana VI, p. 296. 中世哲学においては，異なった種を同時に持つ個体の例としてキマエラがしばしば用いられる。ライオンであって山羊であること，あるいは人間であってロバであることは矛盾を含むから，存在す

ら排除される。(2) いま一つは, 存在可能なもの, すなわち可能世界を構成する項 (Q, R, S, T, ……) が互いに矛盾せず, 両立可能なことである[11]。

4 オッカムにおける自然的必然と論理的必然の区別

以上から, 冒頭で述べたオッカムの『大論理学』の議論に対する疑問も解決される。本書第 I 部の第2－3章で述べたごとく, オッカムはスコトゥスの学説をしばしば批判しているけれども, ①様相を可能世界に基づいて考察している点で, ②我々の現実の世界には今実在していないし, また過去にも未来にも実在しないが, しかし論理的に存在可能なものを認めている点で, オッカムは基本的にスコトゥスに従っている。すなわち, オッカムはスコトゥスと同様, 新しい様相概念に基づき, アリストテレス以来の伝統的様相理論を再構成し, 必然を自然的必然と論理的必然とに区分する。先に引用されたテキストでオッカムが述べているごとく, 神が我々の現実の世界Wと別な世界 W1を造るのには二つの場合がある。ひとつは神が, 我々の現実の世界Wにおいて存在する実体の種Xが存在しないような世界 W1を造る場合である。例えば神が, 人間の存在しない世界を造る場合がそうである。いまひとつは, 我々の現実の世界Wにおいては実体Xは性質Pを持つが, 実体Xが性質Pを持たない, あるいはPと別な性質Qを持つ世界 W1を神が造る場合である。例えば神が, 火が熱いという性質を持たない世界を造る場合がそうである。この後者の, 実体Xと性質Pとの関係に関して, オッカムは冒頭に引用されたテキストと同じ箇所で, 二通りの必然を区別して次のように述べている。

テキスト① Ockham, *Summa Logicae* I, c. 25 (OPhI, p. 83, lin. 50-53)[12]

分離されうる付帯性とは, 基体が消滅することなしに, その基体から自然本性的に (per naturam) 取り去られることが可能なものである。他方, 分離されえない付帯性とは, 基体が消滅することなしに, その

───────

ることは論理的に不可能であると, スコトゥスは述べているのである。

11) 従って「矛盾を含まない」とは, ただ単に〈Aであり, 且つAでないことは有り得ない〉ということだけではない。

12) 拙訳『大論理学註解 I』90頁。

基体から自然本性的に取り去られることが不可能なものである。無論，分離されえない付帯性といえども，神のちからによって (per divinam potentiam) 基体から取り去られることは可能であるけれども。

テキスト②　Ockham, *Summa Logicae* I, c. 24 (OPhI, p. 79, lin. 24-27)[13]
「笑うことができる」ということは，このような意味で人間の固有性である。笑うことができるということは，すべての人間に適合し，人間にのみ適合し，常に適合するからである。<u>神は人間を，彼が笑うことができないように造ることは不可能である</u>。人間は真に笑うことができる者であり，それゆえ人間が笑うことは，何ら矛盾を含んでいないのだからである。

これらのテキストにおいてオッカムは，神のちから (divina potentia) と自然本性 (natura) とを対比して，実体Xが性質Pを持つケースを三つに分類している[14]。そして，オッカムの議論にしばしば出てくる「神はそのちからによって……を行なうことが可能である」とは，3で述べられたごとく，そのことが矛盾を含まず，論理的に可能であるということと同値である。

（1）第一は，性質Pが分離されうる付帯性であり，我々の現実の世界Wにおいて，実体（基体）Xから性質Pが自然本性的に分離されることが可能な場合である。この場合，Pは自然本性的に非必然である。

（2）第二は，性質Pが分離されえない付帯性であり，我々の現実の世界Wにおいては，実体（基体）から性質Pが自然本性的に分離されることは不可能であるが，神のちからによって分離することは可能な場合である。この場合，我々の現実の世界Wにおいては，実体Xは常に性質Pを持ち，Pは自然本性的必然性を持つが，しかし神は，実体Xが性質Pを持たない世界W1を造ることが可能である。例えば神が，

---

13) 前掲拙訳，85-86頁。
14) ここでの私の解釈は，その多くを次の二つの論文に負うている。
André Goddu, *The Physics of William of Ockham*, Brill, Leiden, 1984, pp. 64-72.
Martin kusch, "Natural Necessity in William of Ockham" in *Knowledge and the Science in Medieval Philosophy, Proceeding of the Eighth International congress of Medieval Philosophy* II, Hersinki, 1990, pp. 234-239.

火が熱いという性質を持たない世界を造る場合がそうである。すなわち，Ｐは論理的には非必然である。実体Ｘが性質Ｐを持たない世界を考えることは，何ら矛盾を含まないからである。

（3）　第三は，性質Ｐが固有性であり，神は実体Ｘが性質Ｐを持たない世界を造ることが不可能な場合である。例えば人間が存在し，彼が笑うことができるという性質を持たない世界を，神は造ることができない。このことは矛盾を含んでいるからである。この場合，Ｐは論理的必然性を持つ[15]。

これらのテキストから，オッカムが必然を自然的必然と論理的必然とに区分していることは明らかである。このことによって，冒頭で述べた疑問も解決される。例えば我々の生きている現実の世界においては，火は熱いという性質を持つ。このことは我々の世界の自然の法則に基づく不変なことであり，その限りにおいて火は自然本性的必然性を持つ。しかし同時にまた，火が熱いという性質を持たない世界が神によって考えられ，神が火を冷たいものにすることも可能である。スコトゥスも次のように述べている。

> 被造物においては，原因と原因によって生じたものとの間の自然的な連結は無条件に必然ではない。……多くの自然的な原因は，原因の側からするならば，結果を生じさせないということは有り得ず，従って，——原因の側からするならば——，或る限られた意味において必然であると言えるが，しかし無条件に必然ではない。例えば火は，それ自身の側からするならば，熱しないということは有り得ないが，神の協力なしに，火がそれだけで熱するということは可能ではない。
> (Scotus, *Ord*. I, d. 8, p. 2, q. un., n. 306; Vaticana IV, p. 328, lin. 5-19)

---

15)　笑うことができるということが人間の固有性であり，人間のみが笑うことができるとは，人間のみが理性を持つということと同義である。笑いは理性を有するもののみが行なうことができるという説は，アリストテレス以来中世哲学においては一般に認められている考えだからである。それゆえ，もし人間という実体が世界Ｗにおいて存在するとしたら，人間の本質の内に理性を持つということが属しているのであるから，人間が，笑うことができるという性質を持たないことは論理的に矛盾する。「神でさえも，人間が，笑うことができる性質を持たない世界を造ることができない」とオッカムが述べているのは，このような理由による。

補遺　スコトゥス，オッカムにおける様相論理と可能世界論　　117

それゆえ「火は熱い」という命題は，オッカムによれば，必然ではなく，論理的に非必然な命題である。同様に，「人間は動物である」という命題も自然本性的必然性を持つが，しかし論理的には非必然である。人間が存在しない世界を考え，造ることが神には可能だからである。すなわち，「論理的必然性」とはすべての可能世界において成立する強い意味での必然であり，全知全能の神もそれを変えることができない。他方，「自然的必然性」とは或る特定の現実世界において成立している自然の因果関係に基づく弱い意味での必然であり，このような必然は神によって変えられることができるがゆえに，論理的には非必然である。アリストテレスが「人間は動物である」という命題を必然であると述べているのは，この自然的な弱い意味での必然においてであり，しかしオッカムの様相理論によれば，このようなアリストテレスの言う必然は論理的には非必然である[16]。こうしたスコトゥス，オッカムの存在論は，ライプニッツやデカルトの永遠真理創造説といった近世哲学に影響を与え，更にまた現代哲学の可能世界意味論とも類似したアイデアを持つ。

---

16) このようなアリストテレスとオッカムの相違は，『大論理学』第Ⅰ部第24-26章だけでなく，第Ⅲ部-2，第7章においても見出される。その箇所においてもオッカムはアリストテレスから離れ，論証に必要とされる自体的に真である命題 (propositio per se vera) を狭義と広義の意味に分類し，「厳密な意味での自体的に真である命題は厳密な意味で必然でなければならない」ことを強調している。すなわち「すべての人間は動物である」という命題はアリストテレスの見解に従うならば必然であるが，オッカムによれば非必然である。オッカムの立場に立つならば，すべての被造物が非必然であり，如何なる人間も存在しないことが可能だからである。それゆえオッカムは，厳密な意味での自体的に真である命題の範囲を狭め，「すべての人間は動物である」が自体的に真である命題であることを否定している（拙訳『大論理学註解Ⅳ』181-182頁）。

第II部

言語と論理について

更に『大論理学』の，存在についての議論だけでなく，言語や論理についての議論においても，序論で述べられた〈心の内の言葉と，心の外のものを区別しようとする〉オッカムの哲学的意図が明確に見出される。第一にオッカムは，外界の事物の存在についてのポルピュリオスのテーゼを，言葉に関わる論理についての議論へと転換して解釈することを提案しているからである（第4章）。第二にオッカムは，第Ⅱ部，Ⅲ部-1の中で様相命題を，分離された意味において（in sensu divisionis）用いられる様相命題と，結合された意味において（in sensu compositionis）用いられる様相命題とに区分し，心の外の事物（res）について語る言語のレベル1の命題と，外界の事物（res）を表示し，代示する[1]レベル1の命題そのものについて語る言語のレベル2の命題を区別し，言語の階層というアイデアを彼の論理学の中に導入しているからである（第5章）。更に，本書のⅠ．存在についての第2章で論じられた〈心の外に共通本性の存在を認めるべきか否か〉という問題に関するスコトゥス学派の偽リカルドゥス（Ps. Richardus de Campsall）との論争の中でオッカムは，外界の事物（res）についての言明である述語づけの遂行態（actus exercitus）と，外界の事物を表示する記号である言葉，あるいは心の内の言葉である概念そのものについての言明である述語づけの表示態（actus signatus）との区別を導入しているからである（第6章）。これらは，言葉の指示機能である代示（suppositio）の問題とも関わる。

---

1) 表示（significatio）と代示（suppositio）の相違については，拙著『オッカム「大論理学」の研究』第3章「代示の理論の歴史的発展過程におけるオッカムの位置」を参照。

第4章

オッカムのポルピュリオス註解
――存在についての議論を，論理についての議論へと転換する――

本章の参照テキスト
① Ockham, *Summa Logicae*, I, cap. 20-23. OPhI, pp. 67-78. 渋谷訳『オッカム「大論理学」註解Ⅰ』創文社，1999，73-84頁。

　オッカムは『大論理学』第Ⅰ部第20－23章において，類，種，種差といった普遍に関するポルピュリオス『イサゴゲー』を註解している。彼のポルピュリオス註解は極めて特異なものであり，それは，オッカムの哲学の基本的な立場と密接に関わっていると考えられる[2]。
　ポルピュリオスは，次の五つのテーゼを述べている。
1．類は種よりも本性的により前である．(Genus est prius naturaliter quam species)
2．類が除去されると，種も除去される．(Interemptis generibus intermuntur species)
3．類も種も，それらが述語づけられるところのものよりもより前である．(Genus et species priora sunt ad illud de quo praedicatur)
4．種差は，事物の本質的部分である．(Differentia est pars essentiae rei)
5．類は自らのうちに，すべての種差を可能態において持つ．(Genus potestate quidem omnes habet sub se differentias)

---

[2] 拙訳『大論理学註解Ⅰ』訳者註解，五つの普遍，註52, 218-227頁, Katsumi Shibuya, "William of Ockham's Commentary upon Isagoge of Porphyry" VERITAS, Kyodai Studies in Medieval Philosophy, XVII, 1998, pp. 90-97 を参照。

オッカムは『大論理学』の中で，これらのテーゼに対して非常に特徴的な解釈を行なっている。筆者は先ず第一に，何故オッカムがそのような解釈を行なっているのか，その意図を考察し，更にこうしたオッカムの解釈の根底にある彼の哲学的立場を明らかにしたい。

（一） 類は種よりも本性的により前である

オッカムは，ポルピュリオスの「類は種よりも本性的により前である」というテーゼを，第Ⅰ部第22章の中で[3]次のように解釈している。

> 類は種よりも本性的により前である。このことは，あたかも〈類概念は種概念よりも本性的に先に存在する〉ということを言っているかのごとくに理解されるべきではない。なぜなら種概念は，類概念の存在なしに，心の中に存在することが可能であり，又その逆も可能だからである。それゆえ，「ソクラテスは人間である」という命題を形成する場合，人は必ずしも，ソクラテスの類概念をすべて心の中に有している必要はないのである。むしろ，「類は種よりも本性的により前である」という命題によって，著者が言わんと意図しているのは，類は種よりも共通であるということに他ならない。(Ockham, *Summa Logicae* I, c. 22; OPhI, p. 72, lin. 35-43)

同様の解釈は，オッカムの『ポルピュリオス，イサゴゲー註解』第8章においても行なわれている。

> 類は種よりも本性的により前である。……ここで彼は，「より前」ということを，より共通であるという意味で用いていることが理解されなくてはならぬ。(Ockham, *Expositio in Librum Porphyrii de Praedicabilibus*, cap. 8, §5; OPhII, p. 107, lin. 3-7)

オッカムの解釈の特徴は，このポルピュリオスのテーゼの持つ存在論的意味合いを取り去り，このテーゼを論理的観点から解釈し直した点にある。ポルピュリオスの註解において，オッカムが第一に主張するのは，類は外

---

[3] 前掲拙訳，78頁。

界の事物の本質に属するものではないということである。むしろ類は外界の多くの個物に述語づけられ，それらを表示する心の中の概念（intentio animae）なのである。同様に種も心の中の概念であり，何であるかという点に関して外界の多くの個物に述語づけられ，それらを表示するけれども，しかし外界の事物の本質に属するものではない[4]。類と種は，表示の仕方においてのみ異なるのである。

かくしてオッカムは，ポルピュリオスの「類は種よりも本性的により前である」というテーゼを次のように解釈する。この類と種の間に成立する序列は，これまでしばしば外界の事物の側の秩序，すなわち外界の事物の諸部分の存在論的な序列を意味するものとして誤って解されてきた。しかし，こうした類と種の序列は，外界の事物を表示する記号である概念どうしの関係として理解されるべきなのである。このテーゼが意味しているのは，〈類である概念は，種である概念よりも本性的により前である〉ということに他ならないのである。しかしそれは，〈心の中の種概念の存在は，類概念の存在を前提にしている〉という意味で「類が種よりも本性的により前である」といわれているのではない。なぜなら，種概念が，類概念の存在なしに，心の中に存在することはありうることだからである。そうではなくて，「より前」ということは，より共通であるが故に，より多くの事物に述語づけられうるという意味に解されるべきである。すなわちオッカムによれば，「類が種よりもより前である」とは，存在論的な意味でより前なのではなく，論理学的な意味でより前なのである。このポルピュリオスのテーゼは，類が種よりもより共通な概念であり，種よりもより多くの事物を表示する記号であることを言わんとしているのだからである。

（二） 類が除去されると，種も除去される

同様にオッカムは，ポルピュリオスの第二のテーゼ「類が除去されると，種も除去される」を次のように解釈する。

---

[4] 『大論理学』第Ⅰ部第20-21章，前掲拙訳，73-77頁。

類が除去されると，種も除去されるが，〔その逆は真ではない〕。この相異は実在的な除去（interemptio realis）の意味で，すなわち，もし類が消滅するならば必然的に種も実在的に消滅するが，しかしその逆ではないという意味に解されるべきではない。このことは，誤っているからである。なぜなら，たとえ人間やロバに述語づけられることが可能な類である「動物」という概念が私の心の中に存在することをやめ，従って消滅するとしても，しかしだからといって必ずしも，種である「人間」という概念が私の心の中で存在することをやめるとは限らないからである。むしろ上述の相異は，論理的な除去（interemptio logicalis）の意味で，すなわち，類の否定から種の否定への推論は妥当であるという意味に解されるべきである。例えば，〈動物は存在しない．ゆえに，人間は存在しない〉という推論は成立するが，その逆は成立しない．同様に，〈aは動物ではない．ゆえに，aは人間ではない〉という推論は成立するが，その逆は成立しない．同様に，〈どの動物も走らない．ゆえに，どの人間も走らない〉という推論は成立するが，その逆は成立しない．(Ockham, *Summa Logicae* I, c. 22; OPhI, p. 73, lin. 49-61)[5]

同様の解釈は，オッカムの『ポルピュリオス，イサゴゲー註解』第8章にも見出される。

　　上述の場合と同様に，次のことが理解されなくてはならぬ。「類が除去されると，種も除去されるが，その逆は真ではない」というのは，類の否定から種の否定への推論は成立し妥当な推論であるが，その逆は成立せず妥当な推論ではないからである。すなわち，〈aは動物ではない．ゆえに，aは人間ではない〉という推論は正しいが，その逆は正しくない．(Ockham, *Expositio in Librum Porphyrii de Praedicabilibus*, cap. 8, §5; OPhII, p. 107, lin. 7-12)

ここでのオッカムの解釈が，ポルピュリオスについての伝統的な解釈に反するものであることは明らかである。中世の伝統的な解釈では，「類が除去されると，種も除去される」というこのテーゼは，種は類に実在的に

---

[5] 『大論理学』第Ⅰ部第22章，前掲拙訳，79頁。

依存するという意味に解されてきた。しかしオッカムの解釈によれば、このテーゼは、純粋に心の中の概念どうしの間の論理的な関係を意味するものとして解されるべきなのである。

更にオッカムによれば、「類が除去されると、種も除去される」というポルピュリオスのテーゼは、実在的な除去（interemptio realis）の意味で、すなわち、もし類が消滅するならば必然的に種も消滅するという意味に解されるべきではない。なぜなら、たとえ「動物」という類概念が私の心の中に存在することを止め、消滅するとしても、しかしだからといって必ずしも、「人間」という種概念が私の心の中で存在することをやめるとは限らないからである。むしろ、このポルピュリオスのテーゼは、論理的な除去（interemptio logicalis）の意味で、すなわち、類の否定から種の否定への推論は妥当であるという意味に解されるべきである。つまり、このポルピュリオスのテーゼが意味しているのは、〈a は動物ではない。ゆえに、a は人間ではない〉という推論が妥当であるということに他ならない。

(三) 類も種も、それらが述語づけられるところのものよりもより前である

更にオッカムは、ポルピュリオスの「類も種も、それらが述語づけられるところのものよりもより前である」という第三のテーゼを、『大論理学』第I部第22章の中で次のように解釈している。

> 両者（類と種）いずれも、それが述語づけられるところのものよりもより前である。このことは、実在の世界において類や種は個物よりもより前であるという意味に解されるべきではない。このことは、誤りだからである。なぜなら心が存在していなくても、個物は存在することが可能であるが、種や類は、心が存在していなければ、存在することが不可能だからである。むしろ、種と類の両者いずれも「より前」と言われているのは、個物から類や種への推論は妥当であるが、その逆の推論は妥当ではないからである。(Ockham, *Summa Logicae* I, c. 22; OPhI, p. 73, lin. 72-p. 74, lin. 77)[6]

同様の解釈は，オッカムの『ポルピュリオス，イサゴゲー註解』第8章第2節にも見出される。

　　……類も種も，それらが述語づけられるところのものよりもより前である。

　　　ここでの「より前」とは，存在においてより前（in esse）という意味ではなく，推論においてより前（secundum prioritatem consequentiae）であるという意味に解されなくてはならぬ。なぜなら，個物の存在のために，種や類の存在が必要とされることはないからである。そうではなくて，「類も種も，それらが述語づけられるところのものよりもより前である」と言われるのは，〈個物から，個体代示を行なっている種への，同様に個物から個体代示を行なっている類への〉推論が正しく，その逆は正しくないからである。(Ockham, *Expositio in Librum Porphyrii de Praedicabilibus*, cap. 8, §2; OPhII, p. 105, lin. 3-9)

　すなわち，「類も種も，それらが述語づけられるところのものよりもより前である」というポルピュリオスの第三のテーゼに関して，オッカムは次の解釈を提出している。このテーゼは，〈存在において類は種よりも本性的により前であり，更に種は個物よりも本性的により前である〉という意味に解されるべきではない。なぜなら，オッカムによれば，類も種もいずれも心の中の概念であり，そして外界の個物はたとえ心が存在していなくても存在することが可能であるが，他方類や種は心が存在していなければ，存在することが不可能なのだから，存在においては個物の方が，類や種よりもより前だからである。むしろ，ポルピュリオスの言う「類も種も，それらが述語づけられるところのものよりもより前である」というテーゼは，個物と類と種との間の推論の論理的関係を意味するものとして解されるべきである。すなわち，「類も種も，それらが述語づけられるところのものよりもより前である」と言われているのは，個物から類や種への推論は妥当であるが，その逆の推論は妥当ではないからである。例えば，このテーゼが意味しているのは，命題の主語（「ソクラテス」，「人間」）が個体代

---

　6) 『大論理学』第Ⅰ部第22章，前掲拙訳，79-80頁。

示[7]を行なっている場合，個物から種への推論〈ソクラテスは走る．ゆえに，人間は走る〉は成立するが，その逆の推論〈人間は走る．ゆえに，ソクラテスは走る〉は成立しないということである。

(四) 種差は，事物の本質的部分である

更にオッカムは，ポルピュリオスの「種差は，事物の本質的部分である」という第四のテーゼを，彼の『ポルピュリオス，イサゴゲー註解』第3章と『大論理学』第I部第23章において解釈している。先ず第一にオッカムは，種差が外界に存在する事物の本質に属する部分であることを否定する。オッカムによれば種差は，①心の中の概念であり，それゆえ，②事物の本質的部分そのものではなく，むしろ事物の本質的部分を表わす（exprimere）ものなのであり，③それは，事物の形相的部分そのものではないが，しかし定義の中で，形相と類似の役割を果たす部分であることから，類比的に「事物の本質的部分」と呼ばれるのである。ポルピュリオスの『イサゴゲー』第3章の中の「種差は，事物の何であるかということに寄与する，事物の何であるかという本質的部分である」（εἰς τὸ εἶναι συμβάλλει καὶ εἰς τὸ τί ἦν ἐῖναι, καὶ ὃ τοῦ πράγματός ἐστι μέρος）[8]という語句を註解して，オッカムは次のように述べている。

　　ここにおいて先ず第一に，ポルピュリオスは<u>「種差が事物の部分である」と言おうと意図していたのでも，「種差が事物の本質に属する」と言おうと意図していたのでもない</u>ということが注意されなくてはならぬ。それゆえ，「種差は事物の何であるかということに寄与する，事物の本質的部分である」と述べているテキストは，次のように解されるべきである。「種差は事物の何であるかということに寄与する」とはすなわち，何であるか——事物の本質を表わす定義の中に措定されるものだということである。そして，「それが事物の本質的部分で

---

7) 個体代示（suppositio personalis）に関しては，『大論理学』第I部第64章（拙訳『大論理学註解II』76-78頁）を参照。

8) Scholia in Aristotelem, ed. Bekker, Aristotelis Opera IV, 1961, 4a5-6.

ある」とは，事物の本質全体を表わす定義の中に，いわば定義の部分として，定義される事物の部分を表わすものとして措定されるということである。それゆえ，〈事物の部分である〉ということが種差の特質に属するのではなく，むしろ〈定義の部分であり，事物の部分を表わす〉ということが種差の特質に属するのである。(Ockham, *Expositio in Librum Porphyrii de Praedicabilibus*, cap. 3, §13; OPhII, p. 78, lin. 19-28)

オッカムは，同様の解釈を彼の『大論理学』第Ⅰ部第23章においても述べている。

テキスト（1）[9]

このような種差は事物の本質に属するものではなく，心の或る概念であり，「何であるか」という点に関してではないが，その概念のうちに含まれる諸々のものに述語づけられる。(Ockham, *Summa Logicae*I, c. 23; OPhI, p. 75, lin. 35-36)

テキスト（2）[10]

種差が「本質的な種差」と呼ばれるのは，事物の本質に属しているからではなく，事物の本質的部分を表わしているからである。(Ibid. OPh I, p. 75, lin. 47-49)

テキスト（3）[11]

「種差は種の部分である」とはすなわち，種差は，種によって表示されている事物の部分を表わしているということである。あるいは種差は，種が表示するのと同じ事物を表示している定義の部分であるということである。(Ibid. OPhI, p. 77, lin. 95-98)

テキスト（4）[12]

従って種差は，或る心の概念であり，事物の特定の部分を表わすものであり，種差と置き換えられうる種が「それが何であるか」(in quid) という点に関して述語づけられるのと同じ事物に，「どの様な

---

9) 拙訳『大論理学註解Ⅰ』81頁。
10) 前掲拙訳，82頁。
11) 前掲拙訳，83頁。
12) 前掲拙訳，83-84頁。

ものであるか」(in quale) という点に関して述語づけられるものである。(Ibid. OPhI, p. 77, lin. 101-103)

オッカムの意図が,このポルピュリオスのテーゼを,伝統的な存在論的な解釈から切り離そうとするものであることは明らかである。もし誰かが伝統的な解釈に基づいて,「種差は事物の〈形相的部分〉と呼ばれ,類は事物の〈質料的部分〉と呼ばれる」と反論するならば,オッカムは次のように答えている。

オッカムの解答(一)

上述のことから,「類は事物の質料であり,種差は形相である」という言い方が正しくないことは明らかである。なぜなら,外界の事物の内には個別的な質料と形相以外には何も存在しないのであるから,類が事物の内に存在することはないからである。(Ockham, *Expositio in Librum Porphyrii de Praedicabilibus*, cap. 3, §10; OPhII, p. 73, lin. 107-109)

オッカムの解答(二)

Dicendum est ergo breviter quod non est intentio auctoris quod omnis species vel substantia componitur ex genere et differentia, nec quod differentia praecise significant formam, quia alia significat formam et alia materiam; nec quod genus sumatur a material plus quam a forma, sed totum importat. Sed intentio sua est quod genus et differentia component definitionem ……. Vult etiam quod sicut in rebus composites aliud est material et alia forma, …… <u>ita in definitione genus est loco materiae respectu differentiae et habet aliquam condicionem materiae, quia scilicet sicut materia est prior natura ipsa forma, et forma advenit materiae, ita in definitione genus, quod est quaedam intentio vel conceptus in anima, praecedit ipsam differentiam, et differentia advenit sibi; et ita in definitione differentia ponitur loco formae,</u> ……

それゆえ,簡潔に次のように言われなくてはならぬ。著者ポルピュリオスは,「すべての種や実体が,類と種差から構成されている」と

言おうと意図しているのではない。また,「種差が截然と形相を表示している」と言おうと意図しているのでもない。なぜなら,或る種差は形相を表示し,或る種差は質料を表示しているのだからである。更にまた,「類は形相よりも質料からとられる」と言おうと意図しているのでもない。類は全体を意味しているのだからである。そうではなくて,彼が言おうと意図しているのは,類と種差が定義を構成するということである。……更に著者は,「多くのものから構成された結合体である事物において,或るものは質料であり,或るものは形相であるのとちょうど同じ様に,<u>定義においても類は種差に対して質料のごときもの（loco materiae）であり,質料のごとき立場にある</u>」ことを言わんとしている。<u>なぜなら,ちょうど質料が形相よりも本性的により前であり,形相が質料に付け加わるのと同じ様に,定義においても,心の中の或る概念あるいは懐抱である類は種差に先立ち,種差が類に付け加わるのだからである。それゆえ,定義においては,種差は形相のごときもの（loco formae）として措定される</u>。(Ockham, *Expositio in Librum Porphyrii de Praedicabilibus*, cap. 3, §10; OPhII, p. 74, lin. 116-130)

オッカムの解答（三） オッカムは『大論理学』第Ⅰ部第23章においても,種差が形相と呼ばれる理由を,同じように説明している。

たとえ或る種差が質料からとられ,或る種差が形相からとられるとしても,すべての種差は,それが定義の中に置かれる時には,形相と類似なものとされる。<u>なぜなら,形相は質料に付け加わるものであり,質料を前提とするのとちょうど同じ様に,すべての種差は定義の中で類に付け加わるものであり,それゆえ先ず第一に類が指定され,次に第二に種差が措定されるべきだからである</u>。このことは,措定されるべき種差が形相からとられるものであれ,質料からとられるものであれ,同じである。かくして,もし物体が定義されなければならないとすれば,「物体は質料的実体である」と定義されるべきであり,そこにおいて「実体」が類として第一に措定され,次に「質料的」が種差として第二に措定される。(Ockham, *Summa Logicae* I, c. 23; OPhI, p. 76, lin. 59-66)[13]

第4章　オッカムのポルピュリオス註解　　　131

すなわちオッカムによれば,「種差が事物の形相的部分である」という命題は,種差が外界の事物の内に存在するものであることを意味しているのではない。むしろ,種差は心の中の概念であり,事物の定義の内に置かれるものなのである。もし誰かが,では何故種差は「形相的部分」と呼ばれるのかと問うならば,オッカムは次のように答える。その理由は,種差はすべて,それが定義の内に置かれるならば,形相のごときもの (loco formae) として働くからである。定義の中での種差の役割は,外界の事物における形相の役割に比せられる。なぜなら,事物において形相は,先在する質料を前提とし,それに付け加えられるものであり,それとちょうど同じ様に,定義において種差は常に類に付け加えられるものだからである。それゆえ,オッカムによれば,種差も類比的に「形相」と呼ばれるのである。多くの伝統的な解釈者達は,①定義の形相的部分であることと,②定義によって表示された事物の形相的部分であることとを混同する誤りを犯している。我々は両者を区別しなければならない。①は言葉,あるいは心の内の概念に属することであり,②は心の外の事物の側に属することだからである。オッカムの解釈によれば,ポルピュリオスは①種差が外界の事物の本質を表わし (exprimere),事物の定義の形相的部分であると主張しているのであって,②種差が外界の事物の形相的部分であると主張しているのではない。

　無論,このようなオッカムの解釈が,ポルピュリオスに忠実な解釈であるかどうかは別の問題である。第四テーゼを説明してポルピュリオスは,「例えば航海するように生まれついていることは人間の特性であっても,種差ではない。航海するように生まれついていることは,人間の本質を構成する要素でも,人間の本質の部分でもなく,単に人間の特性の一つにすぎないからである」と述べており[14],このことから考えるならば,オッカムの読み方はポルピュリオスに忠実な解釈であるとは言えないであろう。しかし,ポルピュリオスのテキストを強引に,〈種差は心の外の事物の本質的部分ではなく,外界の事物の本質を表わし,表示する定義の部分であ

---

13) 前掲拙訳, 82頁。
14) Scholia in Aristotelem, ed. Bekker, Aristotelis Opera IV, 1961, 4a6-11.

り，心の中の概念である〉と読むオッカムの解釈は彼の哲学の基本的な立場に基づくものであり，そのうちに，序論で述べた〈心の内の言葉と，心の外のものを区別しようとする〉オッカムの哲学的意図が明確に見出される。

（五）　類は自らの内に，すべての種差を可能態において持つ

第五のテーゼは，ポルピュリオスによって「類（動物）は自らの内に，すべての種差（理性的）を可能態において持つが，現実態においてはどれ一つ持たない」($δυνάμει\ μέν\ πάσας\ ἔχει\ τὰς\ τῶν\ ὑφ'\ αὐτο\ δταφοράς, ἐνεργείᾳ\ δὲ\ οὐδεμίαν$)[15]と言われている。オッカムはこのテーゼを次のように解釈している。

　　……genus non habet potestate differentiam, quasi sit aliquid in potential ad recipiendum differentiam, nec species habet actu differentiam quasi aliquid intrinsecum sibi; quia nulla istarum intentionum est intrinseca alteri, nec aliqua est receptive alterius; sed 'habere differentiam potestate' hic vocatur recipere praedicationem ipsius differentiae in particulari propositione, sic dicendo: 'animal vel aliquod animal est rationale'; ideo genus differentias divisivas habet potestate, non actu —— hoc est, nulla differentia praedicatur vere de genere in propositione universali, sicut haec non est vera 'omne animal est rationale'. Et isto modo species habet actu differentiam, quia de ipsa universaliter sumpta praedicatur differentia. Et ex hoc patet quod oppositas differentias esse circa idem potentialiter non est aliud quam oppositas differentias praedicari de eodem genere particulariter sumpto, et hoc non est inconveniens sicut non est inconveniens subcontrarias esse simul versa. Sed oppositas differentias esse circa idem actu, hoc est

---

15) Ibid., 3b30–31.

praedicari de aliquo universaliter sumpto, est impossibile.

Ex praedictis patet quod habere aliquid in potentia vel in actu aequivoce accipitur in logica et in scientia reali, cuius aequivocationis ignorantia facit multas propositiones logicales male intelligi.

〈類が種差を可能態において持つ〉とは，類は種を受け取る可能態においてあるということではない。同様に，〈種は種差を現実態において持つ〉とは，種差は種に内在するものであるということではない。これら（類，種，種差）の概念はいずれも，一方が他方に内在するものではないし，また，一方が他方を受け取るものでもないからである。そうではなくて，この箇所で〈類が種差を可能態において持つ〉と言われているのは，「動物，あるいは或る動物は理性的である」と言うことによって，特称命題の形式において，類は種差の述語づけを受け取るからなのである。類が，区分する種差を現実態においてではなく，可能態において持つのは，この理由からである。——すなわち全称命題の形式においては，種差は類に真に述語づけられることはない。例えば，「全ての動物は理性的である」という命題は真ではない。他方，種はこの意味で種差を現実態において持つ。なぜなら，全称命題の形式において，種差は種に述語づけられるからである。このことから，次のことが明らかである。〈同じものに関して，相対立する種差が可能態においてある〉とは，特称命題の形式において同じ類に，相対立する種差が述語づけられうるということに他ならない。このことは，何ら不都合ではない。それはちょうど，小反対対当の関係にある二つの命題が同時に真であることが不都合でないのと同様である。しかし，〈同じものに関して，相対立する種差が現実態においてある〉ということ，すなわち全称命題の形式において或る同じ類に，相対立する種差が述語づけられることは不可能である。

以上述べたことから，〈或るものを可能態において持つ，あるいは現実態において持つ〉ということが，論理学と実在的学とにおいて同名異義的に解されていることは明らかである。このような同名異議的な用法に無知であることが，多くの論理学の命題を間違って理解させ

ているのである。(Ockham, *Expositio in Librum Porphyrii de Praedicabilibus*, cap. 3, §9; OPhII, p. 70, lin. 49-67)

オッカムは『大論理学』第Ⅰ部第23章においても同様の解釈を行なっている。

> ポルピュリオスが,「種差は,類のうちに可能態においてある」と述べた時に,彼が言わんと意図していたのは,<u>種差は類に全称命題の形式において述語づけられるのではなく,単に特称命題の形式においてのみ述語づけられる</u>ということに他ならない。(*Ockham, Summa Logicae* I, c. 23; OPhI, p. 77, lin. 98-100)[16]

オッカムの解釈によれば,ここでの〈可能態において in potentia〉〈現実態において in actu〉という表現は,事物の実在的関係を意味するものではない。むしろ,これらの表現は類と種差の論理的関係を意味しているものとして解されるべきである。それゆえ,ポルピュリオスが「種差は,類のうちに可能態においてある」と述べた時に,このポルピュリオスのテーゼが意味していることは,種差は類に全称命題の形式においてではなく,特称命題の形式において述語づけられるということに他ならない。〈可能態において〉という表現は,論理学と実在的学とにおいて同名意義的に用いられているのである。オッカムは両者の相違を明確にする。

結　論
―― オッカムの解釈の意図 ――

このようなポルピュリオス解釈において,オッカムは次のことを意図している。第一は,類や種や種差が外界に実在的に存在する事物の本質に属するものでないことを強調することである。オッカムによれば,類や種や種差はむしろ,外界の多くの事物を表わし,表示する心の中の概念である。ここにおいてオッカムは,類や種や種差を心の外から,心の内へと移行させている。このことは彼の哲学の基本的な立場と密接に結び付いている。本書第Ⅰ部第2章スコトゥスの共通本性への批判の中で述べたごとく,オ

---

16) 拙訳『大論理学註解Ⅰ』83頁。

ッカムは心の外に普遍的なもの（例えば，類としての動物や種としての人間）が存在することを認めず，心の中の概念のみを普遍であると認めているからである。第二にオッカムは，ポルピュリオスのテーゼから，存在論的な意味合いをできるだけ取り除き，存在についての議論を，言葉の側に属する論理についての議論へと転換させて解釈することを提案している。オッカムによれば，〈本性的により前である〉〈除去される〉〈形相的部分〉〈或るものを可能態において持つ，あるいは現実態において持つ〉というような表現はすべて，ここでは，事物の側の実在的な関係を意味するものではない。むしろ，これらのポルピュリオスのテーゼは論理的な関係を意味するものとして解されるべきなのである。オッカムはこれらのテーゼを論理的な観点から解釈しようと試みている。このようなオッカムの解釈は上述のごとく，きわめて特異であり，ポルピュリオスに忠実なものとは言えないであろう。しかしオッカムが敢えてこのような解釈を提示していることに，〈心の内の言葉と，心の外のものを明確に区別しようとする〉彼の哲学的意図を見ることができる。

第 5 章

言語の階層

——分離された意味において(in sensu divisionis)用いられる様相命題と，結合された意味において(in sensu compositionis)用いられる様相命題との区分——

本章の参照テキスト
① Ockham, *Summa Logicae* II, cap. 9-10. OPhI, pp. 273-279. 渋谷訳『オッカム「大論理学」註解III』創文社，2001，40-47頁。

　次に，オッカムが『大論理学』第II部，第III−1の中で議論している，分離された意味において（in sensu divisionis）用いられる様相命題と，結合された意味において（in sensu compositionis）用いられる様相命題との区分の問題を取り上げる。このような区分を設定することによってオッカムは，心の外の事物（res）について語る言語のレベル1の命題と，外界の事物（res）を表示し，代示するレベル1の命題そのものについて語るレベル2の命題を区別し，言語の階層というアイデアを彼の哲学の中に導入しているからである。

（一）　オッカムのテキスト（『大論理学』第II部第9，10章）の解釈

オッカムは次のように述べている。
　　様相を持たない実然命題（propositio de inesse）の後に，様相命題（propositio modalis）について論じられなくてはならぬ。第一に，次のことが知られるべきである。すなわち或る場合には，命題の言表句（dictum）が様相とともに解されるが故に，命題は様相命題と呼

ばれる。このことは例えば、「すべての人間が動物であることは、必然である」、「人間が走ることは、非必然である」、「すべての人間が色を有するものであることは、真である」[1]、「すべての人間が動物であることは、第一の意味において自体的である」、「すべての必然的であるものが真であることは、知られている」、「ソクラテスが走ることは、知られていない」といったような命題において明らかであり、その他の命題に関しても同様である。また或る場合には、このような言表句なしに様相が置かれている命題が、様相命題と呼ばれる。(Ockham, *Summa Logicae* II, c. 9; OPhI, p. 273, lin. 3-11)[2]

オッカムは第1章で様相命題について説明した後で、この第9,10章において様相命題の二つの区分について述べる。一つは命題の dictum（言表句あるいは不定法句）すなわち例えば 'omnem hominem esse animal est necessarium' の〈omnem hominem esse animal〉が様相 'necessarium' とともに解される場合である。いま一つは様相命題の中に様相が、命題の dictum（言表句あるいは不定法句）なしに置かれている場合である。

更にオッカムは、これら二通りの様相命題を次のように説明している。

様相命題は常に、結合と分離に従って区別されなくてはならぬ。結合された意味においては (in sensu compositionis) 常に、このような様相命題によって、様相が言表句である命題に真に述語づけられるということが意味されている。例えば「すべての人間が動物であることは、必然である」('omnem hominem esse animal est necessarium')という命題によって、様相「必然」が「すべての人間は動物である」という命題に真に述語づけられるということが意味されているのである。ここでの様相命題の言表句とは、'omnem hominem esse animal'（すべての人間が動物であること）と言われているものである。なぜなら、「命題の言表句」(dictum propositionis) と言われるものは、

---

1) 必然や偶然、可能や不可能以外に、「……は真である」、「……は知られている」、「……と信じている」といった命題をも、オッカムが様相命題の一つとして扱っていることは注目に値する。オッカムは『大論理学』第II部第29章、第III部-1、第30章、第41章、第51-53章、第64章においても、必然、偶然、可能、不可能以外の様相命題から成る三段論法や相互の換位について論じている。

2) 拙訳『大論理学註解III』40頁。

命題の名辞が対格で，動詞〔繋辞〕が不定法で用いられている場合だからである。他方，分離された意味において用いられる様相命題 (sensus divisionis talis propositinis) は，そのような言表句なしに，様相とともに用いられる命題と同義である。例えば「すべての人間が動物であることは，必然である」という命題は，それが分離された意味において解される場合には，「すべての人間は，必然的に動物である」('omnis homo de necessitate vel necessario est animal') と同義である。同様に，「ソクラテスが動物であることは，知られている」('Sortem esse animal est scitum') という命題が分離された意味において解される場合には，「ソクラテスは，動物であると知られている」('Sortes scitur esse animal') と同義である。(Ockham, *Summa Logicae* II, c. 9; OPhI, p. 273, lin. 12-25)[3]

前のオッカムのテキストで，命題の言表句が様相とともに解される場合と言われたのが，様相命題を結合された意味において解する場合である。例えば，次の様相命題 'omnem hominem esse animal est necessarium' を結合された意味において解するならば，この命題の言表句は 'omnem hominem esse animal' であるのだから，「〈すべての人間が動物であること〉は必然である」という意味になる。更にオッカムは，結合された意味において解された様相命題「Dは必然である」においては，様相「必然」が言表句Dに真に述語づけられると述べている。他方，前のテキストにおいて，様相が言表句なしで置かれている場合と言われたのが，様相命題を分離された意味において解する場合である。前述の様相命題 'omnem hominem esse animal est necessarium' を分離された意味において解するならば，この命題は 'omnis homo de necessitate vel necessario est animal' と同義になり，「すべての人間であるところのものは，必然的に動物である」の意味になる。

　オッカムは，この様相命題が結合された意味において解されるならば真であるが，分離された意味において解されるならば偽になることを指摘して，次のように述べている。

---

[3]　前掲拙訳，40-41頁。

第II部　言語と論理について

　　命題の言表句（dictum propositionis）のない様相命題（それは，言表句を持つ命題を分離された意味において解する場合と全く同義である）に関しては，次のことが知られなくてはならぬ。このような様相命題は，最初の結合された意味において解された言表句を持つ命題と置換されることはない。むしろ，それらのうちの一方は，他方が偽であるのに真でありうるのであり，またその逆も成立する。例えば，……「すべての人間が動物であることは，必然である」という命題は結合された意味において解するならば真であるが，「すべての人間は必然的に動物である」という命題は偽である。(Ockham, *Summa Logicae* II, c. 10; OPhI, p. 276, lin. 3-8)[4]

同様に，次の様相命題 'album possibile est esse nigrum' を結合された意味において解するならば，この命題は「〈白いものが黒い〉ことは可能である」という意味になり，偽である。他方，もし同じ様相命題を分離された意味において解するならば，命題は「白いものは，可能的に黒いものである」という意味になり，命題は真である。このように，オッカムによれば，同じ様相命題を結合された意味において解する場合と，分離された意味において解する場合とでは，命題が真となる条件が異なる。

　オッカムは，結合された意味においても用いられる様相命題が真となる条件を次のように述べている。

　　このような結合された意味において解された命題が真であるために何が必要かということを知るためには，或る命題が必然であるために何が必要であるか，或る命題が偶然である，あるいは真である，あるいは不可能である，あるいは知られている，あるいは知られていない，あるいは信じられているためには何が必要であるかを知るだけで充分である。(Ockham, *Summa Logicae* II, c. 9; OPhI, p. 275, lin. 67-70)[5]

他方オッカムは，分離された意味において用いられる様相命題が真となる条件を次のように述べている。

　　ad veritatem talium propositionum requiritur quod praedicatum

---

4)　前掲拙訳，43頁。
5)　前掲拙訳，42頁。

sub propria forma competat illi pro quo subiectum supponit, vel pronomini demonstranti illud pro quo subiectum supponit; ita scilicet quod modus expressus in tali propositione vere praedicetur de propositione de inesse, in qua ipsummet praedicatum praedicatur de pronomine demonstrante illud pro quo subiectum supponit, ……

このような現表句のない命題が真であるためには，その本来の形式 (sub propria forma) において述語が，主語が代示するところのもの，あるいは主語の代示するところのものを指示している代名詞に適合することが必要とされる。すなわち，述語が，主語の代示するところのものを指示している代名詞に述語づけられることによって形成される実然命題（P′）に，元の命題（P）において言い表わされている様相が真に述語づけられるということが必要とされる。(Ockham, *Summa Logicae* II, c. 10; OPhI, p. 276, lin. 11-16)[6]

オッカムは，分離された意味において用いられる様相命題が真となるための条件を複雑な仕方で述べている。しかし，その意図するところは次のことであると解される。先に挙げた様相命題 'album possibile est esse nigrum' を例にとると，その命題Pが分離された意味において解される場合には，「白いものは可能的に黒いものである（今白いものが，過去において黒かった，あるいは明日黒くなるであろうことは可能である）」という意味になる。(1) この様相命題Pの主語である名辞 'album'（「白いもの」）は外界の或る事物 (res) を表示し，代示する第一概念 (intentio prima) の名前[7]である。(2) 更にオッカムは，様相命題が分離された意味において解される場合には，様相が命題の言表句に述語づけられることはないと説明しているのであるから，このオッカムのテキストで命題の述語と言われているのは，'possibile'（「可能」）という様相ではなく，'nigrum'（「黒いもの」）である（様相命題が結合された意味において解され

---

  6) 前掲拙訳，43-44頁。
  7) 第一概念 (intentio prima) の名前と第二概念 (intentio secunda) の名前の区別については，オッカム『大論理学』第Ⅰ部第12章（拙訳『大論理学註解Ⅰ』41-44頁）を参照。

る場合には，様相が命題の述語となる）。（3）従って，先に引用されたオッカムの文言「述語が，主語の代示するところのものを指示している代名詞に述語づけられることによって形成される実然命題（P′）……」(propositio de inese, in qua ipsummet praedicatum praedicatur de pronomine demonstrante illud pro quo subiectum supponit ……, OPhI, p. 276, lin. 15-16) の中で，実然命題（P′）と言われているのは，指示代名詞「これ」が，元の命題（P）の主語「白いもの」の代示する外界の事物（res）を指示して，「これは黒いものである」と言う命題である。これが「本来の形式における」（sub propria forma）命題とオッカムによって呼ばれるものである。（4）更にオッカムは，この実然命題（P′）に様相が真に述語づけられることが，分離された意味において解される様相命題が真であるための条件であると述べているのであるから，このような様相命題が真であるためには，「これは黒いものである」が可能であるが成立するということが必要とされる（このような真理条件が如何なる論理的意味を持つかは，後で考察する）。従って，両者の真理条件の相違は，次のように比較される。

〈結合された意味における様相命題の真理条件〉
結合された意味において用いられた命題が真であることを知るためには，或る命題が必然であるために何が必要であるか，或る命題が偶然である，真である，不可能である，知られている，知られていない，信じられているためには何が必要であるかを知るだけで充分である。

〈分離された意味における様相命題の真理条件〉
分離された意味において用いられた命題が真であるためには，述語が，主語の代示するところのもの，あるいは主語の代示するところのものを指示している代名詞に適合することが必要である。すなわち，述語が，主語の代示するところのものを指示する代名詞に述語づけられることによって形成される実然命題P′に，様相が述語づけられる。

すなわち，結合された意味において用いられた様相命題が真であるためには，言表句（dictum）である命題に，様相が述語づけられることが必要である。他方，分離された意味において用いられた様相命題が真である

ためには，主語が代示する外界の事物（res）を指示して「これは～である」と言うことが必然，あるいは可能，……であることが必要とされる。

（二） オッカムが結合された意味における様相命題と，分離された意味における様相命題を区分した理由（Ⅰ）

オッカムがこのように様相命題を，結合された意味において（in sensu compositionis）用いられる場合と分離された意味において（in sensu divisionis）用いられる場合とに区分したのは，如何なる理由によるのであろうか。筆者はその理由を，先ず第一に，両者の論理形式の相違によると考える。結合された意味において用いられる様相命題では，様相が命題の述語であり，「Dは必然である」という様相命題の中で様相は，言表句D全体に述語づけられる。それゆえ，結合された意味において用いられる様相命題においては，様相である名辞（「必然」）は，言表句D全体を表示する第二概念（intentio secunda）[8]の名前であると解される。他方，分離された意味において用いられる様相命題においては，様相命題は言表句なしに解されるのであるから，様相が言表句Dに述語づけられる，様相命題の述語であることはできない。以上の考察から筆者は，オッカムが様相命題を，結合された意味において用いられる場合と分離された意味において用いられる場合とに区分する理由を次のように理解する。様相は第二概念の名前（intentio secunda）であり，外界の事物（res）を表示する記号である第一概念の名前（intentio prima）を表示する。しかるに，外界の事物（res）を表示する記号には，非複合的な名辞と，それらの名辞から複合された命題の二通りがある。従って，様相が非複合的な名辞を表示する場合と，様相が命題を表示する場合とを区別する必要がある。前者が様相命題を分離された意味において解する場合であり，後者が様相命題を結合された意味において解する場合である。例えば 'album possibile est esse

---

[8] 第二概念の名前とは，外界の事物（res）ではなく，外界の事物を表示している第一概念の名前を表示する名前である。すなわち言表句である命題Dが外界の事物（res）を表示し，更に第一概念である言表句D全体を，第二概念の名前である「必然」が表示する。前註7を参照。

nigrum'という様相命題を例にとるならば，両者の相違は次のように図示できる．

　　　　　　　　　　〈結合された意味において〉
　　　第二概念　　　「可能」('possibile')
　　　第一概念　　　「白いものは黒い」('album est nigrum')

　　　　　　　　　　〈分離された意味において〉
　　　第二概念　　　「可能」('possibile')
　　　第一概念　　　「白いものは黒い」'album est nigrum'

同じ様相命題を結合された意味において解する場合と，分離された意味において解する場合とでは，このように命題の持つ論理形式が異なる．オッカムはこのことに気づいていたがゆえに，両者を区別したのである．両者の論理形式の相違を，現代論理学の表記法によって記号化するならば次のようになる（様相「可能」を◇で表わす）．

〈結合された意味において〉
$$\diamondsuit\,(\exists x)[\text{Album}\,(x) \wedge \text{Nigrum}\,(x)]$$

すなわち，結合された意味において解するならば命題は，「白く，且つ黒い何らかのものXが存在するということは可能である」という意味になり，命題は偽である．或るものが同時に白く，且つ黒いということは不可能だからである．

　他方，

〈分離された意味において〉
$$(\exists x)[\text{Album}\,(x) \wedge \diamondsuit\,\text{Nigrum}\,(x)]$$

分離された意味において解するならば命題は，「現在白く，且つ黒くなることが可能である何らかのものXが存在する」という意味になり，命題は真である．

（三）　オッカムが結合された意味において用いられる様相命題と，分離された意味において用いられる様相命題を区分した理由（II）

　更にオッカムはこの両者を区別することによって，言語に階層を設ける

意味論的区別を主張していると考えられる。オッカムは，次の二つの命題①「ソクラテスは白い」，②「ソクラテスが白いは真である」の主語は異なった種類の代示を持ち，言語のレベルが異なるとする[9]。命題①は，外界の或る事物（ソクラテスの白さ）を表示しており，主語「ソクラテス」は個体代示（suppositio personalis）[10]を持つ。他方，命題②においては，命題①に，その命題全体を表示する第二概念の名前である様相「真」が述語づけられている。この命題②の主語「ソクラテスが白い」は個体代示を持つものではない。なぜなら，もし命題②の主語が個体代示を持つとしたら，「ソクラテスが白いは真である」という命題全体が偽となるからである。すなわち，その場合には主語「ソクラテスが白い」は或る事物，すなわちソクラテスの中の白さを表示していることになり，この外界の事物は命題ではないが故に，真でも偽でもないからである。むしろ，命題②の主語「ソクラテスが白い」は単純代示（suppositio simplex），あるいは質料代示（suppositio materialis）を持つとすべきである。なぜなら，命題②の主語は外界の事物を代示するのではなく，書かれたあるいは話された命題，乃至は精神の中に懐抱された命題，すなわち命題①自身を代示しているのだからである。オッカムはこれら二つの命題の主語の代示を区別することによって，言語の階層（レベル）の相違を設定しようとしている。図のごとく（→は代示の働きを表わす），

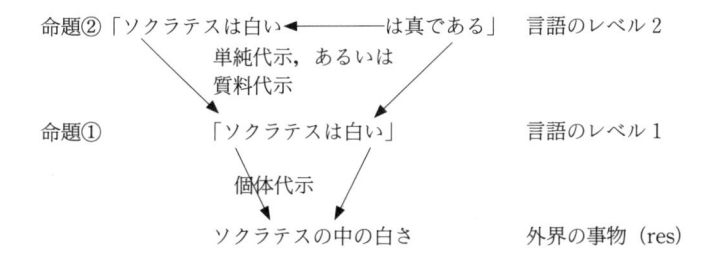

```
命題②「ソクラテスは白い ←――――は真である」  言語のレベル2
         単純代示，あるいは
         質料代示
                        ↓         ↓
命題①        「ソクラテスは白い」          言語のレベル1
              個体代示
                  ↓
         ソクラテスの中の白さ        外界の事物（res）
```

---

9) Cf. Ph. Boehner, "Ockham's Theory of Supposition and the Notion of Truth" in *Collected Articles on Ockham*, Franciscan Institute, 1958, pp. 254-257.

10) 個体代示（suppositio personalis）と，単純代示（suppositio simplex）あるいは質料代示（suppositio materialis）との区別に関しては，オッカム『大論理学』第Ⅰ部第64-69章（拙訳『大論理学註解Ⅱ』76-90頁），及び拙著『オッカム「大論理学」の研究』第3章「代示の理論の歴史的発展過程におけるオッカムの位置」を参照。

命題①の主語は個体代示を行ない，命題①は外界の事物（res）についての言明であり，言語のレベル1に属する。この言語のレベル1の場面が，分離された意味において用いられる様相命題の真理条件に関して述べられた，命題の主語が代示するところのものを指示して，「これは白い」と言う場面である。他方，様相命題②の主語は単純代示，あるいは質料代示を行ない，命題②は，言語のレベル1の命題①について語っている言語のレベル2に属する言明である。

同様に，結合された意味において解された様相命題‘album possibile est esse nigrum’の主語「白いものは黒い」もまた，述語「可能」が言表句である命題を代示しているが故に，個体代示ではなく，自ら（精神の中に懐抱された命題，乃至は書かれたあるいは話された命題）を代示する単純代示，あるいは質料代示を持つと解される。すなわち，結合された意味において解された様相命題は，その言表句である命題について語る，言語のレベル2に属する言明である。このような解釈は，オッカムが結合された意味において用いられた様相命題が真であるための条件として挙げた「このような結合された意味において解された命題が真であるためには……，或る命題が必然である，或る命題が偶然である，あるいは真である，あるいは不可能である，あるいは知られている，あるいは知られていない，あるいは信じられているということだけで充分である」というオッカムの文言（Ockham, *Summa Logicae* II, c. 9; OPhI, p. 275, lin. 67-70）に適合する。

他方，同じ様相命題が分離された意味において解される場合には，結合された意味において解される場合と異なり，命題について語る言語のレベル2に属する言明，命題についての命題（second-order proposition）という性格を持たない。例えば，分離された意味において解された‘album possibile est esse nigrum’（「白いものは，可能的に黒いものである」）においては，述語は，様相「可能」ではなく，「黒いもの」である。しかるに述語「黒いもの」は或る外界の事物（res）を表示する第一概念の名前である。それゆえ，主語である「白いもの」も同様に，或る外界の事物（res）を表示し，代示している。従って，主語「白いもの」は個体代示を持つと解される。

第5章　言語の階層　　　　　　　　　　　　　　147

　オッカムは『大論理学』第III部－1，第20章の中で，様相命題が結合された意味において解される場合には語は質料代示を持ち，分離された意味において解される場合には語は個体代示を持つことを明言して，次のように述べている。

> Quamvis ista distinctio communis possit sustineri, nec velim eam improbare, tamen potest aliter distingui, et forte magis artificialiter, eo quod <u>dictum propositionis potest sumi materialiter</u>, et tunc non supponit pro se sed pro propositione cuius est dictum. Et <u>iste sensus est idem cum illo qui ponitur sensus compositionis.</u> Vel <u>potest sumi significative, et tunc est idem sensus cum sensu divisionis.</u>
> こうした〔分離された意味において解される場合と，結合された意味において解される場合の〕一般的な区別は支持されうるものであるし，私はそれを否認するつもりはないが，しかし両者は別の仕方で区別されることができるのであり，おそらくその方がより論理的である。なぜなら，<u>命題の言表句は質料代示をすると解されうるのであって，その場合言表句は自らをではないが，言表句に対応する命題を代示している。この場合の意味は，結合された意味において解される場合の意味と同じである。</u>あるいは命題の言表句は表示と同じ働きをする（個体代示をする）ものとして解される。この場合には命題の意味は，<u>分離された意味において解された場合の意味と同じである。</u>(Ockham, *Summa Logicae* III-1, c. 20; OPhI, p. 412, lin. 30-35)[11]

これらの考察から次のことが明らかになる。結合された意味において解された様相命題の場合には，命題の主語は単純代示あるいは質料代示を持つ。このような様相命題は，言語のレベル1に属する言表句である命題について語る，言語のレベル2の命題（second-order proposition）である。他方，分離された意味において解される様相命題の主語は個体代示を持つものであり，外界の事物（res）について語る言語のレベル1の命題（first-order proposition）である。前者は言表句についての言明

---

11) 拙訳『大論理学註解IV』63-64頁。

(modalis de dicto) であり，後者は外界の事物についての言明 (modalis de re) である。オッカムは様相命題を，結合された意味において解される場合と分離された意味において解される場合とに区分することによって，両者の言語の階層の相違を主張していると理解できる。

第6章

代示 suppositio に関する，偽リカルドゥスとオッカムの議論
——述語づけの遂行態と述語づけの表示態——

本章の参照テキスト
① Ockham, *Summa Logicae*, I, cap. 66. OPhI, pp. 199-205. 渋谷訳『オッカム「大論理学」註解II』創文社，2000，80-86頁。

本書の最後に筆者は，『大論理学』(Summa Logicae) が〈心の内の言葉と，心の外のものを区別しようとする〉哲学的意図をもって書かれた論理学書であることを，オッカムが偽カムプザルのリカルドゥス (Ps. Richardus de Campsall) との論争の中で導入した，述語づけの遂行態 (actus exercitus) と述語づけの表示態 (actus significatus) との区別を考察することによって明らかにしたい。オッカムが，『大論理学』を書いたと推定される1324-1327年の数年後 (1334年頃) に，『オッカムを反駁する論理学書』(Logica Campsale Anglici valde utilis et realis contra Ockham)[1]が，スコトゥス学派の一人である偽リカルドゥスによって書かれている。この書の中で偽リカルドゥスは，オッカムの『大論理学』のテキストをそのまま引用した後で，スコトゥス主義の立場から一つ一つオッカムの議論に反論を加えている。

---

1) この書の作者は，誤ってカムプザルのリカルドゥスとされてきたが，本当の作者は不明である。オッカムと同時期にロンドンのフランシスコ会修道院に居たチャトンのグアルテルス (Gualterus de Chatton) であるという説が有力である。テキストは，Ms. Bologna, number 2653, folioslr-99v から Edward A. Synan が校訂したもの (Nine Mediaeval Thinkers, A collection of hitherto unedited Texts, Pontifical Institute of Mediaeval Studies, Toronto, 1955) を使用した。

（一）　代示に関する問題

　我々は先ず，代示の理論における，オッカムと偽リカルドゥスの論争から見てみよう。両者の議論の争点となっているのは，「人間は被造物のうちで最も優れたものである」，あるいは「色は視覚の第一の対象である」という命題の主語「人間」，「色」の代示に関する問題である。オッカムは『大論理学』第Ⅰ部第66章の中で，次の問題を議論している。

　　人間は，被造物のうちで最も優れた被造物である」という命題は真である。そこで，私は問う。この「人間」という語は，如何なる代示を持つのか。それは個体代示（suppositio personalis）ではない。なぜなら，どの単称命題も偽となるからである[2]。

　　従って，この「人間」という語は単純代示（suppositio simplex）を持つ。しかしながら，もし〔オッカムの言うように〕単純代示が心の観念を代示するとしたら，この命題は偽となるはずである。心の観念は，被造物のうちで最も優れたものではないからである。それゆえ，単純代示は心の観念を代示しない。

　　更に，「色は視覚の第一の対象である」という命題は真である。もし，この命題の主語[3]が個体代示を持つとしたら，どの単称命題も偽となる。従って，主語は単純代示を持つ。しかしながら，もし単純代示が心の観念を代示するのであるならば，この命題は偽となるはずである。観念は目に見えるものではないが故に，心の観念は視覚の第一の対象ではないからである。それゆえ，単純代示は心の観念を代示す

　2）　すなわち，「人間は被造物のうちで最も優れたものである」という命題の主語「人間」は，個物（この人間，あの人間）を代示する個体代示を持つのではない。なぜならこの命題は，単称命題「この人間（ソクラテス）が被造物のうちで最も優れている」，あるいは「あの人間（プラトン）が被造物のうちで最も優れている」ということを意味しているのではないからである。これらの単称命題はいずれも偽である。この命題が意味しているのは，人間というものは，人間以外のどの被造物よりも優れているということである。

　3）　全集版（OPhI, p. 200, lin. 11）では 'obiectum' となっているが，写本 K (Florentiae, Bibl. Laur., Plut. XII s., 2) に従い，'subiectum' と読む。

るものではない。(Ockham, *Summa Logicae*, I, cap. 66; OPhI, p. 199, lin. 3-p. 200, lin. 15)[4]

同様の問題は，偽リカルドゥスの『オッカムを反駁する論理学書』第52章[5]においても論じられている。

nam ista: *rosa est pulcherrimus flos florum* et ista: *homo est dignissima creatura creaturarum* sunt verae et conceduntur a philosophis ……, et tamen non videtur quod subiecta possint supponere aliquo praedictorum modorum. Si enim supponunt pro individuis, falsae sunt cum quaelibet singularis sit falsa quia nec iste homo nec iste, et sic de singulis, est *dignissima creatura creaturarum*; et idem judicium est de isto subiecto rosa[6]. Nec etiam potest habere suppositionem simplicem quia nec conceptus nec res ut concepta est *dignissima creatura* etc. ……

Item potest dubitri de ista: *color est primum obiectum visus*; non enim videtur quod subiectum possit aliquo praedictorum modorum supponere. Si enim supponat personaliter, falsa est; si etiam pro re communi sive formaliter suppont, falsa est quia nullus color videtur nec primo nec non primo nisi color singularis. ……

「バラは花のうちで最も美しい花である」，「人間は，被造物のうちで最も優れた被造物である」という命題は真であり，哲学者達によって正しいと認められている。……しかし，主語は先に述べられた代示の仕方のうちのどの代示も持つことができないと考えられる。もし主語が個体代示をするとすれば，これらの命題は偽である。なぜなら，どの単称命題も偽だからである。この人間が被造物のうちで最も優れていることはないし，またあの人間が被造物のうちで最も優れていることもないからである。他の個々の人間に関しても同様である。「バラ」という主語に関しても同様に判断される。更にまた，主語は単純代示

---

4) 拙訳『大論理学註解II』80-81頁。
5) 前掲拙訳，訳者註解，代示の理論，註19，228頁；拙著『オッカム「大論理学」の研究』第3章，142-144頁を参照。
6) テキストでは 'flos' となっているが，前後の文脈から考えて，'rosa' と読む。

を持つこともできない。概念も，精神によって懐抱された外界の事物も，最も優れた被造物ではないからである。……

　同様に，「色が視覚の第一の対象である」という命題に関しても同じ疑問が生じうる。なぜなら，この命題の主語は，先に述べられた代示の仕方のうちのどの代示も持つことができないと考えられるからである。すなわち，もし個体代示を持つとしたら，命題は偽となる。更に，共通なものを代示し，形相代示しているとしても，命題は偽である。第一にであれ，そうでないのであれ，個別的な色のみが見られるものだからである。(Ps. Richardus de Campsall, *Logica contra Ockham*, cap. 52, edited by E. A. Synan, in *Nine Mediaeval Thinkers*. Pontifical Institute of Mediaeval Studies, Toronto, 1955, p. 204)

すなわち〈単純代示 (suppositio simplex) が代示するものを，心の外に存在する普遍的な本性・形相ではなく，心の中の観念である〉と，オッカムが変更したことに関連して，命題（1）「人間は被造物のうちで最も優れたものである」について，次のような問題が生ずる。この命題（1）の主語「人間」は，如何なる代示を持つのか。「人間は走る」という命題のように，個物（この人間，あの人間）を代示する個体代示を行なっているのではない。なぜなら命題（1）は，単称命題「この人間（ソクラテス）が被造物のうちで最も優れている」，あるいは「あの人間（プラトン）が被造物のうちで最も優れている」ということを意味しているのではないからである。この命題は，〈この人間が他のどの人間よりも優れている〉ということを含意してはいない。むしろ，この命題が意味しているのは，〈人間というものは，人間以外のどの被造物よりも優れている〉ということである。従って，命題（1）の主語「人間」は単純代示を持つと考えるべきである。しかし，もしオッカムの主張するように，単純代示が心の観念を代示しているとしたら，この命題は偽である。心の観念が被造物のうちで最も優れているとは言えないからである。では，命題（1）の「人間」という語は，一体何を代示しているのか。図のごとく，個物とも観念とも別の何か，すなわち個々の人間が共通に分有している普遍的な種の本性・形相（人間であること）を代示しているとすべきであるのか[7]。

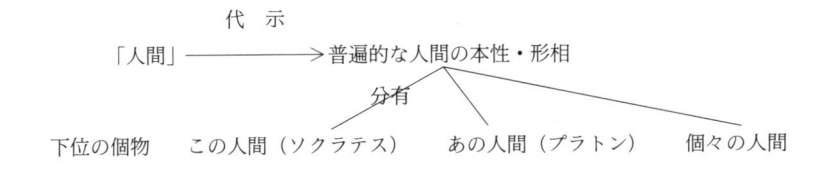

第6章 代示 suppositio に関する，偽リカルドゥスとオッカムの議論　153

```
                    代　示
        「人間」―――――→普遍的な人間の本性・形相
                        分有
   下位の個物　この人間（ソクラテス）　あの人間（プラトン）　個々の人間
```

　命題（2）「色は視覚の第一の対象である」に関しても同様の問題が生ずる。この命題の主語「色」が，この色やあの色といった個々の色を個体代示していると考えることはできない。なぜなら，「この色（例えばこの緑）が視覚の第一の対象である」，「あの色（あの緑）が視覚の第一の対象である」という命題はいずれも，偽だからである。更にまた，「色」が心の観念を代示すると考えることもできない。観念は，目に見えるものではないからである。だとすると，命題（2）の主語「色」は，それらとは別の何か，すなわち，個々の色に共通な普遍的な形相・共通本性を形相代示していると解すべきなのか。しかし，視覚の第一の対象は個々の色であって，普遍的な色ではない[8]。

（二）　これらの命題の主語の代示の問題に関する，オッカム以前の伝統的な説

　これらの問題に関しては，初期の代示の理論以来，命題（1）「人間は被造物のうちで最も優れたものである」の主語「人間」は，個々の人間（ソクラテス，プラトン等）が共通に分有している普遍的な形相あるいは本性を代示しており，単純代示を持つと考えられてきた[9]。
　（I）　12世紀後半に書かれたと推定される初期の代示のテキストは一様に，次のごとく述べている。
テキスト①
　　単純代示とは，共通な語がその固有な形相を代示し，その形相に属する下位の個物を代示しない場合である。例えば「人間は被造物のうち

---
7)　前掲拙訳，訳者註解，代示の理論，註17, 227頁を参照。
8)　前掲拙訳，訳者註解，代示の理論，註19, 227頁を参照。
9)　前掲拙訳，訳者註解，代示の理論，註16, 224-227頁を参照。

で最も優れたものである」において，「人間」という語はこの人やあ
の人を代示しているのではない。——なぜなら，もしこの人やあの人
を代示しているとしたら，〈この人間は被造物のうちで最も優れたも
のである〉，あるいは〈あの人間は被造物のうちで最も優れたもので
ある〉という意味になってしまうからである。——この命題の「人
間」はこのような仕方で代示を行なっているのではなく，その形相を
代示している。ここにおいて意味されているのは，〈人間の本性は被
造物のうちで最も優れたものである〉ということだからである。
(Anonymus, Logica "*Ut dicit*" in *Logica Modernorum*, ed. De Rijk,
Vol. 2-Part2, p. 409, lin. 1-7)

テキスト②

単純代示とは，例えば「人間は被造物のうちで最も優れたものであ
る」のように，共通な語（「人間」）が，それに基づいて「人間」とい
う名前が命名される普遍的な形相を代示する場合である。
(Anonymus, Logica "*Cum sit nostra*" in *Logica Modernorum*, ed.
De Rijk, Vol. 2-Part2, p. 447, lin. 3-5)

テキスト③

第二の種類は，例えば「人間は被造物のうちで最も優れたものであ
る」と言われる時のように，語（「人間」）が，或る在り方・存在様式
(maneries) を持っている事物について，あるいは事物の在り方・存
在様式そのものについて述べるために，非本来的な仕方で用いられる
場合である。(Anonymus, *Fallacie Parvipontane*, in *Logica Moder-
norum*, ed. De Rijk, Vol. 1, p. 562,, lin. 20-22)

すなわち，「人間は走る」と「人間は被造物のうちで最も優れたものであ
る」において，「人間」という語の代示の働きは異なる。前者の場合，「人
間」は明らかに，この人，あの人といった個物を個体代示している。しか
し後者の場合，「人間」が代示しているのは個物ではない。なぜなら後者
は，「この人間（例えばソクラテス）は被造物のうちで最も優れたもので
ある」，あるいは「あの人間（プラトン）は被造物のうちで最も優れたも
のである」ということを意味しているのではないからである。初期の代示
の理論においては，テキストの①②③のいずれにおいても，「人間は被造

物のうちで最も優れたものである」という命題の主語「人間」は，個体代示ではなく，単純代示[10]を持つとされている。テキストの①と②では，「人間」は個々の人間に共通な普遍的形相（人間性）を代示すると述べており，テキストの③では，「人間」は多くの個物，個々の人間に共通な普遍的な在り方・存在様式（maneries）を代示すると述べている。

（II）同じ命題に関する分析は，シャーウッド（Guilelmus de Shyreswode, 1205?-1270?）にも見出される。

単純代示は三通りの仕方でありうることが，注意されるべきである。語は三通りの仕方で，その表示するものを代示することが可能だからである。（一）ひとつは，個物との如何なる関係も示すことなしに，その表示するものを代示する[11]場合である。（二）いまひとつは，個物との関係において，その表示するものを代示する場合である。更に，このこと（二）は，二通りの場合がある。（a）ひとつは，表示された普遍的な種の本性が現実に各々個物の内に保持され，個物に述語づけられる限りにおいて，語がその表示するものを代示する場合である。（b）いまひとつは，表示されたものが一般的に，未確定な仕方でどの物とも関わるが，しかし特定の物と同一ではない限りにおいて，語

---

10)「単純代示」（suppositio simplex）という名称は元来，多くの個物に共通な単一な（unum et simplex）普遍的な形相を代示することから名づけられた名前である。同じく12世紀の後半に書かれた"Dialectica Monacensis"では，次のように言われている。

単純代示は，下位の個物を代示するのではなく，普遍な（形相）を代示する。普遍な（形相）が下位の諸々の個物に帰属させられ，下位の諸々の個物の内に内在する場合には，もはや単一ではなく，多だからである。普遍な（形相）は，単独でそれ自体で解され，下位の個物と関連づけられなければ，単一なままである。それゆえ，普遍な（形相）に関して行なわれる代示は，「単純代示」と呼ばれる。普遍においては単一だからである。(Anonymus: *Dialectica Monacensis* in the *Logica Modernorum* ed. De Rijk, Vol. 2-Part2, p. 609)

前掲拙訳，訳者註解，代示の理論，註12，219頁を参照。

11) シャーウッドとオッカムとでは，個体代示と単純代示の分類の仕方が異なることに注意が必要である。シャーウッドは「単純代示は語がその表示する普遍的な本性を代示する場合であり，他方個体代示は語が，このような普遍的な本性を分有している個物を代示する場合である」としている。これに対してオッカムは，語が普遍的な本性を表示することを否定し，語の表示（significatio）の対象を普遍的な本性から個物へと変更し，「個体代示とは，語がその表示するものを代示する場合であり，単純代示とは，語が心の観念（intentio animae）を代示する場合である」と改める。詳しくは，拙著『オッカム「大論理学」の研究』第3章，127-138頁を参照。

がその表示するものを代示する場合である。

　（一）第一の場合は，「人間は種である」と言われた場合である。通常，これは普遍的な在り方，存在様式を示す代示（suppositio manerialis）と言われる。語（「人間」）は，人間という種の存在様式そのものを代示しているからである。

　（二a）第二の場合は，「人間は被造物のうちで最も優れたものである」と言われる場合である。この代示は，前の代示と類似してはいない。なぜなら，「被造物のうちで最も優れたものである」という述語は，個物と無関係なものとして考察された〈人間という種の本性〉そのものに述語づけられるのではなく，個々の個物の内に存在する限りでの〈人間という種の本性〉に述語づけられるのだからである。それゆえ，このような「被造物のうちで最も優れたものである」という述語は，各々の個物が人間という種の本性を分有している限りにおいて，人間という種に属しているどの個物にも述語づけられる。「この人間は，人間である限りにおいて，被造物のうちで最も優れたものである」と言われうるのも，このゆえである。(Guilelmus de Shyreswode, *Introductiones in Logicam*, Traditio 39, 1983, p. 267, lin. 82 –p. 268, lin. 95)

すなわち，シャーウッドによれば，「人間は被造物のうちで最も優れたものである」という命題の主語「人間」は，単純代示を行なっており，ソクラテスやプラトンといった諸々の個物の内に存在する普遍的な〈人間という種の本性〉を代示している。

　（III）オッカムと同時代のバーレーもやはり，彼の代示の理論の中で，同じ「人間は被造物のうちで最も優れたものである」という命題を単純代示の例として挙げている。

　　単純代示には二通りある。一つは，無条件な意味での単純代示であり，いま一つは，他に関連づけられる単純代示である。無条件な意味での単純代示とは，例えば「人間は被造物のうちで最も優れた被造物である」と言う場合であり，他に関連づけられる単純代示とは，例えば「人間は種である」と言う場合である。なぜなら，普遍には二通りの場合があり，一つは多くの事物の内に存在する場合であり，いま一つ

は多くの事物に述語づけられる場合だからである。普遍が多くの事物の内に存在する限りにおいては，無条件な意味での単純代示が語「人間」に属するとすべきであるし，普遍が多くの事物に述語づけられる限りにおいては，他に関連づけられる単純代示が語「人間」に属するとすべきである。(Walter Burleigh, *De Suppositionibus,* ed. S. F. Brown, Franciscan Studies 32, 1972, p. 36)

バーレーによれば，命題（1）の主語「人間」は単純代示を持ち，多くの事物の内に存在する普遍（universale habens esse in multis）を代示する。

更に，命題（2）「色は視覚の第一の対象である」の主語「色」の代示に関しても，バーレーは次のように議論している。

［疑問］

この命題「色は視覚の第一の対象である」は真である。しかし，この命題は，主語が単純代示を持つとしても，個体代示や質料代示を持つとしても真ではない。なぜなら，もしこの命題の主語が単純代示を持つとしたら，主語は普遍的なものを代示しているか，概念を代示しているか，いずれかであるが，しかしこれらの何れも，視覚の第一の対象ではないからである。更に，主語が質料代示を持つとしても，命題は偽である。このことは充分に明らかである。更にまた，もしこの命題の主語が個体代示を持つとしたら，主語は，この色やあの色といったような個別的な色をまさに代示することになるであろう。しかし，これらいずれも視覚の第一の対象ではない。従って，別の代示の仕方を措定しなくてはならぬ。(Walter Burleigh, *De Puritate Artis Logicae Tractatus Longior,* Pars I, c. 3, ed. Ph. Boehner, St. Bonventure, New York, 1955, p. 13, lin. 12-21)

この疑問に対してバーレーはあくまでも，命題（2）の主語「色」は，個々の色に共通な，心の外に存在する普遍なるもの（universale habens esse extra animam）を代示すると主張している。

「色は視覚の第一の対象である」云々と言われる時には，普遍なるものが心の外に存在する」と主張して，私は次のように述べる。視覚の対象は二通りある。すなわち，多くの個々のものを含んでいる対象（obiectum contentivum）と視覚の能力を動かす対象（obiectum motivum）である。多くの個々のものを含んでいる対象とは，自体的に自らに固有な特質において視覚の能力によって知覚される，すべての個々のものに共通なものである。視覚の能力を動かす対象とは，形象や能力の活動を動かし，刻印づけるものである。従って，私は疑問に次のように答える。「色は視覚の第一の対象である」という命題は，多くの個々のものを含んでいる対象について語っているとしたら真であり，その場合，命題の主語は単純代示を持つ。自体的に固有な仕方で目で見られる，すべての個々のものに共通な共通本性が，「色」という名前によって表示されているからである。それゆえ，普遍的なものが感覚の対象である。これは，多くの個々のものを含んでいる対象について語る場合である。他方，我々が視覚の能力を動かす対象について語る場合には，命題の主語が個体代示を行なっている限りにおいて，命題は真である。(Ibid., p. 15, lin. 16-29)

(三) これらの命題の主語の代示の問題に対する，オッカムの解答（Ⅰ）

　これに対して，オッカムは，命題（1）「人間は被造物のうちで最も優れたものである」の主語「人間」の代示の問題を，〈個物は普遍的な本性よりも，より完全である〉という個体優位の思想に基づいて解答しており，このようなオッカムの解答は，12世紀以来の伝統的な考えとは全く異なっている。オッカムは『大論理学』第Ⅰ部第66章の中で，次のように述べている。

　　これらの最初の議論に対しては，このように言わなくてはならぬ。「人間は被造物のうちで最も優れたものである」という命題の主語が単純代示を持つと主張する人々の見解は，まったく誤りである。むしろ，「人間」という語は，この命題において専ら個体代示を持つ。
　　　更に，彼等の議論も有効なものではなく，却って彼等自身の考えに矛盾する。すなわち彼等は，〈もし「人間」という語が個体代示を持つとしたら，この命題は偽となる。なぜならどの単称命題も偽だからである〉と論証している。しかしながら，この議論は，彼等の考えに

第6章　代示 suppositio に関する，偽リカルドゥスとオッカムの議論　159

矛盾するものである。というのも，もし「人間」という語がこの命題において単純代示を行ない，或る特定の個物を代示していないとすれば，この語は別の何かを代示していることになり，従って，この別のもの（普遍的な人間の共通本性・形相）が被造物のうちで最も優れた被造物であることになるであろう。だが，これは誤りである。もしそうだとしたら，この別のもの（普遍的な人間の共通本性・形相）が，どの個々の人間よりも優れていることになってしまうからである。このことは，明らかに，彼等自身の考えにも矛盾する。彼等の言い方に従えば，<u>より下位の共通でないものは常に，より上位の共通なものを含み，更にまた，それ以上のものを含むのであるから，共通なもの・種が個物よりも優れていることは決してないのである。それゆえ，共通な形相は，個々の人間の部分であるのだから，この個々の人間よりも優れていることはない</u>。従ってもし，「人間は被造物のうちで最も優れたものである」という命題の主語が，個々の人間以外のものを或るものを代示するとすれば，この命題は無条件に偽である。

　それゆえ，次のように言われなくてはならぬ。「人間」という語は個体代示を行なっており，文字通りに解するならば命題は偽である。(Ockham, *Summa Logicae*, I, cap. 66; OPhI, p. 200, lin. 26-p. 201, lin. 43)[12]

オッカムの解答は，次のように要約される。もし先の主張のように，「人間は被造物のうちで最も優れたものである」の「人間」という語が，心の外に存在する普遍的な形相・共通本性を代示するとしたら，この普遍的な人間の形相・本性が被造物のうちで最も優れたものであることになる。しかし，これは偽である。なぜなら，個物（例えばソクラテス）は，人間の形相・本性という完全性を有するだけでなく，更にまた，個体としても完全性をも有しているのであるから，ソクラテスやプラトンといった個物のほうが，普遍的な人間の形相・本性よりも優れているからである。この個体優位の思想は，彼等（この代示の問題を提起した論者達）自身の考えでもあり，それゆえ彼等の議論は彼等自身の考えと矛盾する[13]。むしろ，こ

---

12)　拙訳『大論理学註解II』81-82頁。

の命題の「人間」という語は個体代示を持つのであり,文字通りに解されるならば命題は偽である。

(四) オッカムの解答 (II)
――述語づけの遂行態と述語づけの表示態――

更に,命題 (2)「色は視覚の第一の対象である」の主語「色」,あるいは「音は聴覚の第一の,それに適合した対象である」という命題の主語「音」の代示に関してオッカムは『大論理学』第Ⅰ部第66章の中で,述語づけの遂行態 (actus exercitus) を,述語づけの表示態 (actus signatus) へと転換させることによって命題の意味を解釈しようとする試みを提出している。このように,「色は視覚の第一の対象である」,「音は聴覚の第一の,それに適合した対象である」「人間は第一に,笑うことができるものである」といった命題の意味を,述語づけの遂行態を表示態へと転換させる,あるいはその逆を行なうことによって解釈しようとするオッカムの試みは,『大論理学』以外にも,『ポルピュリオス,イサゴゲー註解』第6章 (OPhII, p. 94, lin. 71-p. 95, lin. 86),『アリストテレス範疇論註解』第9章

---

13) 従って,ここでオッカムが批判している「彼等」とは,(二)で引用した12世紀後半に書かれた初期の代示の理論のテキストの著者達,あるいはシャーウッドやバーレー等を直接に指すのではない。彼等の見解は,次の三つの特徴を持つ。
① 「人間は被造物のうちで最も優れたものである」という命題の主語「人間」は,単純代示を持ち,普遍的な人間の本性を代示すると,彼等は考えている。
② 〈「人間」は個体代示を持たない。もし「人間」という語が個体代示を持つとしたら,この命題は偽となる。なぜなら,どの単称命題も偽だからである〉という論証を,彼等は行なっている。
③ 〈共通でないものは常に,より共通なものを含み,更にまた,それ以上のものを含むのであるから,共通なもの・種が個々のものよりも優れていることは決してない。それゆえ,共通な形相は,個々の人間の部分であるのだから,この個々の人間よりも優れていることはない〉,すなわち〈個物は普遍的な本性よりも,より完全である〉という個体優位の思想を,彼等はオッカムと同様に,有している。それゆえ,彼等の議論は彼等自身の考えと矛盾しているのである。
他方,初期の代示の理論のテキストの著者,あるいはシャーウッドやバーレー達は,これらのうち①と②を主張しているが,③とは反対の見解を有している。ではこの箇所でオッカムが述べている「彼等」とは,一体誰のことであろうか。この点に関しては,前掲拙訳,訳者註解,代示の理論,註22,229-232頁を参照。

第6章 代示 suppositio に関する,偽リカルドゥスとオッカムの議論

§1 (OPhII, p. 184, lin. 46-73),『センテンチア註解』第1巻第2区分第4問題 (OThII, p. 140, lin. 21-p. 142, lin. 12),『七巻本自由討論集』第7巻第9問題 (OThIX, p. 734, lin. 75-88) にも見出される。このオッカムが偽リカルドゥスとの論争において導入した,述語づけの遂行態から表示態への転換とは如何なるものであるのか。このような転換は,如何なる結果をもたらすのか。『大論理学』第Ⅰ部第66章の中で,オッカムは次のように述べている。

Ad secundum dicendum quod omnes tales 'color est primum obiectum visus', 'homo est primo risibilis', 'ens est primo unum'; similiter 'homo est primo animal', 'triangulus habet primo tres angulos', 'sonus est primum et adaequatum obiectum auditus', et ceterae tales multae, sunt simpliciter falsae de virtute sermonis, tamen illae quas Philosophus intendebat per istas sunt verae.

Unde sciendum quod sicut frequenter Philosophus et alii accipiunt concretum pro abstracto et e converso, similiter aliquando accipiunt plurale pro singulari et e converse, ita frequenter accipiunt actum exercitum pro actu signato et e converso. ········ Philosophus accipit aliquando actum exercitum pro actu signato et aliquando e converso, et ita faciunt multi alii. Et hoc facit multos incidere in errores.

······ Sic est de ista 'sonus est primum obiectum et adaequatum auditus'. Nam falsa est de virtute sermonis, quia aut 'sonus' supponit pro re singulari, aut pro re communi; si pro re singulari, tunc est falsa, quia quaelibet singularis est falsa; si pro re commini, tunc adhuc est falsa, quia secundum istos nulla res communis apprehenditur a sensu, et ideo est smpliciter falsa de virtute sermonis. Tamen forte secundum communiter loquentes et bene intelligentes per istam intelligitur unus actus signatus, et est iste 'de sono praedicatur primo esse apprehensibile ab auditu', quia de hoc communi praedicatur primo tale praedicatum. Non tamen pro se sed pro singularibus, quia in tali propositione ubi subicitur hoc commune 'sonus' et praedicatur hoc praedicatum 'apprehensibile a potential auditiva', 'sonus' non supponit pro se et simpliciter, sed supponit pro singularibus. Sicut in ista 'omnis sonus est apprehensibilis a potential auditiva' subicitur hoc commune 'sonus', et tamen non pro se sed pro singularibus. Et ita in actu signato 'sonus' supponit simpliciter et pro inentione animae, sed in actu exercito utroque supponit personaliter et pro singularibus, hoc est pro suis signigicatis.

　第二の論に対しては，こう言わなくてはならぬ。次のようなすべての命題，「色は視覚の第一の対象である」，「人間は第一に，笑うことができるものである」，「存在するものは第一に，一なるものである」，同様にまた，「人間は第一に，理性的な動物である」，「三角形は第一に，三つの角を持つものである」，「音は聴覚の第一の，それに適合した対象である」といった命題，更にその他の多くのこのような命題は，文字通りに解されるならば無条件に偽であるが，しかしアリストテレスがそれによって言おうと意図した命題は真である。

　それゆえ，次のことが知られなくてはならぬ。アリストテレスやその他の人々はしばしば，抽象名辞のかわりに具象名辞を用い，あるいは逆に，具象名辞のかわりに抽象名辞を用いることがあり，同じくまた時には，単数形のかわりに複数形を用い，あるいはその逆もある。それと同様に彼等はしばしば，述語づけの表示態（actus signatus）のかわりに述語づけの遂行態（actus exercitus）を用い，あるいは逆に，述語づけの遂行態のかわりに述語づけの遂行態を用いる。……アリストテレスは時には述語づけの遂行態のかわりに遂行態を用い，あるいは時には，その逆を行なっているのであり，他の多くの人々も同様である。このことが多くの人達を誤りへと陥らせている。

　……「音は聴覚の第一の，それに適合した対象である」という命題に関しても同様である。すなわち，この命題は文字通りに解されるならば偽である。なぜなら，「音」は個物を代示しているか，普遍的事物を代示しているか，そのいずれかである。しかるに，もし或る個物を代示するとしたら，この命題は偽である。或る個物を主語とする，ど

第6章　代示 suppositio に関する，偽リカルドゥスとオッカムの議論　163

の単称命題も偽だからである。更にまた，「音」が普遍的な事物を代示するとしても，この命題は依然として偽である。彼等によれば，普遍的な事物は感覚によって把捉されないのであり，それゆえ，この命題は文字通りに解するならば，無条件に偽である。しかしながら，おそらく，この命題を普通一般に話し，適切に認識している人々に従えば，この命題によって，<u>或る一つの述語づけの表示態，すなわち「〈音〉に，〈聴覚によって把捉される〉が，第一に述語づけられる」ことが認識されているのである</u>。「音」という普遍的な観念に，このような述語が第一に述語づけられるのだからである。このような普遍的な観念は，自らをではなく，外界の個々の音を代示する。なぜなら，「音」という普遍的な語が主語であり，「聴覚能力によって把捉されうる」が述語となっているような命題においては，「音」という語は，観念それ自体を代示し単純代示を行なっているのではなく，外界の個々の事物を代示するのだからである。例えば，「すべての音は，聴覚能力によって把捉されうるものである」という命題において，「音」という普遍的な語が主語となっているが，この語は自らをではなく，外界の個々の音を代示している。それゆえ，「音」という語は，述語づけの表示態においては単純代示を行ない，心の観念を代示するが，どちらの述語づけの遂行態においても，個体代示を行ない，外界の個々の事物，すなわちその表示するものを代示している。(Ockham, *Summa Logicae*, I, cap. 66; OPhI, p. 201, lin. 51-p. 204, lin. 111)[14]

更にオッカムは『アリストテレス範疇論註解』第9章第1節の中で，命題（2）「色は視覚の第一の対象である」に関しても，述語づけの遂行態を表示態に転換して命題を解釈することを提案している。

> aliquando auctores per actus exercitos intelligent actus signatos, sicut quando dicunt quod 'color est primum obiectum visus', intelligent istum actum signatum: 'de colore praedicatur primo et adaequate esse obiectum visus'. Quia haec est primo vera 'omnis color est visibilis', et non ista 'albedo est visibilis', et hoc secundum

---

14)　拙訳『大論理学註解II』82-84頁。

opinionem quae point colorem esse primum obiectum visus. Similiter per istam 'sonus est primum obiectum auditus', intelligent istam 'de sono praedicatur primo esse obiectum auditus'. Nam ista est simpliciter falsa, si sit actus exercitus, 'sonus est primum obiectum auditus'. Quia quaero: pro quo ly sonus ? Aut pro aliquot particulari, et tunc est falsa, quia nullus sonus particulariter est primum obiectum auditus. Aut stat pro aliquot communi, et tunc est falsa, quia nullum commune est obiectum auditus, cum nullum commune sive universale sit apprehensibile ab auditu. <u>Et ita frequenter per actus exercitos intelligent actus signatos; ita etiam e converse frequenter auctores per actum signatos intelligent exercitos.</u>

<u>時には著者達は，述語づけの遂行態によって，その表示態を認識しているのである。例えば，「色は視覚の第一の対象である」と彼等が言う時に，彼等はそれによって，その表示態「〈色〉に，〈視覚の対象である〉ことが，第一に適合的に述語づけられる」ということを認識している</u>。色が視覚の第一の対象であると主張する見解に従えば，「すべての色が視覚の対象である」という命題は第一に真であるが，「白が視覚の対象である」という命題が第一に真であることはないからである。同様に，「音は聴覚の第一の対象である」という命題によって彼等は，「〈音〉に，〈聴覚の対象である〉ことが，第一に述語づけられる」ということを認識している。「音は聴覚の第一の対象である」という命題が述語づけの遂行態であるとしたら，この命題は無条件に偽だからである。なぜなら，この命題の「音」は一体何を代示しているのかと，私は問う。或る個物を代示しているのか。もしそうであるとしたら，命題は偽である。個々の音は聴覚の第一の対象ではないからである。あるいは，或る共通なものを代示しているのか。しかしその場合も，命題は偽である。というのも，共通な普遍的なものは聴覚によって把捉されることができないのであるから，共通なものが聴覚の対象であることはないからである。<u>従って著者はしばしば，述語づけの遂行態によってその表示態を認識し，あるいは逆に，述語づけの</u>

第6章 代示 suppositio に関する,偽リカルドゥスとオッカムの議論　165

表示態によってその遂行態を認識している。(Ockham, *Expositio in Librum Praedicamentorum Aristotelis*, Cap. 9, §1; OPhII, p. 184, lin. 46-62)[15]

あるいは,『七巻本自由討論集』第7巻第9問題においても,オッカムは次のように述べている。

> tam philosophi quam communiter loquentes aliquando accipiunt actum exercitum pro actu signato, aliquando econverso. Et ideo propositiones auctorum et magistrales sunt falsae de virtute sermonis, sed verae sunt in sensu quo fiunt. Exemplum: doctores concedunt tales propositiones 'color est primum obiectum visus', 'triangulus habet tres angulos per se et primo' et huiusmodi, quae [16] sunt actus exerciti, quae sunt simpliciter falsae de virtute sermonis. Tamen propositiones in actu signato quas intendunt per istas sunt verae, puta istae 'de colore vere praedicatur esse primum obiectum visus', 'de triangulo vere praedicatur habere primo tres angulos', ubi termini supponunt simpliciter. Et isti actui signato correspondent duo actus exerciti, isti scilicet 'omnis triangulus habet tres angulos' et 'nihil aliud a triangulo habet tres angulos', ubi termini supponunt personaliter.

> 普通一般に話をする人々も,哲学者達も,或る時には述語づけの表示態のかわりに遂行態を用い,また或る時にはその逆を行なう。それゆえ,権威ある著者や教師達の述べる命題は文字通りに解されるならば偽であるが,しかしそのような命題が言われた意味においては真である。例えば博士達は,「色は視覚の第一の対象である」「三角形は自体的に,第一に,三つの角を持つ」といった述語づけの遂行態の命題を正しいと認めるが,しかしそれらの命題は,文字通りに解されるならば無条件に偽である。しかしながら,それらの命題によって彼等が言わんと意図した,述語づけの表示態の命題,すなわち「〈色〉に,〈視

---

15) 前掲拙訳,訳者註解,代示の理論,註26, 232-234頁を参照。
16) 全集版のテキストでは 'qui' となっているが,いくつかの写本に従い,'quae' と読む。

覚の第一の対象である〉ことが，真に述語づけられる」,「〈三角形〉に，〈第一に三つの角を持つ〉ことが真に述語づけられる」は真であり，ここでは命題を構成する語は単純代示を行なう。この述語づけの表示態には，二つの述語づけの遂行態「すべての三角形は三つの角を持つ」,「三角形以外の如何なるものも，三つの角を持たない」が対応しており，そこでは命題を構成する語は個体代示を行なう。
(Ockham, *Quodlibeta Septem*, Quodlibet VII, Quaestio 9; OThIX, p. 734, lin. 75-88)

　ここでオッカムが述べている述語づけの遂行態とは，「である（est）」という動詞によって形成されるものであり，単に或るものが他のものに述語づけられていることを表示するだけでなく，例えば「人間は動物である」,「人間は走る」と言うことによって，一方を他方に述語づけて，述語づけを遂行している命題の形態である。これに対して，述語づけの表示態とは，「述語づけられる」とか「主語となる」といった動詞を用いて，例えば「〈動物〉は〈人間〉に述語づけられる」と言う場合である。この場合には，「動物」という語が実際に，「人間」という語に述語づけられることが遂行されていない。なぜなら，この命題において，「動物」は主語であって，述語ではないからである。この命題においては，述語づけが表示されているに過ぎない。オッカムは，このような述語づけの遂行態（actus exercitus）と述語づけの表示態（actus signatus）との区別を設定することによって，言語のレベルの相違を導入していると考えられる。述語づけの遂行態，例えば「色は視覚の第一の対象である」は外界の事物（res）についての言明である。他方，述語づけの表示態，例えば「〈色〉に，〈視覚の対象である〉ことが，第一に述語づけられる」は外界の事物（res）についての言明ではなく，外界の事物を表示する言語，あるいは心の中の言葉である観念そのものについての言明だからである。オッカムはこの区別を導入することによって，これらの命題の主語（「色」,「音」）の代示の対象を，心の外の普遍的形相・共通本性から，心の中の普遍的観念へと転換させることができ，オッカム以前の人々やスコトゥス達の言う普遍的形相や共通本性を外界の事物（res）の側に措定することを避けることができたのである。

第6章 代示 suppositio に関する，偽リカルドゥスとオッカムの議論　167

　すなわち，「色は視覚の第一の対象である」という命題が文字通りに解され，もし「色」が或る個物を代示しているとしたら，この命題は偽となる。なぜなら，先に述べられたごとく，個々の色を主語とする，どの単称命題も偽だからである。では，オッカムの以前の人々が主張するように，「色」は外界の普遍的な形相や共通本性を代示すると解すべきであるのか。しかし「色」が普遍的なものを代示するとしても，この命題は依然として偽である。個別的な色のみが見られるものであり，普遍的なものは感覚によって把捉されることができないからである。更に何よりも，もし「色」が外界の普遍的な形相や本性を代示するとすれば，オッカムはスコトゥスの言うような共通本性を外界の事物（res）の側に認めなければならなくなる。しかし，これはオッカムが最も避けたいことである。オッカムによれば，外界の事物の側には，個である物以外には，何も存在しないからである[17]。

　そこでオッカムは，「色は視覚の第一の対象である」という述語づけの遂行態の命題を，「〈色〉に，〈視覚の対象である〉ことが，第一に述語づけられる」という述語づけの表示態の命題を意味するものとして解釈し，この命題を，外界の事物（res）についての言明ではなく，外界の事物（res）を表示している観念についての言明であるとし，「色」という語の代示の対象を，心の外の普遍的な形相や本性から，心の中の普遍的な観念へと転換させる。この述語づけの表示態「〈色〉に，〈視覚の対象である〉ことが，第一に述語づけられる」においては，「色」という語は，心の中の〈色〉という観念を単純代示しているからである。すなわち，〈色〉という観念に，〈視覚の対象である〉という観念が第一に述語づけられているということが，この命題によって意味されていることであり，このように解されるならば命題は真である。この観念〈色〉は，外界の多くの個々の色（この色，あの色，……）を表示し，命題の中で外界の個々の色を個体代示する普遍的な観念である。なぜなら，この述語づけの表示態は，次の二つの述語づけの遂行態（1）「すべての色は視覚の対象である」，（2）

――――――――――
　17) Ockham, *Summa Logicae*, I, cap. 66; OPhI, p. 204, lin. 127. 拙訳『大論理学註解 II』85頁。

「色以外の如何なるものも，視覚の対象ではない」に対応し，これらの遂行態においては，「色」は外界の個々の色を個体代示することができるからである[18]。

```
Ⅰ．「色は視覚の第一の対象である」（述語づけの遂行態）
    命題は文字通りに解されるならば偽である。
Ⅱ．命題を述語づけの表示態と解釈
    「〈色〉に，〈視覚の対象である〉ことが，第一に述語づけられる」
    述語づけの表示態の「色」という語は，心の中の〈色〉という観念を単純代示している。

    心の中の〈色〉 ──第一に述語づけられる── 心の中の〈視覚の対象
    という観念                                である〉という観念
            ＼個体代示
    外界の個物  ＼    ＼         ＼
        個物(1)この色  個物(2)あの色  個物(3)
```

かくしてオッカムによれば，このように命題を，述語づけの遂行態から表示態へと変形して解釈することによって，心の外に普遍的な形相や共通本性の存在を認めることなしに，これらの命題を真であるとすることができる。

　更に，先に（三）オッカムの解答（Ⅰ）で，文字通りに解されるならば偽であると言われた命題（1）「人間は被造物のうちで最も優れたものである」も，オッカム自身ははっきりと明言してはいないが，この命題を述語づけの遂行態から表示態へと転換して解釈することによって，命題は真となる[19]。
Ⅰ．「人間は被造物のうちで最も優れたものである」（述語づけの遂行態）
　　この述語づけの遂行態の「人間」という語は個体代示を行なっており，文字通りに解するならば，命題は偽である。

　18）「音は聴覚の第一の，それに適合した対象である」という命題に関しても同じことを言うことができる。前掲拙訳，訳者註解，代示の理論，註30-31，240-242頁を参照。
　19）拙著『オッカム「大論理学」の研究』第3章，167-168頁を参照。

II. この命題を述語づけの表示態に変形

「〈人間〉に，〈被造物のうちで最も優れている〉ことが述語づけられる」

この述語づけの表示態の「人間」という語は，外界の多くの個物を表示し，それらに述語づけられる心の中の〈人間〉という観念を単純代示している。すなわち，〈人間〉という普遍観念に，〈被造物のうちで最も優れている〉という普遍観念が述語づけられるということが，この命題によって意味されているのであり，このように解されるならば命題は真である。

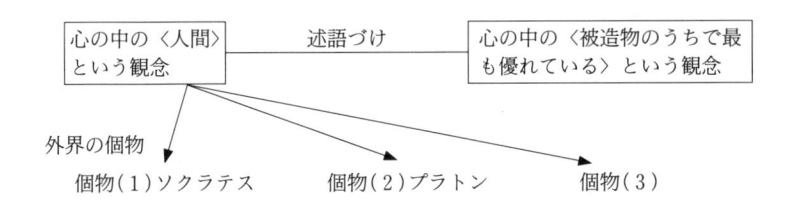

```
心の中の〈人間〉 ──述語づけ── 心の中の〈被造物のうちで最
という観念                        も優れている〉という観念

外界の個物 ↓           ↓                    ↓
   個物(1)ソクラテス   個物(2)プラトン      個物(3)
```

このように命題を，述語づけの遂行態から表示態へと変形することによって，命題は真となる。

このようなオッカムの解釈が，〈心の外に，如何なる普遍的なものの存在も認めようとしない〉オッカムの基本的な立場を反映したものであることは明らかである。オッカムと同時代のバーレーも，述語づけの遂行態を表示態へと転換するオッカムの解釈が，〈心の外には個物以外に何も存在しない〉というオッカムの主張に基づくことを証言して，次のように述べている。

<u>Sustinentes tamen, quod nihil est extra animam nisi singulare</u> habent dicere, quod haec est simpliciter falsa: 'Color est primum obiectum visus', et haec similiter est falsa de virtute sermonis: 'Homo est primo risibilis', et haec similiter falsa: 'Aliquid est primo corruptibile'. Tamen sensus, in quibus fiunt, sunt veri. Et in praedictis propositionibus, secundum quod philosophi et communiter loquentes concedunt eas, accipitur actus exercitus pro actu significato. …… Cum igitur philosophi concedant illam: 'Color est

primum obiectum visus', accipitur 'esse' pro praedicari secundum intellectum eorum, et ita per actum exercitum intelligatur unus actus significatus talis, scilicet, quod de colore praedicatur primo esse visibile vel esse apprehensibile a visu, et per illam: 'Homo est primo risibilis', intelligatur unus actus significatus talis: 'De homine primo esse risibile' ……

<u>心の外には個物以外に何も存在しないと主張する人々（オッカム）</u>は，次のように言わなくてはならぬ。「色は視覚の第一の対象である」という命題は無条件に偽であり，同様に「人間は第一に笑うことができるものである」という命題も文字通りに解するならば偽であり，同様に「或るものは第一に可滅的なものである」という命題も偽である。しかしながら，これらの命題がつくられた意味においては，真である。哲学者やその他の一般に議論する者達が，これらの命題を真と認める限りにおいては，これら前述の命題における述語づけの遂行態は，述語づけの表示態の意味に解される。……従って，「色は視覚の第一の対象である」という命題を哲学者達が真であると認める場合，彼等の理解によれば，そこでの「……である」は，「述語づけられる」の意味に解される。それゆえ，「色は視覚の第一の対象である」という述語づけの遂行態によって，「〈色〉に，〈見られうる〉あるいは〈視覚によって把捉されうる〉が，第一に述語づけられる」という一つの述語づけの表示態が理解される。そしてまた，「人間は第一に笑うことができるものである」によって，「〈人間〉に，〈笑うことができる〉が第一に述語づけられる」という一つの述語づけの表示態が理解される。(Walter Burleigh, *De Puratate Artis Logicae Tractatus Longior*, I, c. 3, ed., Ph. Boehner, St. Bonaventure, New York, 1955, p. 16, lin. 5-21)[20]

---

20) 拙訳『大論理学註解II』訳者註解，代示の理論，註29, 237-238頁を参照。

（五）偽カムプザルのリカルドゥスの反論

このオッカムの解釈に対して，スコトゥス学派の偽リカルドゥスは，〈普遍的な共通本性が心の外に存在する〉という立場から，次のように反論している。

> dico quod subjectum supponit formaliter sive pro suo primario significato, puta, <u>pro illa communi quam dictum est supra esse genus.</u> Et quando dicitur quod nullus color videtur nisi singularis, dico quod aliquid esse singulare potest intelligi tripliciter: aliquid enim dicitur esse singulare primo et per se, sicut differentia individualis; aliud per se et non primo, sicut illud quod resultat ex differentia individuali et natura specifica; aliud autem quod nec per se nec primo, sed denominative, …… Quando ergo dicitur nullus color videturnisi singularis, dico quod verum est nisi *singularis* aliquot praedictorum modorum. Nunc autem, color qui est primum objectum visus, licet non est singularis per se primo, est tamen singularis per denominationem, et illud sufficit ad hoc quod posit videri. Idem est dicendum de ista propositione: *sonus est primum objectum auditus*, et de ista: *odor est primum objectum olfactus*, et sic de similibus. …… Ex isto sequitur quod false dicunt illi qui dicunt quod subiecta talium propositionum supponunt simpliciter. Secundo sequitur quod <u>abusio est negare tales propositiones concessas a philosophis et doctoribus et dicere quod falsae sint de virtute sermonis, dando expositions extortas per actum exercitatum et significatum.</u>

命題（「色は視覚の第一の対象である」）の主語は形相的代示（suppositio formalis）を行なっているのであり，第一に表示するところのもの，すなわち<u>先に類と呼ばれた或る共通なものを代示する</u>と私は主張する。そして，「個別的な色のみが見られるものである」と言わ

れる[21]時には，私は次のように答える。或るものが個であるということは，三通りの仕方で理解されうる。或るものは第一に，自体的な仕方で個と呼ばれる。個体的差異（differentia individualis）がすなわちそれである。また，或るものは第一にではないが，自体的に個と呼ばれる。個体的差異と種的本性の結合の結果として生ずるところのもの，個物がすなわちそれである。また，或るものは自体的に個なのでも，第一に個なのでもないが，しかし派生的（denominative）に個と呼ばれる[22]。……従って，「個別的な色のみが見られる」と言われる時には，上述の三通りのいずれかの仕方で個であるもののみが見られるということは真であると，私は答える。しかるに，視覚の第一の対象である色（という共通本性）は，第一に自体的な仕方で個ではないが，しかし派生的に個なのであり，見られうるということのためにはそれで充分である。「音は聴覚の第一の対象である」や「匂いは聴覚の第一の対象である」に関しても，同じことが言われなくてはならぬのであり，それらと類似した命題についても同様である。……これらから，次のことが結論される。第一に，このような命題の主語が単純代示を行なっていると述べる人々（オッカム）は，誤って述べてい

---

21) （一）で引用された偽リカルドゥスのテキスト 'nullus color videtur nec primo nec non primo nisi color singularis' (Ps. Richardus de Campsall, *Logica contra Ockham*, cap. 52, edited by E. A. Synan, p. 204) を参照。（四）で議論されたごとく，普遍的なものは感覚によって把捉されることができないからである。
22) ドゥンス・スコトゥスが個体化の原理の問題について論じている，『命題集註解』第2巻第3区分第1部第6問題（*Ord.* II, d. 3, p. 1, q. 6, n. 175; VaticanaVII, p. 477, lin. 17 -p. 478, lin. 2) の次の一節を参照。
　この石の中に存在するものは何であれ，数的に一である。——或るものは第一に（primo）数的に一であり，或るものは自体的に（per se）数的に一であり，或るものは派生的に（denominative）数的に一である。おそらく〈第一に〉は，それによってこのような数的な一が結合体に属するところのもの（すなわち個体的差異）が第一に数的に一である。次に，この数的な一によって第一に一である（個体的差異）がそれの自体的部分であるところ，この石が，〈自体的に〉数的に一である。他方，現実態において或るもの（すなわち個体的差異）によって完成される，可能態においてあるもの（すなわち共通本性）は，いわば派生的にその現実態に関わっており，それゆえ，本性は単に〈派生的に〉数的に一である。（ヨハネス・ドゥンス・スコトゥス著，拙訳『命題集註解（オルディナチオ）』第2巻，中世思想原典集成18，288頁）

るのである。第二に，このような哲学者達や博士達によって真であると認められた命題を否定し，述語づけの遂行態と表示態の区別によって無理やりくっ付けた説明を与えて，これらの命題は文字通りに解されるならば偽であると述べているのは間違っている。(Ps. Richardus de Campsall, *Logica contra Ockham*, cap. 52, edited by E. A. Synan, p. 204)[23]

すなわち偽リカルドゥスは，オッカムの述語づけの遂行態を表示態に転換することによる解釈を批判し，「色は視覚の第一の対象である」という命題の主語「色」は形相的代示を行ない，個々の色が共通に分有している普遍的形相・共通本性を代示すると述べている。更に，「共通本性が視覚の第一の対象であるはずがない。個別的な色のみが見られる」という先の議論に対しては，偽リカルドゥスはスコトゥスの個体化の理論を用いて，次のように答えている。共通本性はそれ自体においては (de se) 個ではないが，しかし外界の実在の世界において，或る特定の個物の内に存在する限りにおいて，共通本性は派生的に (denominative) 個である。従って，色という共通本性は見られるのに充分な条件を満たしており，共通本性が視覚の第一の対象であることは何ら不都合ではない[24]。

(六) 述語づけの遂行態を表示態へと転換させるオッカムの意図

以上において我々は，代示の問題に関する偽リカルドゥスとオッカムの議論を見てきたのであるが，そこから次のことが明らかになる。偽リカルドゥスは，スコトゥス学派に属する者であって，命題（1）「人間は被造

---

23) 拙訳『大論理学註解II』訳者註解，代示の理論，註29, 238-240頁を参照。
24) スコトゥスは『命題集註解』第2巻第3区分第1部第6問題（*Ord.*, II, d. 3, p. 1, q. 6, n. 173; Vaticana VII, p. 477, lin. 6-10）において，次のように述べている。
現実態において或るもの actuale（個体的差異）によって特定化される，可能態においてあるもの potentiale（共通本性）は，この現実態におけるものによって形相づけられ，それゆえ，この現実態に伴っている一（数的な一）によって形相づけられている。かくして本性は，この現実態におけるもの（個体的差異）に固有な一（数的な一）によって派生的 denominative に一である。（拙訳，中世思想原典集成18, 287-288頁）

物のうちで最も優れたものである」,命題（2）「色は視覚の第一の対象である」,「音は聴覚の第一の,それに適合した対象である」の主語の代示の問題を,〈多くの個物の内に共通に内在し,個物の存在を根拠づけている普遍的な形相的原理である共通本性が心の外に存在する〉という立場[25]に基づいて解釈している。すなわち偽リカルドゥスによれば,これらの命題の主語「人間」,「色」,「音」は形相的代示（suppositio formalis）を行なっており,個々の人間が共通に有している,あるいは個々の色,個々の音が共通に有している普遍的な形相・共通本性を代示している。この点で,偽リカルドゥスの解釈は,（二）で述べた,オッカム以前の伝統的な説（シャーウッドやバーレー等）を継承している。そして命題（2）の主語「色」の代示に関して提出された,「この語が共通なものを代示し,形相的代示を行なっているとしても,命題は偽である。個別的な色のみが,見られるものだからである」という異論に対しては,（五）で述べたごとく偽リカルドゥスは,〈共通本性はそれ自体においては（de se）個ではないが,しかし外界の実在の世界において,或る特定の個物の内に存在する限りにおいて,派生的（denominative）に個である〉というスコトゥスの個体化の理論を用いて答えている。

　他方,（四）で述べたごとく,オッカムにとっては,このような〈多くの個物の内に普遍的原理－共通本性－が内在し,個物は普遍的原理である共通本性によって根拠づけられており,普遍的原理によって存在する〉という考えこそがまさに,否定されるべきものだったのである[26]。オッカムは,命題（1）と（2）の主語の代示の問題を議論したすぐ後で,付け加えて,

>　……intentione animae, quae est communis per praedicationem pluribus, ……Et huius ratio est qui nihil est a parte rei quin sit simpliciter singulare.

---

25)　すなわち伝統的には,神の精神の中の普遍的な範型的イデアである〈事物の前の普遍〉,心の観念である〈事物の後の普遍〉の他に,〈事物の中の普遍〉が考えられていた。オッカムは,〈事物の中の普遍〉を否定し,更に〈事物の前の普遍〉をも否定する（拙著『オッカム「大論理学」の研究』第2章,114-115頁）。本書序論「二　オッカムの哲学の基本的な立場」を参照。

26)　本書第2章を参照。

第6章 代示 suppositio に関する,偽リカルドゥスとオッカムの議論　175

　Unde error istorum omnium qui credebant aliquid esse in re praeter singulare et quod humanitas, quae est distincta a singularibus, est aliquid in individuis et de essential eorum, induxit eos in istos errors et multos alios logicales.
　心の観念が述語づけによって (per praedicationem),外界の複数の事物に共通な普遍なのである。……外界の事物の側には,端的に個である物以外には,何も存在しないからである。
　かくして,「外界の事物の側に,個物以外に何か或るものが存在する。例えば,個々の人間から区別された人間の本性が,諸々の個物のうちに,それらの本質に属するものとして存在する」と考えたすべての人々の誤謬が,彼等をこれらやその他の多くの論理学上の誤りへと陥らせたのである。(Ockham, *Summa Logicae*, I, c. 66; OPhI, p. 204, lin. 125-131)[27]

と述べている。それゆえオッカムは,先ず命題(1)の主語「人間」の代示の問題に対しては,〈普遍が個物の存在を根拠づける〉という普遍優位の考えを否定し,むしろ〈個物は普遍的な本性よりも,より完全である〉という個体優位の思想に基づいて解答している。すなわち,もし「人間は被造物のうちで最も優れたものである」の主語「人間」が,心の外の普遍的な形相・共通本性を代示するとしたら,普遍的な人間の形相・共通本性のほうが,個々の人間よりも優れていることになる。しかし,これは偽である。ソクラテスやプラトンといった個物のほうが,普遍的な人間の形相・共通本性よりも優れているからである。それゆえ,この命題は文字通りに解されるならば偽である。
　更に,命題(2)の主語「色」,「音」の代示の問題に対しては,オッカムは〈外界の事物のうちには,個であるもの以外には何も存在しない。心の外に,普遍的な共通本性が存在することはない〉という彼の個体主義[28]

---

27) 拙訳『大論理学註解II』85頁。このオッカムのテキストは,序章においても引用された。
28) オッカムの個体主義については,Armand A. Maurer, "William of Ockham", in the *Individuation in Scholasticism, The Later Middle Ages and the Counter–Reformation, 1150-1650*, edited by Jorge J. E. Gracia, State University of New York Press, 1994, pp. 373-396 を参照。

に基づいて議論している。すなわち，もし「色は視覚の第一の対象である」，「音は聴覚の第一の，それに適合した対象である」という命題が文字通りに解され，「色」や「音」が或る個物を個体代示しているとしたら，この命題は偽である。では，オッカム以前のシャーウッドやバーレー達の伝統的な説，あるいは偽リカルドゥスの解釈のように，これらの命題の主語「色」や「音」は外界の個々の色，個々の音が共通に有している普遍的な形相や共通本性を代示すると考えるべきなのか。しかし，〈心の外に，如何なる普遍的なものの存在も認めない〉というのがオッカムの最も基本的な立場である。それゆえオッカムは，心の外に普遍的な形相や共通本性の存在を認めることなしに，これらの命題を真であるとするために，これらの命題を述語づけの表示態へと転換して解釈し[29]，これらの命題が外界の事物 (res) についての言明ではなく，外界の事物 (res) を表示している観念についての言明であるとする。すなわちオッカムによれば，例えば「色は視覚の第一の対象である」は，「〈色〉に，〈視覚の対象である〉が第一に述語づけられる」という述語づけの表示態を意味するものとして解釈されるべきであり，この述語づけの表示態において「色」という語は，心の中の〈色〉という観念を単純代示しており，心の中の〈色〉という観念に，〈視覚の対象である〉という観念が第一に述語づけられるということが，この命題によって意味されていることなのである。ここにおいてオッカムは，「色」の代示の対象を，心の外の普遍的な形相・共通本性から，心の中の普遍的な観念へと移行させている。「音は聴覚の第一の，それに適合した対象である」という命題に関しても同様である。

---

29) 述語づけの遂行態を表示態へと転換させて命題を解釈するオッカムの意図が，心の外に個物以外の存在を不必要に措定しようとする傾向を抑えることであったことは，Gabriel Nuchelmans も指摘している ("Ockham on Performed and Signified Predication" in *Ockham and Ockhamists*, Nijmegen Ingeniun Publishers, 1987, pp. 59-61)。更にまた Armand Maurer が指摘しているごとく ("Method in Ockham's Nominalism" in *Being and Knowing*, Pontifical Institute of Medieval Studies, 1990, pp. 417-419)，オッカムは『センテンチア註解』の中で (Sent., I, d. 2, q. 6; OThII, p. 220, lin. 1-16)，述語づけの遂行態と表示態の区別によって，スコトゥスの個体化の理論そのものをも批判している。拙訳『オッカム著，スコトゥス「個体化の理論」への批判——センテンチア註解，L. 1, D. 2, Q. 6』ラテン語対訳版，知泉書館，2004, 114-115頁，及び註125, 160-161頁を参照。

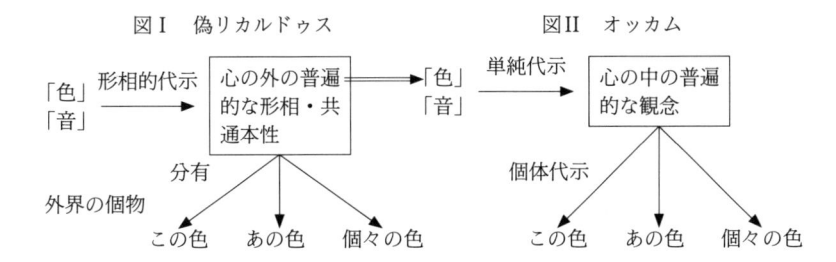

第 6 章　代示 suppositio に関する，偽リカルドゥスとオッカムの議論　177

```
     図 I  偽リカルドゥス              図 II  オッカム

            形相的代示 ┌心の外の普遍┐  単純代示  ┌心の中の普遍┐
「色」      ─────→ │的な形相・共│ ─────→ │的な観念   │
「音」              │通本性    │       │          │
                    └─────┘       └─────┘
              分有    │               個体代示 │
外界の個物         ↙ ↓ ↘                    ↙ ↓ ↘
              この色 あの色 個々の色      この色 あの色 個々の色
```

　かくして，オッカムが命題を述語づけの遂行態から表示態へと転換させる意図が，心の外の普遍的な共通本性を否定し，〈心の内のものと，心の外のものを区別する〉ことにあったことは明らかである。

関連テキスト
（羅話対訳）

Guillelmus de Ockham, Quodlibeta Septem, Quodlibet II, Quaestio 7
(OTh IX, pp. 141-145)

Utrum existentia angeli distinguatur ab essentia eius

Quod sic: Quia existentia angeli est separabilis ab essentia; igitur distinguuntur. Assumptum patet, quia essentia aliquando existit, aliquando non.

Contra: Tunc existentia esset accidens essentiae, quod falsum est.

[Ad Quaestionem]

Ad istam quaestionem dico quod existentia angeli non est aliud ab essentia; quod probatur, quia non est accidens essentiae. Patet inductive. Nec est aliqua substantia, quia nec est materia nec forma nec compositum.

Si dicis quod est respectus dependentiae creaturae ad Deum, contra hoc: quia tales respectus sunt superflui. Praeterea si sic, posset angelus esse sine tali respectu dependentiae. Consequens falsum. Consequentia patet, quia minus dependet angelus a tali respectu quam effectus a sua causa, et accidens a suo subiecto, et forma a materia; sed omnis ista potest Dues facere sine aliis; igitur etc.

関連テキスト①

オッカム『七巻本自由討論集』
第2巻第7問題

天使の存在（エクシステンチア）は天使の本質（エッセンチア）と区別されるか

　（賛成の論）区別される。天使の存在（エクシステンチア）は天使の本質（エッセンチア）と分離されることが可能である。それゆえ，両者は区分される。前提は明らかである。本質（エッセンチア）は或る場合には存在し，或る場合には存在しないからである。

　（反対の論）両者が区別される場合には，存在（エクシステンチア）は本質（エッセンチア）の付帯性であることになるであろう。これは偽である。

［問いに答えて］

　この問いに答えて私は，「天使の存在（エクシステンチア）は天使の本質（エッセンチア）と別なものではない」と述べる。このことは，次のように証明される。天使の存在（エクシステンチア）は，本質（エッセンチア）の付帯性ではない。このことは個々の例から帰納的に明らかである。更にまた天使の存在（エクシステンチア）は，実体でもない。なぜなら，存在（エクシステンチア）は，質料でも形相でもそれらの結合体でもないからである。

　もしあなたが，「存在（エクシステンチア）がまさに，被造物が神に依存する関係である」と反論するならば，これに対しては次のように答える。このような関係は不要である。もし存在（エクシステンチア）がまさにこのような関係であるとしたら，天使はこのような依存関係なしに在ることができることになるが，しかしこの後件（結論）は偽である。ここでの推論は明白である。天使がこのような関係に依存する程度は，結果が原因に依存する，あるいは付帯性がその基体に依存する，あるいは形相が質料に依存する程度よりもより少ない。然るに神は，これら（結果と原因，付帯性と基体，形相と質料）のうちの一方を他方なしに生じさせることができる。それゆえ，

Item tunc exsistentia angeli esset accidens angeli, et per consequens prius natura esset essentia angeli quam eius existentia. Similiter substantia est prius natura quam accidens; igitur potest esse sine eo.

Item omnem rem priorem naturaliter potest Deus facere sine posteriore; igitur posset facere essentiam sine existentia.

Item si sic, aut facerent unum per se, aut unum per accidens. Si per se, igitur unum esset materia et aliud forma. Si per accidens, igitur angelus esset unus per accidens.

Ideo dico quod nullo modo distinguuntur.

[Instantiae]

Sed contra: Quod semel distinguitur ab aliquo, semper distinguitur ab eodem; sed existentia angeli aliquando distinguebatur ab angelo, puta quando angelus non fuit; igitur etc.

Praeterea quod est indifferens ad esse et non esse, distinguitur ab utroque; sed essentia est indifferens ad esse et non esse; igitur etc.

Praeterea quando angelus non fuit, haec fuit vera 'essentia est essentia' sive 'angelus est angelus', et non ista 'angelus est existentia', nec ista 'angelus est': igitur distin-

云々。

　同じくまた，もし存在（エクシステンチア）がまさに，被造物が神に依存する関係である場合には，天使の存在（エクシステンチア）は天使の付帯性であり，従って天使の本質（エッセンチア）は，天使の存在（エクシステンチア）よりも本性的により前であることになるであろう。同様に，実体は付帯性よりも本性的により前である。それゆえ一方が他方なしにあることが可能であることになってしまうであろう。

　同じくまた，神は本性的により前なるものを，より後なるものなしに生じさせることができる。それゆえ神は本質（エッセンチア）を，存在（エクシステンチア）なしに生じさせることができることになってしまうであろう。

　同じくまた，もし存在（エクシステンチア）と本質（エッセンチア）が別なものであるとしたら，それらは自体的に一なるものを形成するか，あるいは付帯的に一なるものを形成するか，いずれかである。もし自体的に一なるものを形成するとしたら，それらの一方は質料であり，他方は形相であることになってしまう。もしそれらが付帯的に一なるものを形成するとしたら，天使は付帯的に一であることになってしまう。

　それゆえ，「それらは決して異なるものではない」と私は主張する。

［異　論］

　（一）一度，或るものと区別されたものは，常に同じものと区別される。然るに天使の存在（エクシステンチア）は，或る時に天使と区別される。それは例えば，天使が存在しなかった場合である。それゆえ，云々。

　（二）存在（エッセ）や非存在に対して中立であるものは，それら両方から区別される。然るに，本質（エッセンチア）は存在（エッセ）や非存在に対して中立である。それゆえ，云々。

　（三）天使が存在しなかった時，「本質は本質である」とか「天使は天使である」といった命題は真であったが，「天使は存在である」とか「天使は存在する」といった命題は真ではなかった。それゆえ，本質（エッセンチア）と存在（エッセ）は区別される。

guuntur.

Praeterea sequitur: existential angeli non est essential angeli; igitur existentia angeli distinguitur ab essential angeli. Antecedens est verum, igitur consequens.

Praeterea quando angelus non fuit, aut existential angeli fui idem cum essentia angeli, aut distinctum. Non idem, quia tunc non existebat; igitur distinctum ab illa.

[Ad Instantias]

Ad primum istorum dico quod existentia angeli numquam distinguebatur a sua essentia, et tamen aliquando existentia non fuit essentia. Sicut essentia angeli numquam distinguebatur ab essentia, et tamen aliquando essentia angeli non fuit essentia, quia aliquando fuit nihil.

Ad aliud dico quod non magis est essentia indifferens ad esse et non esse quam existentia, quia sicut essentia potest esse existentia et potest non esse existentia, ita existentia potest esse essentia et potest non esse essentia. Unde idem omnino significatur et consignificatur per unum et per reliquum. Tamen 'esse' aliquando est nomen, et tunc significant omni modo grammaticali et logicali idem cum 'essentia'. Aliquando est verbum, et tunc significat idem verbaliter quod 'essentia' significat nominaliter. Et ideo unum non ponitur convenienter loco alterius, quia non habent eadem officia, sicut nec nomen et verbum. Et ideo 'esse' aliquando

（四）〈天使の存在（エクシステンチア）は天使の本質（エッセンチア）ではない。ゆえに，天使の存在（エクシステンチア）は天使の本質（エッセンチア）と区別される〉という推論は成立する。前件は真であり，それゆえ後件も真である。

（五）天使が存在しなかった時，天使の存在（エクシステンチア）は天使の本質（エッセンチア）と同じものであるのか，異なるものであるのか，いずれかである。同じものではない。その場合，天使は存在しなかったのだからである。従って，天使の存在（エクシステンチア）は天使の本質（エッセンチア）と異なるものである。

［異論に対するオッカムの解答］

これらの異論の（一）に対しては，私は次のように答える。天使の存在（エクシステンチア）がその本質（エッセンチア）と区別されることはない。しかし或る時に，存在（エクシステンチア）は本質（エッセンチア）ではなかった。それはちょうど，天使の本質は本質と区別されることはないが，或る時に天使の本質は本質ではなかったのと同様である。或る時には，天使は存在しなかったのだからである。

（二）に対しては，私は次のように答える。存在（エクシステンチア）が存在や非存在に対して中立であることはないのと同様に，本質（エッセンチア）が存在や非存在に対して中立であることはない。なぜならその場合には，本質（エッセンチア）が存在（エクシステンチア）であることも，存在（エクシステンチア）でないこともありうるのと同様に，存在（エクシステンチア）が本質（エッセンチア）であることも，本質（エッセンチア）でないこともありうることになってしまうからである。それゆえ，一方によって表示されている，あるいは副次的に表示されているのと全く同じものが，他方によっても表示されている，あるいは副次的に表示されているのである。ただし，或る場合には 'esse' は名詞であり，その場合には 'esse'（存在）は，'essentia'（本質）と全く同じ文法的論理的仕方で同じものを表示する。また，或る場合には 'esse' は動詞であり，その場合には 'esse'（存在する，在る）は，'essentia'（本質）が名詞として表示するのと同じものを，動詞と

convenienter ponitur inter duos terminus dicendo 'homo est animal' vel 'homo potest esse animal'; inter quos non convenienter ponitur 'essentia', quia nihil est dictum dicere 'homo essentia animal'. Ita est de 'cursu' et 'currere' et multis talibus. Sic igitur est essentia indifferens, quia utraque pars contradictionis potest esse vera successive.

Ad aliud dico quod quando angelus non fuit, haec fuit falsa 'angelus est angelus' sive 'essentia angeli est essential' sive 'angelus est substantia, ens', sicut ista 'angelus est existentia'; quia per omnes tales implicatur quod angelus sit aliquid. Ideo quandocumque haec est vera 'angelus est essentia vel ens', erit haec vera 'angelus est existentia' vel 'angelus existit', quia existentia et essentia idem omnino significant.

Ad aliud nego istam consequentiam: exsistentia angeli non est essentia angeli, igitur existential angeli distinguitur; quia per antecedens non importatur angelum esse, per illam negativam; sed per consequens importatur angelum esse; igitur etc.

Ad aliud dico quod nec fuit idem nec distinctum, quia 'idem' et 'distinctum' sunt differentiae entis.

して表示する。それゆえその場合には，名詞と動詞が同じ働きを持っていないのと同様に，それらが同じ働きを持っていないことから，それらの一方が他方の代わりに置かれることが適切ではないのである。「存在する（在る）」(esse) は或る場合には，「人間は動物で在る」(homo est animal)，「人間は動物で在ることが可能である」(homo potest esse animal) と言うように，二つの語の間に置かれることは適切であるが，「本質」(essentia) が二つの語の間に置かれることは適切でないのは，このゆえである。'homo essentia animal' と言うことは何も言われていないのと同じだからである。「走行」(cursus) と「走る」(currere) やその他の多くの語においても同様である。それゆえ「本質（エッセンチア）は存在（エッセ）や非存在に対して中立である」と異論で言われているのは，矛盾対立するもの（「本質は存在する」と「本質は存在しない」）の両方の部分が，或る時には一方が真であり，続いて或る時には他方が真でありうるという意味にすぎない。

　（三）に対しては，私は次のように答える。天使が存在しなかった時には，「天使は存在である」という命題が偽であったのと同様に，「天使は天使である」「天使の本質は本質である」あるいは「天使は実体であり，存在するものである」という命題も偽であったのである。なぜなら，このようなすべての命題によって，天使が或る実在するもの（aliquid）であることが含意されているのだからである。それゆえ，「天使が本質であり，存在するものである」という命題が真である場合には常に，「天使は存在である」，「天使は存在する」という命題もまた真であるだろう。「存在」（エクシステンチア）と「本質」（エッセンチア）は全く同じものを表示しているからである。

　（四）に対して私は，〈天使の存在（エクシステンチア）は天使の本質（エッセンチア）ではない。ゆえに，天使の存在（エクシステンチア）は天使の本質（エッセンチア）と区別される〉という推論を否定する。なぜなら，この推論の前件である否定命題によっては，天使が存在することが含意されていない。しかし後件命題によって，天使が存在することが含意されているからである。従って，云々。

　（五）に対しては，私は次のように答える。同じでも，異なるのでもなかったのである。なぜなら，「同じ」とか「異なる」といったことは，存在しているものの間の相違だからである。

Contra: Quando non fuit angelus, plus distinguebatur asinus ab angelo quam angelus ab angelo, sive idem a se; igitur istae differentiae conveniunt non-enti.

Rspondeo quod non plus distinguebatur tunc de facto, sed plus potuit distingui quando utrumque ponitur in effectu.

Ad principale dico, sicut patet ex dictis, quod nec essentia est separabilis ab existentia nec econverso, licet utraque pars istius contradictionis 'esse−non esse' possit successive praedicari tam de essentia quam de existentia.

（オッカムの解答に対する反論）　たとえ天使が存在していなかった場合であっても，ロバと天使は，天使と天使，すなわち同一のものとそれ自身よりも異なる。それゆえ，こうした相違は存在しないものにも当てはまる。

この反論に対しては，私は次のように答える。天使が存在していなかった時には，事態として，ロバと天使のほうが，天使と天使よりも異なるということはなかった。ただ，両方（ロバと天使）とも現実に存在すると仮定される時に，ロバと天使のほうが，天使と天使よりも異なるということがありうるのである。

主要な賛成の論に対しては，私は次のように言う。「在る」「在らぬ」という矛盾対立するものの両方とも本質（エッセンチア）や存在（エクシステンチア）にかわるがわる述語づけられるとはいえ，これまで述べられてきたことから明らかなごとく，本質（エッセンチア）が存在（エクシステンチア）から分離可能であることも，またその逆もない。

Ioannus Duns Scotus, Quaestiones super libros Meta-physicorum Aristotelis, Lib. VII, Q. 13
(Opera Philosophica IV, St. Bonaventure, N. Y. 1997, pp. 239-246)

61 Et sic videtur quod natura non est haec de se, quia cuiuscumque propria unitas realis est minor unitate numerali, illud non est de se unum unitate nummerali, sive non est sufficiens causa talis unitatis, sive non est de se hoc. Sed naturae in isto propria unitas realis est minor unitate numerali. Ergo natura in isto de se non est haec. — Probatur maior: quia nihil est de se unum unitate maiori sua propria [1] unitate. Quia cum unitate minori sine contradictione potest stare multitudo opposita unitate maiori, quae multitudo non potest stare cum unitate maiori [2]. — Probatio minoris: quia si nulla unitas realis naturae est minor haecitate [3], nec unitas realis suppositi est minor. Patet: nulla erit realis unitas minor etc. Consequens falsum, quia tunc omnis unitas realis erit numeralis; quod improbabitur postea.

62 Respondetur ad probationem minoris quod aliqua unitas realis est minor, sed nec propria naturae nec suppositi.

63 Contra: sicut unum convertitur cum ente, ita omnis modus unius cum aliquo gradu entis cui est proprius ille modus. — Item, loco de 'propria' ponatur 'sufficiens', et tantum valet argumentum. Probabitur enim quod aliqua est minor unitas unitate numerali qua natura sufficienter est

関連テキスト②

ヨハネス・ドゥンス・スコトゥス
『アリストテレス形而上学問題集』
第7巻第13問題

61 本性はそれ自体においては・こ・の・も・のではないと考えられる。それにとって固有で実在的な一が，数的な一よりもより小さい（弱い）一であるものは，それが何であろうと，それ自体で数的な一によって一であることはないし，あるいは，このような数的な一性の充分な原因であることもないし，それ自体で・こ・の・も・のであることもない。しかるに，この石の中の本性にとって固有な，実在的な一は，数的な一よりも小さい（弱い）一である。従って，この石の中の本性は，それ自体においては・こ・の・も・のではない。——大前提は次のように証明される。何物もそれ自体で，自らに固有な[1]一よりも，より大きな（強い）一性によって〈一〉であることはない。より小さな（弱い）一は矛盾することなく，より大きな（強い）一に対立する多と両立可能である。しかし多はより大きな（強い）一と両立可能ではない[2]。——小前提の証明。もし本性の持つ〈実在的な一〉が・こ・の・も・の性 (haecitas)[3] よりも小さい（弱い）ものではなく，基体の持つ実在的な一がより小さい（弱い）ものでないとしたら，数的な一よりもより小さい（弱い）実在的な一は存在しないことになるであろうことは明らかである。しかしこの結論は誤りである。なぜならその場合には，すべての実在的な一が数的なものになってしまうからである。このことは，後で論駁されるであろう。

62 この小前提の証明に対して，「或る実在的な一は，数的な一よりもより小さい（弱い）ものであるが，そのような一は本性に固有なものでも，基体の持つ固有な一でもない」と答えられるとしたら，

63 私は次のように反論する。一と存在が置換されるのと同様に，一性のあらゆる様態 (modus unius) は，その様態が固有である存在の濃度 (gradus entis) と置換される[4]。——同じくまた，「固有な」という語の代わりに「充分な」という語が置かれるならば，それだけで（62の）議論は妥当となる。なぜならその場合には，「それによって本性が充分な仕方で〈一〉である数的な一性よりも，より小さい（弱い）或る実在的な一性があり，本性そ

una, ita quod ipsa praecise non sit causa maioris unitatis.

64 Vel probetur sic minor: omne ens reale, secundum quod tale, habet unitatem aliquam realem. Quia licet albedo secundum se non sit una numero vel plura —— secundum AVICENNAM, V Metaphysicae ——, nec sic una ita quod unitas sit intra quiditatem, tamen albedo secundum se est unum aliquid. Sed natura, secundum quod natura, est vere ens reale. Ergo est unum aliqua unitate reali; non unitate individuali, quia tunc omnis unitas realis esset numeralis, quia tam illa quae est naturae quam illa quae est suppositi.

65 Consequens multipliciter improbatur:

[PRIMA IMPROBATIO CONSEQUENTIS] —— Primo sic: quia tunc omnis diversitas realis esset numeralis; consequens falsum est. —— Probatio consequentiae: omne diversum est in se unum, quia unum ab alio divisum; igitur si non realiter unum in se, diversitas eius, ut sic, non erit realis. Probatio falsitatis consequentis: tum quia tunc omnis diversitas realis aequalis. Et licet hoc prima facie sit incoveniens, tamen probatur: quia tunc nihil esset in re quare intellectus magis abstraheret aliquid unum ab istis quam ab illis, nec quare haec unius speciei, illa tantum unius generis, sed essent universalia praecise fictions. Tum quia diversitas secundum quid non infert illam simpliciter; ergo nec rationis differentia infert realem nec differentia specie infert numeralem, V Metaphysicae cap. 'De uno'.

のものは，まさにより大きな（強い）一性の原因ではない」ということが，その議論で証明されたことになるだろうからである。

64 あるいは小前提〔本性にとって固有な，実在的な一は，数的な一よりも小さい（弱い）一である〕は，次のように証明されうる。すべての実在的に存在するものは，そのようなものである限りにおいて，何らかの実在的な一を持つ。例えば——アヴィセンナ『形而上学』第5巻によれば[5]——白さは，それ自体では数において一でもなく多でもなく，また一性が，何であるかという本質の内に含まれるという仕方で一であることもない。しかしそれにもかかわらず，白さはそれ自体で何らかの一である。しかるに本性は，本性である限りにおいて，真に実在的に存在するものである。それゆえ本性は，或る実在的な一性によって一である。しかし，個体の一性によって一なのではない。なぜならその場合には，本性の持つ一も，基体の持つ一も，すべての実在的な一が，数的なものになってしまうからである。

65 結論〔すべての実在的一は数的なものである〕は，多くの仕方で否認される。

　［結論を否認する第一の証明］——第一には，次のごとくである。もしそうであるならば，その時には，すべての実在的相違も数的なものであることになる。しかし，この結論は偽である。——ここでの推論の証明。相違するものはすべて，それ自体において一である。なぜなら，一なるものが他のものから区別されるのだからである。それゆえ，もしそれがそれ自体において実在的に一でないとしたら，その相違もまた，そのようなものである限りにおいて，実在的ではないことになるであろう[6]。ここでの結論〔すべての実在的相違が数的なものである〕が偽であることの証明。第一には，その場合には，すべての実在的な相違は，その相違の程度が等しいことになってしまうからである[7]。このことは一目で不都合であることが明らかであるが，次のように証明される。なぜならその場合には，何故，知性が他のものどもよりも，これらのものどもから或る一つのことを抽象することができるのか，また何故これらは種において一つであり，あれらは単に類において一つあるのか，その根拠が事物の側にないことになり，〔知性によって抽象された〕普遍はまさに虚構であることになってしまうからである。第二には，或る限られた意味での相違から，無条件な意味での相違が帰結することはないし，

66 Respondetur ad primam improbationem consequentis quod non omnis differentia individualis est aequalis.

67 [SECIUNDA IMPROBATIO CONSEQUENTIS]── Item, nullo exsistente intellectu, realis est similitudo huius albi ad illud album secundum albedinem; ergo aliqua realis unitas est proximum fundamentum huius relationis, quia relatio realis non fundatur super ens rationis formaliter, nec super aliquid quod est tale formaliter per aliquid rationis; sicut fundamentum identitatis est aliquid tale formaliter per aliquid rationis, et ideo est relatio rationis. Quod fundamentum illius relationis, scilicet similitudinis, sit unitas, patet per PHILOSOPHUM, V cap. 'De relatione', ubi dicit quod idem, similiter, et aequale fundantur super unitatem.

68 Contra: unitas quae est proximum fundamentum similitudinis inter ista a b, aut est eadem in a et b, aut alia. Si eadem, quomodo ergo huius relationis sunt per se duo termini ? Si alia: illa est in utroque numeralis; igitur illa sufficit.

69 Ad istud: alia est hic et ibi, sed non de se alia; nec sufficit unitas numeralis hic et ibi, quia illa de se non est alia; nec magis principium similitudinis quam in albo et nigro, quia omnis individualis in quantum praecise individualis est aequalis, sicut et specifica in quantum

概念上の相違から実在的な相違が帰結することもない。また,『形而上学』第5巻,一についての章で言われているごとく,種における相違から数的な相違が帰結することもないのだからである。

66 結論を否認する第一の証明に対して,「必ずしもすべての個体的差異が,その相違の程度が等しいわけではない」と反論されるとしたら[8],

67 ［結論を否認する第二の証明][9] 知性が存在していないとしても,この白いものとあの白いものとの間に白さに基づいて類似という実在的な関係が成立する。それゆえ或る実在的な一が,このような関係を基礎づけている近接した根拠である。実在的な関係が形式的に概念的な存在に基づくということはないからである。更にまた,同一性という関係を基礎づけている根拠が形相的に何らかの理性の働きによって生ずるものであるごとくに,実在的な関係が形相的に何らかの理性の働きによって生ずるものに基づくということもない。それゆえ同一性の関係は,概念的関係なのである。そして,このような関係,すなわち類似の関係を基礎づけている根拠が一であることは,アリストテレス『形而上学』第五巻の関係についての章から明らかである。そこにおいてアリストテレスは,同一とか類似とか等しいといった関係は〈或る一〉に基づくと述べている。

68 スコトゥスの証明に対する異論。AとBとの間の類似の関係を基礎づけている近接した根拠である〈一〉は,AとBとにおいて同一であるのか,あるいは異なるのか。もし同一であるとすれば,どうして,この関係を構成する自体的な二つの項があるのか。もし異なるとすれば,このような一は両方の項において数的なものであり,それゆえ,数的な一だけで充分である。

69 これに対しては,私は次のように答える。①このような関係を基礎づける根拠である〈一〉は,ここ(A)とあそこ(B)において異なるが,しかしそれ自体的においては（de se）異ならない[10]。②ここ(A)とあそこ(B)において,数的な一だけでは充分ではない。関係を基礎づける根拠である〈一〉はそれ自体的においては（de se）異ならないからである。更にまた③数的な一が,白いものと黒いものよりも,白いものと白いものの類似の原理であることも

praecise specifica, quia est simplex.

70 [TERTIA IMPROBATIO CONSEQUENTIS] ——
Item, X huius: 'in omni genere est primum quod est mensura aliorum', et illud necesse est esse unum. Istud unum in genere colorum non est aliquid unum unitate singularitatis, quia si sic, tunc esset mensura illorum quae sunt eiusdem speciei cum ipso, quod falsum est, quia "in individuis eiusdem speciei non est prius et posterius". Ergo est unitas minor quam singularitatis; et illa realis est, alioquin non esset mensura nisi per considerationem rationis, et tunc non essent aliqua entia posteriora quae dependerent a mensura, nisi esset ratio.

71 [QUARTA IMPROBATIO CONSEQUENTIS] ——
Item, 'unius potentiae est unum obiectum', quia sicut cognitio potentiae est a cognitione obiecti, ita unitas ab unitate, ex II *De anima*. Ergo illud primum obiectum habet aliquam unitatem realem; non unitatem singularitatis, quia tunc nihil nisi hoc singulare videretur; nec universalitatis, quia obiectum visus praesupponitur omni actui rationis, universale non.

72 Hic respondetur quod est unum universale.
 Ad probationem 'contra', responsio: quodcumque obiectum unius actus videndi praesupponitur intellectioni;

ない。なぜなら，すべての個体の一は，それがまさに個別的なものである限り，その相違の程度は等しいからである。それはちょうど，種における一が，まさに種における限りにおいて，その相違の程度は等しいのと同様である。それは単一なものだからである。

70 〔結論を否認する第三の証明〕[11]——『形而上学』第10巻によれば，「すべての類には，他のものの尺度である第一のものが存在する」のであり，そのものは必然的に，〈一なるもの〉である。この一，例えば色の類における一は，個物の持つ一性によって一なのではない。なぜなら，もしそれが個物の持つ一性によって一であるとすれば，そのものは，自らと同じ種に属している諸々の個物の尺度であることになるが，これは誤りだからである。「同じ種に属している諸々の個物の間においては，それらのうちの或る個物が他の個物よりもより前であるとか，より後であるとかいうことはない」のだからである。それゆえ，それは個物の持つ一よりもより小さい（弱い）一であり，実在するものである。もしそれが実在するものでないとすれば，それは理性の考察によってのみ尺度であることになり，その場合には，もし理性が存在しないとしたら，その尺度に依存しているより後なるものもまた存在しないことになってしまうからである。

71 〔結論を否認する第四の証明〕[12]——同様に，一つの能力には一つの対象が存在する。『デ・アニマ』第2巻によれば，能力が何であるかということの認識は，その能力の対象が何であるかということの認識に基づくのであり，同様に，能力の持つ一性はその対象の一性に基づく。それゆえ能力の第一の対象は，何らかの実在的な一性を有するのであり，しかしこの一性は個物の持つ一性ではない。なぜなら，もし能力の対象の持つ一性が個物の持つ一性であるとしたら，その場合には，この個物以外には何物も見られないということになってしまうからである。更に，この一性は普遍（universalitas）の持つ一性でもない。なぜなら，視覚の対象は理性のあらゆる働きに先立って存在するのであるが，普遍はそうではないからである[13]。

72 〔スコトゥスの第四証明に対する反論〕 これに対しては，「対象は普遍的な一である」と反論される。

〔スコトゥスの解答〕 反証（71）を弁護して，次のように答える。見るという一つの働きの対象であるものは何であれ，知性認識の働きに先立って

sed primum obiecctum adaequatum non oportet praesupponi, quia circa illud visus nullum actum habet, sed intellectus illud abstrahit a multis obiectis circa quae visus habet actum.

73 Contra: obiectum cuiuscumque unius actus non est 'hoc', igitur unum alia unitate. Non universalitatis; ergo hoc valet.
—— Confirmatur, VII *Physicorum*: species atoma est una natura, ideo secundum ipsam est comparatio esset sine actu rationis.

74 Responsio: natura una unitate maxima rationis, non unitate naturalitatis; unitas generis est minor unitas rationis; ideo potest dici 'non-unum', sicut equus albus et homo albus sunt unum, non in equinitate et humanitate, sed in albedine. Unde additum alicui non semper dicit unitatem in illo et secundum illud, sed unitatem eius, vel secundum se vel secundum aliud.

75 Alia responsio: quod ideo species est natura una quia non divisa in naturas specificas, sicut genus.

76 Contra secundam hanc responsionem: si natura non dicatur una realiter nisi individualiter, nec plures per consequens, et ita species specialissima divisibilis in naturas plures sicut genus, realiter loquendo.

77 ontra: quomodo in aliquo maior unitas et minor sine intellectu ?

78 Item, DAMASCENUS, cap. 8: tamen cognitione est universale unum.

存在する。しかし，知性に適合する第一の対象は，知性認識の働きに先立って存在するとされるべきではない。視覚がそのような対象に対して働くのではなく，知性が，自らに適合するそのような〔普遍的な〕対象を，視覚の働きが関わる多くの対象から抽象するのだからである。

73 〔72のスコトゥスの解答への反論〕 何であれ，一つの働きの対象であるものは，〈このもの〉ではない。従って，このもの以外の一性によって一である。しかるに，普遍の持つ一は，このものではない。それゆえ，この論〔72のスコトゥスの第四証明に対する反論〕は妥当である。——このことは，次のように確証される。アリストテレス『自然学』第7巻によれば[14]，最下位の種は一つの本性であり，この一つの本性に基づいて比較が行なわれる。この比較は，理性の働きなしになされる。

74 〔73の反論に対するスコトゥスの解答①〕 本性は，理性の働きによる最も強い概念的な一によって一なのであって，自然的事物の持つ一によって一なのではない。他方，類の一は，より弱い概念的な一であり，それゆえ，「一でないもの」と呼ばれることもありうる。例えば，白い馬と白い人間は，馬性においてでも，人間性においてでもなく，白さにおいて一である。それゆえ，或る事物に付け加えられるものは必ずしも常に，その事物における，その事物に即した一を意味するとは限らないのであって，その事物におけるものであれ，他のものにおけるものであれ，何らかの一を意味する。

75 〔73の反論に対するスコトゥスの解答②〕 種が一つの本性であるのは，類のように，諸々の種の本性へと分割されないからである。

76 〔スコトゥスの解答②への反論①〕 本性が実在的に一であると言われるのが，それが個物としてあり，従って多ではないからであるとすれば，実在的に言えば，最下位の種もまた類と同様に，諸々の本性へと分割可能であることになる。

77 〔73のスコトゥスの解答②への反論②〕 知性なしに，或る事物の内に，如何にしてより大きな（強い）一と，より小さい（弱い）一が存在するのか。

78 〔スコトゥスの解答②への反論③〕 ダマスケヌス『正統信仰論』第1巻第8章によれば[15]，認識においてのみ普遍的な一が存在する。

79   Ad primum: sine intellectu est haec albedo haec albedo, et una sua unitate maiori, et albedo albedo et una unitate minori; tamen utraque unitas est in hac albedine, sicut utrumque subiectum est ibi.

80   AD DAMASCENUM: universale creatum est unum tantum ratione, eo modo est unum re in tribus personis; et hoc est unum numero, cum quo non stat aliqua divisio. Lapis enim est unum intelligibile numero, sed non est unum ens numero sicut Deus, sed unitate minori, reali tamen.

81   Confirmatio de VII *Physicorum* videtur bona, quia comparatio non est illorum in quantum habent differentias individuales, sed secundum gradus eiusdem naturae, quorum differentia in intensione et unitas in 'non de se differe' praecedit naturaliter hoc et hoc. Et secundum ista priora requiritur comparatio, non in quantum hoc est hoc.

82   Resposio prima, scilicet quod 'natura est una unitate maxima rationis', non valet, quia ita est genus unum intelligibile numero sicut species. Nec loquitur ARISTOTELES secundum fallaciam accidentis ut 'iste est bonus faber, quia bonus et faber', quia unitas naturae est causa comparabilitatis.

83   Item, non exsistente ratione, hic ignis generaret hunc, et corrumperet hunc aerem; sed generans generat simile propter fotmam, ex VII huius; ergo maior est convenientia

79 〔77の反論に対する，スコトゥスの解答〕第一に対しては，次のように答える。この白さはこの白さであり，これはより大きな（強い）一によって一である。他方，白さは白さであり，それはより小さい（弱い）一によって一である。しかしながら，両方とも一はこの白さにおいて存在する。それはちょうど，両方の基体がそこにおいて存在するのと同様である。

80 〔78の反論に対する，スコトゥスの解答〕ダマスケヌスによる議論に対しては，次のように答える[16]。神が実在的に（re）三つのペルソナにおいて一であるのと同じ仕方で，被造物において普遍が一であるのは，概念において（ratione）のみである。この普遍的な概念は数において一であり，分割ということはそれに矛盾する。例えば，石（の本性）は知性認識されたものとしては数的に一であるが，しかし神のように実在的に数において一であるものではなく，より小さい（弱い）が実在的な一によって，一である。

81 『自然学』第7巻による確証（73）は妥当であると考えられる。比較が行なわれるのは，諸々の事物が個体的差異を持つ限りにおいてではなく，それらが同じ本性を持つが，その度合いが異なることに基づくのであり，度合いの相違は強度の違いである。このような〈それ自体においては異ならない〉本性の一は，このものやあのものよりも，本性的により前である。比較は，このようなより前なるものによって行なわれることが必要とされるのであって，このものとこのものである限りにおいて，比較が行なわれるのではない。

82 〔74の〕最初の私の解答「本性は，理性の働きによる最も強い概念的な一によって一である」は〔厳密に言うならば〕妥当ではない。なぜなら種と同様に類もまた，知性認識されたものとしては数的に一だからである。更に，アリストテレスは『自然学』第七巻において，〈或る人はよい人であり，且つ彼は鍛冶屋である。ゆえに，彼はよい鍛冶屋である〉[17]というような属性による誤謬を犯して語っているのではない。本性の持つ一がまさに，比較の原因なのだからである。

83 同じくまた[18]，理性が存在していなくても，この火はこの火を生じ，この空気を滅ぼす。然るに『形而上学』第7巻によれば，形相に基づいて，生成するものは自らに類似するものを生成するのであって，それゆえ，生成す

ignis generans ad generatum quam ad aerem corruptum.

—— Haec ratio confirmatur per secundam, si non concedatur unitas generantis et geniti nisi similitudo. Et per primam, quia non omnis differentia est singularis, quia si esset, esset aequalis hic et ibi.

[B. -Resolutio quaestionum

1. -Ad primam quaestionem: Utrum natura sit de se haec

a. -Solutio generalis]

84 Ex his potest concludi quod natura est haec per substantiam aliquam quae est forma; et prior hic lapis, et per formam individualem distinguitur ab alio individuo. Intellige hanc conclusionem sicut postea exponitur.

るものである火と生成されるものとの間には，生成するものである火と消滅させられる空気との間よりも，より大きな一致が存在する。——もし生成するものと生成されるものの間に成立する，このような一性がまさに類似であると認められるとするならば，ここでの議論は，第二の証明（67）によって確証される。更に，ここでの議論は，第一の証明（65）によっても確証される。すべての相違は個物の持つ相違ではないからである。もしすべての相違が個物の持つ相違であるとしたら，この・もの・とあ・のもの・において，相違の程度が等しいことになってしまうからである。

B．諸問題への解答
1. 本性はそれ自体でこ・の・も・の・であるのかという問いに対して
   a. 一般的な解答

84　以上から，次のことが結論されることができる。本性は<u>形相である或る実体によって</u>こ・の・も・の・である。この石はより前であり，<u>個体的形相によって</u>[19]他の個体から区別される。後で説明されるごとくに，あなたはこの結論を理解せよ。

関連テキスト註

1) この箇所は，スコトゥスの『命題集註解』（オルディナチオ）第2巻第3区分第1部第1問題9に対応する（Vaticana VII, p. 395, lin. 6-7；渋谷訳，中世思想原典集成18，平凡社，1998，224頁）。ただし，『命題集註解』（オルディナチオ）では，「自らにとって充分な一よりも」（unitate sibi sufficiente）となっているが，『形而上学問題集』では「自らに固有な一」（sua propria unitate）に変更されている。『形而上学問題集』の方がより厳密な表現である。

2) この箇所での大前提の証明は不十分である。『命題集註解』（オルディナチオ）第2巻第3区分第1部第1問題9から補って理解されるべきであろう。

    9 Maior de pate, quia nihil est de se 'unum' unitate maiore unitate sibi sufficiente: nam si propria unitas —— quae debetur alicui de se —— sit minor unitate numerali, numeralis unitas non convenit sibi ex natura sua et secundum se (aliter praecise ex natura sua haberet maiorem et minorem unitatem, quae circa idem et secundum idem sunt opposite, —— quia cum unitate minore sine contradictione potest stare multitudo opposita maiori unitati, quae multitudo non potest stare cum unitate majore, quia sibi repugnant; igitur etc.)

    9 大前提はそれ自体からして明白である。何物もそれ自体で，自らにとって充分な一よりも，より大きな（強い）一性によって〈一〉であることはない。なぜなら，もし固有な一性——すなわち或るものそれ自体に帰属されるべき一性——が，数的な一よりも小さい（弱い）とするならば，数的な一が或るものに，その本性にもとづいて自体的に適合することはないからである。（さもなくば，或るものはまさに本性的に，より大きな（強い）一とより小さな（弱い）一の両方を持つことになるが，しかしこれらの一は，同じものに関して，同じ点において相対立するものである。——より小さな（弱い）一は矛盾することなく，より大きな（強い）一に対立する多と両立可能である。しかし多は，より大きな（強い）一と反対なものであるがゆえに，より大きな（強い）一と両立可能ではない。したがって云々。）（Vaticana VII, p. 395, lin. 6-14；拙訳，中世思想原典集成18，224頁）

3) この箇所は，スコトゥスの『命題集註解』（オルディナチオ）第2巻第3区分

第1部第1問題10に対応する（Vaticana VII, p. 395, lin. 15-16；拙訳，中世思想原典集成18, 224頁）。ただし，『命題集註解』（オルディナチオ）では，「もし本性の持つ〈実在的な一〉が個体性よりも小さい（弱い）ものではなく，」（Si nulla est 'unitas realis' naturae, minor singularitate）となっているが，『形而上学問題集』では「もし本性の持つ〈実在的な一〉がこのもの性よりも小さい（弱い）ものではなく，基体の持つ実在的な一がより小さい（弱い）ものでないとしたら，」（si nulla unitas realis naturae est minor haecitate, nec unitas realis suppositi est minor）と変更され，「個体性」（singularitas）が「このもの性」（haecitas）に改められている。更に本性が，個体的形相（forma individualis）を受け取ることから，「基体」と呼ばれている。ここにおいてスコトゥスが，『命題集註解』の個体化の理論の中ではほとんど使用されていない，「このもの性」（haecitas）という語を『形而上学問題集』において用いていることは注目に値する。

4) この62-63の箇所は，『命題集註解』に対応していない。「存在の濃度」（gradus entis）という語は，『命題集註解』の個体化の理論においては見出されず，『形而上学問題集』においてはじめてスコトゥスによって用いられる語である。『形而上学問題集』でのスコトゥスは事物の個体化を存在の濃度として捉えている。

  ab illo gradu in quo accipitur differentia individualis.
  この存在の濃度において，個体的差異が得られる。
  (Scotus, Quaestiones super libros Metaphysicorum Aristotelis, Lib. VII, Quaest. 13, 131; Opera Philosophica IV, St. Bonaventure, N. Y. 1997, p. 264, lin. 10)

個体は上位のものの何性・本性をすべて含み，これに加えて，究極的な現実態と一性の濃度（gradus ultima et actualitatis et unitatis）をも含む。個体化によって一性が低減するのではなく，個体化はその存在や一性を増す。上述の濃度（gradus）以外には，普遍が含んでいないものを，個体が含むということはない。『形而上学問題集』でのスコトゥスによれば，白色が濃度のより強い白さと，濃度のより薄い弱い白さとに区分されるごとく，存在も，存在の濃度の最高度に強いこのもの性（個体性）と，存在の濃度のよい弱い共通本性とに区分され，そうした存在の濃度と，一性のさまざまな様態が対応する。

一性の様態(modus unius)	存在の濃度(gradus entis)	存在の度が弱い
より小さい(弱い)―　固有　共通本性		
	充分	
数的な，より大きい(強い)―　固有　このもの性		存在の度が強い

そして，「個物においては，共通本性と個別的な存在の濃度が融合的に内含（continentia unitiva）されている」とスコトゥスは説明している（Scotus,

Quaestiones super libros Metaphysicorum Aristotelis, Lib. VII, Quaest. 13, 135, Opera Philosophica IV, St. Bonaventure, N. Y. 1997, p. 265, lin. 2-5; 138, Ibid., p. 265, lin. 18 -p. 266, lin. 7)。

5) アヴィセンナ『形而上学』第5巻からの引用は，『命題集註解』（オルディナチオ）第2巻第3区分第1部第1問題30, 31においても見出される。

30 ……aliqua est unitas in re realis absque omni operatione intellectus, minor unitate numerali sive unitate propria singularis, quae 'unitas' est naturae secundum se.—— et secundum istam 'unitatem propriam' naturae ut natura est, natura est indifferens ad unitatem singularitatis; non igitur est de se sic illa una, scilicet unitate singularitatis.

31 Qualiter autem hoc debeat intelligi, potest aliqualiter videri per dictum Avicennae V *Metaphysicae*, ubi vult quod 'equinitas sit tantum equinitas, —— nec est de se una nec plures, nec universalis nec particularis'. Intelligo: non est 'ex se una' unitate numerali, nec 'plures' pluralitate opposite illi unitati; nec 'universalis' actu est (eo modo scilicet quo aliquid est universale ut est obiectum intellectus), nec est 'particularis' de se.

30 知性のあらゆる働きとは無関係に，事物のうちに，数的な一すなわち個物に固有な一よりもより小さい（弱い），或る実在的な一が存在する。この〈一〉は自体的に本性に属する一であり，——この，本性としてある限りでの本性に〈固有な一〉にもとづいて，本性は個別性の一に対して中立である。それゆえ本性は，それ自体においては，かの一，すなわち個別性の一によって一なのではない。

31 ところで，こうしたことがどのように理解されるべきかは，アヴィセンナの『形而上学』第5巻の記述によって或る程度看取されうる。そこで彼は次のごとく主張する。「馬性」(equinitas) は単なる馬性である。——それ自身では一でもないし多でもないし，普遍でもないし個でもない」。私はこれを次のように理解する。「それ自身では一ではない」とは，数的な一としての一ではないという意味である。「多ではない」とは，その数的な一に対立する多ではないという意味である。「普遍でもない」とは，現実態における普遍（すなわち，或るものが知性認識された対象として普遍であるごとき仕方での普遍）ではないという意味である。「個でもない」とは，それ自身では個ではないという意味である (Scotus, *Ord*., II, d. 3, p. 1, q. 1, n. 30-31; VaticanaⅦ, p. 402, lin. 11 -p. 403, lin. 5；拙訳，中世思想原典集成18, 230頁)。

これらのテキスト，『アリストテレス形而上学問題集』第7巻第3問題64と，『命題集註解』（オルディナチオ）第2巻第3区分第1部第1問題30-31は対応している。すなわち『命題集註解』の下線部の箇所においては，アヴィセンナの『形而上学』第5巻からの引用として，「馬性は単なる馬性である」という馬性の格率が引用され，〈共通本性は個別性の一に対して中立（indifferens）であり，本性はそれ自体においては数的に一でも，多でもない〉というスコトゥスの基本的

なテーゼが述べられている。『形而上学問題集』の下線部の箇所においても、例が馬性ではなく、白さという本性に変えられているけれども、同じアヴィセンナの格率が引用され、同じテーゼが述べられている。スコトゥスが『アリストテレス形而上学問題集』の中で論じている個体化の理論と、『命題集註解』の中で論じている個体化の理論の類似と相違に関しては、拙著『オッカム、スコトゥス「個体化の理論」への批判』解説、知泉書館、2004, 163-189頁を参照。

6) ここでの証明は不十分である。『命題集註解』(オルディナチオ) 第2巻第3区分第1部第1問題24, 25では次のように述べられている。

   24 Prima consequentia probatur dupliciter:
     Primo, quia unum et multa, idem et diversum, sunt opposite (ex X Metaphysicae cap. 5); quoties autem dicitur unum oppositorum, toties dicitur et reliquum (ex I Topicorum); ergo cuilibet unitati correspondet sua propria diversitas.
   25 Probatur secundo, quia cuiuslibet diversitatis utrumque extremum est in se unum, —— et eo modo quo est unum in se, eodem modo videtur esse diversum a reliquo extremo, ita quod unitas extremi unius videtur esse per se ratio diversitatis alterius extremi.

   24 最初の推論は、二通りの仕方で証明される。
     第一に、次のように証明される。(『形而上学』第10巻第5章によれば) 一と多、同一と相違は相対立するものである。しかるに、相対立するものの一方が多義的に語られるのと同じ多くの仕方で、もう一方も語られる (『トピカ』第1巻)。それゆえ、どの同一性にも、それに固有な相違が対応する。
   25 第二に、次のように証明される。いかなる相違においても、その関係を構成する項は両者いずれもそれ自体において一である。——しかるに、相違の関係を構成する項は、それによって項がそれ自体で一つのものである、まさにそれと同じ仕方で、一方の項は他の項から相違していると考えられる。それゆえ一方の項の一性が、他の項との相違の自体的な根拠となっていると考えられる (VaticanaVII, p. 401, lin. 3-11；拙訳、中世思想原典集成18, 228-229頁)
すなわち、もし相違という関係を構成する項が実在的に一でないとしたら、それら二つの項の相違も実在的ではないのであり、同様にもし相違という関係を構成する項が数的に一であるとしたら、それら二つの項の相違も数的なものである。

7) この箇所は、スコトゥスの『命題集註解』(オルディナチオ) 第2巻第3区分第1部第1問題23に対応する (Vaticana VII, p. 400, lin. 17 -p. 402, lin. 2；拙訳、中世思想原典集成18, 228頁)。

   23 Preterea sexto;
     Quia si omnis unitas realis est numeralis, ergo omnis diversitas realis est numeralis. Sed consequens est falsum, quia omnis diversitas numeralis in quantum numeralis, est aequalis, —— et ita omnia essent aeque distincta; et tunc sequitur quod non plus posset intellectus a Socrate et Platone

abstrahere aliquid commune, quam a Socrate et linea, et esset quodlibet universale purum figmentum intellectus.
23 さらに，第六に次のように証明する。
　もしすべての実在的な一が数的な一であるとするならば，すべての実在的相違も数的なものであることになる。しかし，この結論は偽である。なぜなら，すべての数的な相違は，数的なものである限り，その相違の程度は等しいのであり，——それゆえ，すべての事物は等しく異なっていることになる。したがってその場合には知性は，ソクラテスと線よりも，ソクラテスとプラトンから或る共通なものを抽象するということができなくなり，普遍であるものはいずれも，知性のまったくの虚構であることになってしまうからである。

8) この反論に対するスコトゥスの応答はテキストにはない。66の箇所は，ヴィヴェス版にも収録されている (ed. Vives IV, p. 701) が，後代の挿入であると考えられる。

9) この箇所は，スコトゥスの『命題集註解』（オルディナチオ）第2巻第3区分第1部第1問題18に対応する（Vaticana VII, p398., lin. 11-19；拙訳，中世思想原典集成18，226頁）。

18 Praeterea, tertio:
　Secundum Philosophum V *Metaphysicae* cap. de 'Ad aliquid', idem, simile et aequale fundantur super 'unum', ita quod similitudo habeat pro fundamento rem de genere qualitatis talis, tamen relatio non est realis nisi habeat fundamentum reale et rationem proximam fundandi, realem; igitur unitas quae requirur in fundamento relationis similitudinis, est realis: non est autem unitas numeralis, quia nihil unum et idem est simile vel aeque sibi ipsi.
18 さらに，第三に次のように証明する。
　哲学者〔アリストテレス〕の『形而上学』第5巻の関係についての章によれば，同一とか類似とか等しいといった関係は〈或る一〉にもとづいている。たとえば，類似はその根拠として，性質の範疇に属する事柄を有しているが，その関係がまさに実在的であるのは，実在的な根拠・関係を根拠づけている実在的な近接した基礎づけを有するからなのであり，それゆえ，類似の関係の根拠として必要とされる〈一〉もまた，実在的である。しかるに，この〈一〉は数的な一ではない。なぜなら，同一の事物が自己自身と類似しているとか，等しいということはないからである。

10) スコトゥスは『命題集註解』（オルディナチオ）第2巻第3区分第1部第1問題において，次のように述べている。
　テキスト① (*Ord.* II, d. 3, p. 1, q. 1, n. 32)
　Licet 〈natura〉 enim numquam sit realiter sine aliquo istorum, de se tamen non est aliquid istorum, sed prius naturaliter omnibus istis, ………
　本性は，実在的にはこれらのもののうちの或るものであることなしに存在する

ことはないが，しかしそれ自体においては (de se)，これらのもののうちのいずれでもない。これらすべてのものよりも，本性的により前なるものである。(『命題集註解』(オルディナチオ) 第 2 巻第 3 区分第 1 部第 1 問題32, VaticanaVII, p. 402, lin. 6-8；拙訳，中世思想原典集成18，230頁)

テキスト② (*Ord*. II, d. 3, p. 1, q. 1, n. 34)

In re extra, ubi natura est cum singularitate, non est illa natura de se determinata ad singularitatem, sed est prior naturaliter ipsa ratione contrahente ipsam ad singularitatem illam et in quantum est prior naturaliter illo contrahente, non repugnat sibi esse sine illo contrahente. ……ita etiam in re natura secundum illam entitatem habet verum esse reale extra animam, ── et secundum illam entitatem habet unitatem sibi proportionalem, quae indifferens est ad singularitatem, ita quod non repugnat illi unitati de se quod cum quacumque unitati singularitatis ponatur (hoc igitur modo intelligo 'naturam habere unitatem realem, minorem unitati numerali')

同様に，外界の事物においても，本性はなんらかの個別性を伴っているが，しかしそれ自体においては (de se)，本性は或る特定の個へと限定されているわけではない。本性は，それを個へと特定化する原理よりも本性的により前であり，本性的により前である限りにおいて，特定化するものなしに存在することは，本性それ自体に反することではない。……外界の実在の世界においては，本性はこの存在性にもとづいて，心の外に真なる実在的な存在を有しており，──そして，この存在性にもとづいて，本性は自らにふさわしい一を有する。この一は，個別性（このもの，あのもの）に対して中立 (indifferens) であり，それゆえ，どんな個別性の一（数的な一）とともに置かれようとも，このことは，本性の一それ自体に (de se) 反することではない。(「この意味で，「本性は，数的な一よりも，より小さい実在的な一を持つ」と私は理解する。」(『命題集註解』(オルディナチオ) 第 2 巻第 3 区分第 1 部第 1 問題34, VaticanaVII, p. 404, lin. 6-18；拙訳，中世思想原典集成18，231頁)

テキスト③ (Ord. II, d. 3, p. 1, q. 1, n. 38)

Est ergo in re 'commune', quod non est de se hoc, et per consequens ei de se non repugnat non ── hoc. Sed tale commune non est universale in actu, quia deficit illa indifferentia secundum quam completive universale est universale, secundum quam scilicet ipsum idem aliqua identitate est praedicabile de quolibet individuo, ita quod quodlibet sit ipsum.

それゆえ，外界の事物においても〈共通なもの〉が存在するのであり，このような共通なもの（本性）はそれ自体においては (de se) このものではない。したがって，このものではなく，他のもの・あのものであることは，本性それ自体に反することではない。しかしながら，このような共通なもの（本性）は現実態における普遍 (universale in actu) ではない。なぜなら，それによって普遍が完全な意味での普遍となる，すべての個別的なものに対する中立性

——すなわち，或る同一性によって，「すべてのものはこれである」というふうに，同じものがすべての個物に述語づけられうる中立性——を，このような共通なもの（本性）は欠いているからである。(『命題集註解』（オルディナチオ）第2巻第3区分第1部第1問題38, VaticanaⅦ, p. 407 lin. 20- p. 408, lin. 3 ; 拙訳，中世思想原典集成18, 234頁）

テキスト④ (*Ord*. Ⅱ, d. 3, p. 1, q. 1, n. 41)

quo conttrahente posito 〈naturae〉 non potest inesse alii, licet non repugnet ei 〈naturae〉 ex se inesse alii, ……

特定化する原理がいったん置かれるならば，本性は他の事物に内在することはできないけれども，他の事物に内在することは本性それ自体に反することではない。(『命題集註解』（オルディナチオ）第2巻第3区分第1部第1問題41, VaticanaⅦ p. 409 lin. 8-9 ; 渋谷訳，中世思想原典集成18, 235頁）

拙著『オッカム「大論理学」の研究』第2章，創文社，1997, 65-75頁を参照。

11) この箇所は，スコトゥスの『命題集註解』（オルディナチオ）第2巻第3区分第1部第1問題11-13に対応する（VaticanaⅦ, p. 396., lin. 1-15 ; 拙訳，中世思想原典集成18, 224-225頁）。

11　Prima via est talis:

Secundum Philosophum Ⅹ *Metaphysicae* 'in omni genere est unum primum, quod est metrum et mensura omnium quae sunt illius generis'.

12　Ista unitas primi mensurantis est realis, quia Philosophus probat quod 'uni' convenit prima ratio mensurae, et declarat per ordinem quomodo illud est 'unum' cui convenit ratio mensurandi in omni genere. Ista autem unitas est alicuius in quantum est 'primum' in genere: est ergo realis, quia mensurata sunt realia et realiter mensurata; ens autem reale non potest realiter mensurari ab ente rationis; igitur est realis.

13　Ista autem unitas non est numeralis, quia nullum 'singulare' est in genere, quod sit mensura omnium illorum quae sunt in illo genere,—— nam secundum Philosophum Ⅲ *Metaphysicae* 《in individuis eiusdem speciei non est hoc prius et illud posterius》.

11　〔数的な一よりもより小さい（弱い），実在的な一が存在することを証明する〕第一の方法は，次のごとくである。

哲学者（アリストテレス）の『形而上学』第10巻によれば，「すべての類には，その類に属しているすべてのものの原理であり尺度である，第一の〈一なるもの〉が存在する。

12　この第一の尺度である一は，実在的なものである。哲学者（アリストテレス）は，第一の尺度であるという特質が，この〈一なるもの〉に属することを証明し，順々に，すべての類において，尺度という特質が属するところのものが如何なる仕方で〈一なるもの〉であるかを示している。この一は，類において〈第一のもの〉であるがゆえに，或る物に対して一なるものであり，したが

って，実在するものである。なぜなら，測られる物は実在するものであり，実在的に測られるものである。しかるに，実在的に存在する物が観念的な存在によって実在的に測られるということはありえない。それゆえ，尺度である〈一なるもの〉は，実在するものである。

13 この一は，個物の持つ数的な一ではない。なぜなら，類の個物であるものが，その類に属しているすべての物の尺度であるということはないからである。――すなわち，哲学者（アリストテレス）の『形而上学』第3巻によれば，「同じ種に属している諸々の個物の間においては，それらのうちの或る個物が他の個物よりも̇よ̇り̇前̇であるとか，よ̇り̇後̇であるとかいうことはない。」

12) この箇所は，スコトゥスの『命題集註解』（オルディナチオ）第2巻第3区分第1部第1問題20-22に対応する（Vaticana VII, p. 399., lin. 9 -p. 400, lin. 5；前掲拙訳，227-228頁）。

20 Praeterea, quinto:

Unius actionis sensus est obiectum unum secundum aliquam unitatem realem; sed non numeralem; igitur est aliqua alia unitas realis quam unitas numeralis.

21 Probatio minoris, quia potentia cognoscens obiectum sic (in quantum videlicet 'hac unitate' unum), cognoscit ipsum in quantum est distinctum a quolibet quod non est unum hac unitate,―― sed sensus non cognoscit obiectum in quantum est distinctum a quolibet quod non est unum illa unitate numerali: quod apparet, quia nullus sensus distinguit hunc radium solis differre numeraliter ab alio radio, cum tamen sint diversi propter motum solis; si circumscribantur omnia sensibilia communia (puta diversitas loci vel situs), et si ponerentur duo quanta simul esse per potentiam divinam, quae etiam essent omnino similia et aequalia in albedine,――visus non distingueret ibi esse duo alba (si tamen cognosceret alterum illorum in quantim est unum unitate numerali, cognosceret ipsum in quantum est unum distinctum unitate numerali!).

22 Posset etiam iuxta hoc argui de primo obiecto sensus, quod est unum in se aliqua unitate reali, quia sicut obiectum 'huius potentiae'―― in quantum obiectum ―― praecedit intellectum, ita etiam secundum unitatem suam realem praecedit omnem actionem intellectus. Sed ista ratio non ita concludit sicut praecedens: posset enim poni aliquod obiectum primum ―― ut est adaequatum potentiae ―― esse commune aliquod, abstractum ab omnibus obiectis particularibus, et ita non habere unitatem nisi communitatis ad illa plura obiecta particularia; sed de uno obiecto unius actus sentiendi non videtur negare quin necessario habeat unitatem realem et minorem unitate numarali.

20 さらに，第五に次のように証明する。

一つの感覚の働きには，或る実在的な一性にもとづいて一つの対象が存在する。しかしその一性とは，数的な一ではない。それゆえ，数的な一以外に，或る別な実在的な一が存在する。

21　小前提の証明。対象を次のような仕方で（すなわち，〈この一〉によって一である限りにおいて）認識する能力は，この一によって一ではない他のどんな物からも区別された物として，対象を認識する。——しかるに，感覚が対象を，この数的な一によって一ではない他のどんな物からも区別された物として認識することはない。このことは明らかである。なぜなら，光線は太陽の運動のゆえに相異なるものであるにもかかわらず，感覚はこの太陽の光線を他の光線から数的に異なるものとして識別することはないからである。あるいは，共通感覚の対象となるすべてのもの（たとえば，場所や位置の相違）が除かれ，まったく類似しており白さの点でまったく等しい二つの，量を持つ事物が同時に神の力によって存在するとされた場合，——視覚はそこにおいて，これら二つの白い物を見分けることができないからである。（もし視覚がこれらのうちの一方を，数的な一によって一であるものとして認識しているとすれば，視覚はそれを，数的な一によって他から区別された一つのものとして認識するはずである。）

22　同様にこのこと（20）は，感覚の第一の対象に関しても，それ自体が何らかの実在的な一によって一つのものであるということが次のように論証されうる。〈この能力〉の対象は——それが対象である限りにおいて——，知性に先立って存在するものであり，それと同様に，対象は自らの実在的な一性にもとづいて，あらゆる知性の働きに先立って存在する。しかしこの議論は，先ほどの議論（20）ほど決定的なものではない。なぜなら先ほどの議論では——能力に適合するものとしての——或る第一の対象は，すべての個別的な対象から抽象された何らかの共通なものであり，それゆえ，複数の個別的な対象に対して共通な一性を有すると主張されうるからである。しかしここでの議論でも，或る一つの感覚の働きの一つの対象に関して，「それが必然的に，実在的で，数的な一よりも小さい（弱い）一を有する」ことを否定するものではないと考えられる。

13）図のごとくに「普遍」は，知性あるいは理性の抽象の働きの結果として存在するものだからである。

　　視覚の第一の対象——視覚——知性あるいは理性の抽象の働き——普遍的概念

14）スコトゥスの『命題集註解』（オルディナチオ）第2巻第3区分第1部第1問題16（Vaticana VII, p. 397, lin. 13-16；前掲拙訳，226頁）を参照。

　16　Praeterea, secundo, probo quod idem consequens sit falsum:
Quia secunsum Philosophum VII *Physicorum*, in specie atoma fit comparatio, quia est una natura,—— non autem in genere, quia genus non habet talem unitatem.

　16　さらに第二に，同じ結論が誤りであることを，私は次のように証明する。

哲学者（アリストテレス）の『自然学』第7巻（第4章249a 3-8）によれば，最下位の種においては比較が行なわれる。最下位の種は一つの本性だからである。——しかし，類においては比較が行なわれない。類はこのような一性を持たないからである。

15) スコトゥスの『命題集註解』（オルディナチオ）第2巻第3区分第1部第1問題36（Vaticana VII, p. 405, lin. 11 -p. 406, lin. 10；前掲拙訳，232-233頁）を参照。

36 Praeterea, Damascenus cap. 8: 《Oportet scire quod aliud est re considerari, et aliud ratione et cogitatione. Igitur, et specialius, in omnibus quidem creaturis hypostaseon divisio in re consideratur (in re enim Petrus a Paulo separatus consideratur),—— communitas autem et copulatio, in intellectu tantum, ratione et cogitatione consideratur (intelligimus enim intellectu quoniam Petrus et Paulus unius sunt naturae, et communem unam habent naturam)》;《neque enim hae hypostases in se invicem sunt, sed unaquaeque est singulatim partita, id est secundum rem separata》. Et post:《In sancta vero et supersubstantiali Trinitate est e converso: illic enim commune quidem unum re consideratur》,《cogitatione vero post, divisum》.

36 さらに，ダマスケヌスは〔『正統信仰論』第1巻〕第8章の中で，次のように述べている。「事物において見出されることと，理性や認識において見出されることが別であることを知らなくてはならぬ。とりわけ，あらゆる被造物の場合には，事物において実体の区別が見出され（すなわち，事物においてペトロはパウロと異なることが見出され），——他方，それらの共通性や関連性は知性においてのみ，理性や認識によって見出される（すなわち我々は知性によって，ペトロとパウロが一つの本性に属しており，一つの共通な本性を有していることを認識する）。……これらの実体は相互に異なっており，各々が個別であって，すなわち事物としては分離している」。さらに続けて，「しかし，聖なる超実体的な三位一体の場合には逆である。すなわちそこでは，事物においては共通な一が見出され，その後で認識において区分される」と述べている。

16) この箇所は，スコトゥスの『命題集註解』（オルディナチオ）第2巻第3区分第1部第1問題39-40に対応する（Vaticana VII, p. 408, lin. 4-23；前掲拙訳，234-235頁）。

39 Ad secundum obiectionem —— de Damasceno —— dico quod eo modo quo in divinis 'commune' est unum realiter, eo modo commune in creaturis non est unum realiter. Ibi enim 'commune' est singulare et individuum, quia ipsa natura divina de se est haec, et eo modo manifestum est quod nullum universale in creaturis est realiter unum; hoc enim ponendo, esset ponere quod aliqua natura creata non —— divisa praedicaretur de multis individuis praedicatione dicente 'hoc est hoc', sicut dicitur quod Pater est Deus et filius est idem Deus. In creaturis tamen est aliquod commune unum

unitate reali, mminore unitate numerali,—— et istud quidem 'commune' non est ita commune quod sit praedicabile de multis, licet sit ita commune quod non repugnet sibi esse in alio quam in eo in quo est.

40 Dupliciter ergo patet quomodo auctoritas non est contra me: primo, quia loquitur de unitate singularitatis in divinis,—— et hoc modo non solum 'universale creatum' non est ununm, sed nec 'commune', in creaturis; secundo, quia loquitur de communi praedicabili, non praecise de communi quod determinatum est de facto (licet non repugnet sibi esse in alio), quale 'commune' praecise potest poni in creaturis realiter.

39　第二の——ダマスケヌスからの——反論に対しては，私は次のように答える。神の事柄において〈共通なもの〉が実在的に一であるのと同じ仕方で，被造物において共通なものが実在的に一であることはない。なぜなら，神の事柄においては〈共通なもの〉は個別的な固体であり，神の本性そのものが，それ自体においてこのものだからである。しかるに明らかに，被造物においては，普遍は同様な仕方で実在的に一ではない。なぜなら，同様の仕方で実在的に一であるとしたら，被造の不可分な本性は，ちょうど「御父は神である」「御子は神と同じである」といわれるのと同じように，「これはこれである」という述語づけによって，多くの個体に述語づけられると主張せざるをえなくなる。しかし被造物において共通なものは，数的な一よりもより小さい（弱い）実在的な一によって一なのであり，この〈共通なもの〉は，今現にそのうちに存在している個物とは別の個物のうちに存在するということがそれ自体に反しないという意味で共通なものであるけれども，しかし多くの個物に述語づけられるという意味で共通なのではない。

40　それゆえ，〔ダマスケヌスの〕権威ある書がいかに私の見解に反していないかということは，二通りの仕方で明らかである。まず第一には，次の理由からである。彼が語っているのは，神における個別的な一性についてであり，——この意味では，〈被造物である普遍〉が一であることも，被造物における〈共通なもの〉が一であることもないからである。第二には，彼は述語づけられるという意味で共通なものについて語っているのであって，正確には，（たとえ他の事物のうちに存在するということがそれ自体に反しないとしても，しかし）実際には限られた意味でのみ共通なものについて語っているのではないからである。後者の意味での〈共通なもの〉がまさに，被造物において実在的に措定されうるものである。

更に，『レクトゥーラ』第2巻第3区分第1部第1問題36 (Duns Scotus' Early Oxford Lecture on Individuation, Latin Text and English Translation by Allan B. Wolter, O. F. M., Santa Barbara, CA, Old Mission Santa Barbara 1992, p. 18) においても，スコトゥスは次のように述べている。

36 Dico quod sicut in divinis est unitas realis, sic in materialibus est tantum unitas cogitatione,—— nam ibi est unitas quae est singularitas

maxima, non sic autem est in creaturis, sed illud quod est unum numero, est tantum unum cogitabile secundum 'esse intelligibile' in intellectu; tamen in re extra est aliqua unitas realis, minor unitate numerali.

36　私は次のように述べる。神における実在的な一性と同じ様な一性は，質料的事物においては，ただ単に認識においてのみ見出される。すなわち神においては，最高度の個別性である一性が存在するが，被造物において数的に一であるのは，知性の内に「知性認識された存在」としてある認識された概念の一のみである。外界の事物の側においては，数的な一よりも小さい（弱い）実在的な一が存在する。

すなわち，神の場合には実在的（in re）普遍であると言える。神は三つのペルソナであり，「神は御父である」「神は御子である」「神は聖霊である」というように，複数のものに述語づけられるからである。他方，被造物の場合には，図のごとく，

知　性	外界の実在
石の本性	石の本性

例えば石の本性が知性認識されて，概念として知性の内に存在する限りにおいては，石は，「これは石である」というように多くの事物に述語づけられる普遍であり，数的に一である。しかし，外界の実在においては，石の本性は数的な一よりもより小さい（弱い）一を持つ。外界の実在においては，被造物の本性は，〈他の事物の内に存在するということが本性それ自体に反しない〉という意味で「共通」であるが，実在的な意味で「普遍」ではないからである。

17)　属性による誤謬については，アリストテレス『詭弁論駁論』第24章，オッカム『大論理学』第Ⅲ部－4，第11章，拙訳『大論理学註解Ⅴ』255-263頁，訳者註解303，618-623頁を参照。

18)　この箇所は，スコトゥスの『命題集註解』（オルディナチオ）第2巻第3区分第1部第1問題28に対応する（Vaticana VII, p. 401., lin. 20 －p. 402, lin. 3；前掲拙訳，229頁）。

28　Nullo exsistente intellectu ignis generaret ignem et corrumperet aquam, et aliqua unitas esset 'generantis ad genitum' secundum formam, propter quam esset generatio univoca. Intellectus enim considerans non facit generationem esse univocam, sed cognoscit eam esse univocam.

28　知性が存在していなくても，火は火を生じ，水を滅ぼす。こうした生成するものと生成されるものとの間には，形相にもとづく或る実在的な一性が存在し，その同一の形相のゆえに，生成は一義的である。考察する知性は生成を一義的にするのではなく，生成が一義的であることを認識するにすぎない。

19)　【Ⅰ】このテキストは，我々に疑念を抱かせる。なぜなら，これまで述べられたごとく，『アリストテレス形而上学問題集』第7巻第13問題は，『命題集註解（オルディナチオ）』第2巻第3区分第1部第1－6問題の議論とほぼ一致してお

り，その大部分が議論の内容においても，議論の形式においても，用いられている語句においても対応している。それにもかかわらずスコトゥスはこのテキストにおいて，何の理由の説明もなしに，『命題集註解（オルディナチオ）』での議論と全く反対のことを結論として述べているからである。すなわち，この『形而上学問題集』のテキストでは，下線部において，個体化の原理が個体的形相であると言われている。しかし『命題集註解』におけるスコトゥスは，「個体化の原理である個的存在性が形相である」ことを繰り返し否定していた。『命題集註解』のテキストでは，スコトゥスは次のように述べている。

<u>Non</u> est igitur 'ista entitas' materia vel <u>forma</u> vel compositum, in quantum quodlibet istorum est 'natura',—— sed est <u>ultima realitas entis</u> quod est materia vel quod est forma vel quod est compositum; ……

質料も形相も複合体も，それらの各々が本性である限りにおいては，<u>個的存在性ではない</u>。むしろ質料が，形相が，あるいはそれらの複合体がそれとしてあるところの存在の究極的な<u>存在性（ultima realitas entis）</u>こそが個的存在性なのである。(Duns Scotus, *Ord.*, II, d. 3, p. 1, q. 6, n. 188, Vaticana VII, p. 483, lin. 18 - p. 484, lin. 1：前掲拙訳，293-294頁)

『命題集註解』と『形而上学問題集』との間の同様の相違は，次のテキストにも見出される。

『命題集註解（オルディナチオ）』における個体化の理論

dico quod compositio potest intelligi proprie, prout est ex re actuali et re potentiali,—— vel minus proprie, prout est ex realitate et realitate actuali et potentiali in eadem re. Primo modo non est individuum compositum respectu naturae specificae, quia nullam rem *⁾ addit,—— quia neque materiam <u>neque formam</u> neque compositim, sicut procedit argumentum. Secundo modo est necessario compositum, quia illa realitas a qua accipitur diffeentia specifica, potentialis est respectu illius realitatis a qua accipitur differentia individualis, sicut si essent res et res; ……

＊ヴァティカン版では nullam <u>realitatem</u> となっているが，或る写本に従い nullam <u>rem</u> と読む。

　私は次のように答える。複合は本来的には，現実態におけるもの（res actualis）と可能態におけるもの（res potentialis）との複合として解されることができる。——あるいは，それほど本来的ではない意味においては，同一のもの（res）の内の，現実態における存在性（realitas actualis）と可能態における存在性（realitas potentialis）との複合として解されることができる。第一の意味では，個体は種的本性と比べると複合体ではない。なぜなら，個体は如何なるもの（res）も付け加えてはいないからである。——すなわち，先の議論が更に続けて述べているごとく，個体は質料を付け加えるのでも，<u>形相を付け加えるのでも</u>，それらの複合体を付け加えるのでもないからである。他方，第二の意味では，個体が複合体であることは必然である。なぜなら，ちょうどもの（res）と

もの (res) との場合と同じように，種的差異がそこから取られるところの存在性 (realitas) は，個体的差異がそこから取られるところの存在性 (realitas) に対して可能態の関係にあるからである。(Scotus, *Ord.*, II, d. 3, p. 1, q. 6, n. 189, Vaticaa VII, p. 484, lin. 13 -p. 485, lin. 2：前掲拙訳，294-295頁)
これに対して，『形而上学問題集』の個体化の理論では，次のように述べられている。

① Sed natura, quam ego pono, determinatur ad unitatem numeralem per formam individualem, ……
　私が措定する本性は，個体的形相によって数的な一へと限定される。
(Scotus, *Quaestiones super libros Metaphysicorum Aristotelis*, Lib. VII, Quaest. 13, 109; Opera Philosophica IV, St. Bonaventure, N. Y. 1997, p. 255, lin. 7-8)

② sicut nullum simplex potest esse species alicuius specie, sic nec aliquid omnino est particulare contentum sub specie, quia individuum habet compositum speciei, et formam individualem ultra. Unde breviter dico quod omnis forma, quae est species alicuius generis, est composita ex potentiali aliquo et actu; et omnis talis est haec per formam individualem.
　或る類に属する種が単一でありえないのと同様に，種の内に含まれる個物も決して単一ではない。なぜなら個体は，種的本性と更に個体的形相との複合だからである。それゆえ，私は簡潔に次のように述べる。或る類の種である形相はすべて，或る可能態におけるものと現実態におけるものの複合であり，このようなものはすべて，個体的形相によってこのものである。(Scotus, *Quaestiones super libros Metaphysicorum Aristotelis*, Lib. VII, Quaest. 13, 113; Opera Philosophica IV, p. 256, lin. 8-13)

すなわち，『命題集註解（オルディナチオ）』における個体化の理論によれば，一つの個体の内に二つの種類の複合が存在する。第一の複合は，現実態におけるもの res absoluta（他から分離可能であり，独立して存在しうるもの）と，可能態におけるもの res absoluta の複合（compositio ex re actuali et re potentiali）である。第二の複合は，同一のもの res absoluta の内の，現実態における存在性 realitas formalis と可能態における存在性 realitas formalis の複合（compositio ex realitate et realitate actuali et potentiali in eadem re）である。『命題集註解（オルディナチオ）』におけるスコトゥスは，res absoluta と realitas formalis との間の存在のレベルの相違を設定し，本性と個体的差異との結合を，第二の意味での複合——現実態における存在性 realitas formalis と可能態における存在性 realitas formalis の複合——であるとし，realitas formalis と realitas formalis との間に形相的区別（distinctio formalis）を措定する。

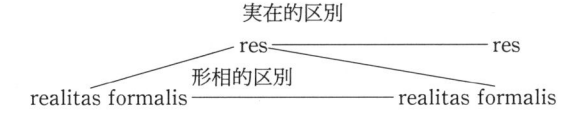

　　　　　　　　　実在的区別
　　　　　　　┌── res ──────────── res
　　　　　　　│　　　形相的区別
　　realitas formalis ──────────── realitas formalis

他方，『形而上学問題集』における個体化の理論においては，個体は，可能態における本性と現実態における個体的形相の複合であるとしている。両者の個体論の相違は，一方が個体化の原理を存在性 (realitas formalis) である「個体的差異」(differentia individualis) と呼び，他方が個体化の原理を「個体的形相」(forma individualis) と呼んでいるという単なる用語の相違ではない。なぜなら，『命題集註解』によれば，「形相」は存在性 (realitas formalis) ではなく，もの (res) だからである。それゆえ『形而上学問題集』における個体化の理論が，個体化の原理を「個体的形相」と呼んでいることは，スコトゥスが res absoluta と realitas formalis との間の存在のレベルを捨て，形相的区別を放棄したことを意味する。

【II】更に別のテキストにおいても同様のことが言える，

テキスト②『アリストテレス形而上学問題集』第7巻第13問題87

<u>forma individualis</u> superaddita naturae speciei non facit differetiam specificam sed numeralem solum.

　　種の本性に付け加えられた<u>個体的形相</u>は，種における相違を生じさせるのではなく，数における相違のみを生じさせる。(Scotus, *Quaestiones super libros Metaphysicorum Aristotelis*, Lib. VII, Quaest. 13, 87; Opera Philosophica IV, St. Bonaventure, N. Y. 1997, p. 247, lin. 15-16)

この『形而上学問題集』のテキストにおいても，個体化の原理が「個体的形相」であると述べられている。しかし『命題集註解』においては，スコトゥスは個体化の原理を「形相」と呼ぶことを意識的に拒否していたはずである。『命題集註解』（オルディナチオ）第2巻第3区分第1部第6問題180で，スコトゥスは次のように述べている。

Quoad hoc ista realitas individui est similes realitati specificae, quia est quasi actus, determinans illam realitatem speciei quasi possibilem et potentialem,── sed quoad hoc dissimilis, quia <u>ista numquam sumitur a forma addita, sed praecise ab ultima realitate formae.</u>

　　この点において，個的存在性は種的存在性に類似している。個的存在性は，いわば可能態においてある種的存在性を限定する現実態のごとき位置にあるのだからである。──しかし，次の点で類似していない。<u>個的存在性は，付け加えられた形相から取られるのではなく，まさに形相の究極的存在性から取られるのだからである。</u>(Scotus, *Ord.*, II, d. 3, p. 1, q. 6, n. 180, Vaticana VII, p. 479, lin. 19-23：前掲拙訳，290頁)

では何故，『命題集註解』において，「個的存在性は形相ではなく，形相の究極的存在性 (ultima realitas formae) から取られる」とスコトゥスは述べているのか。スコトゥスは他の箇所 (*Ordinatio* I, d. 2, p. 2, q. 4, n. 407, Vaticana II, p. 358, lin. 3-9) で，次のような説明をしている。例えばこの白さという形相において，同一の白さという形相の内に完全性の相違が見出され，複数の存在性 (realitas formalis) が存在する。それらの一つはそこから「色」という類の概

念が取り出される存在性であり，もう一つはそこから種差の概念が取り出される存在性である。種差の存在性は類の存在性に対して，現実態が可能態に対するごとき関係にあり，種差の存在性が類の存在性を限定し完成する。『命題集註解』におけるスコトゥスによれば，このような完成の究極が個的存在性であり，そこからは，それ以上単純化不可能（simpliciter simplex）な概念しか取り出されることができない。こうした個的存在性が，可能態においてある種的存在性を限定し，完成する現実態の位置にある。

スコトゥスは「同一の白さという形相の内に完全性の相違が見出され，複数の存在性（realitas formalis, formalitas realitatis）が存在する」ことを，次のように述べている。

（1）407 Ista differentia (differentia formalis) manifestatur per exemplum: si ponatur albedo species simplex non habens in se duas naturas, est tamen in albedine aliquid realiter unde habet rationem coloris, et aliquid unde habet rationem differentiae; et haec realitas non est formaliter illa realitas, nec e converso formaliter, immo una est extra realitatem alterius —— formaliter loquendo —— sicut si essent duae res, licet modo per identitatem istae duae realitates sint una res.

407 このような相違（形相的相違）は，或る例によって明らかとされる。単一な種である白さが例として挙げられるならば，白さは自らの内に二つの本性を持ってはいないけれども，白さの内には，そこから色の概念を取り出される何らかの存在性と，そこから種差の概念が取り出される何らかの存在性がある。この存在性（realitas）は形相的にあの存在性ではないし，また逆に，あの存在性（realitas）は形相的にこの存在性ではない。より正確には，形相的に言えば，一方の存在性は他方の存在性の外にある。——それは二つのもの（res）の場合のごとくである。無論，これら二つの存在性（realitates）は同一性によって，一つのもの（res）であるけれども。(Scotus, *Ordinatio* I, d. 2, p. 2, q. 4, n. 407-408; Vaticana II, p. 358, lin. 3-9)

（2）quia in albedine non est compositio ex re et re; tamen in albedine sunt duae realitates formales, quarum una est generis perfectibilis per realitatem differentiae, ita quod una nec includit aliam formaliter nec etiam per identitatem, ……

白さには，ものとものとの複合（compositio ex re et re）は存在しないが，白さの内には二つの形相的存在性（realitates formales）が存在する。それらの一方は種差によって完成される類の存在性であり，従って，一方の存在性は形相的にも，同一性においても，他方の存在性を含んでいない。(Scotus, *Lectura* I Dist. 8, Pars1, Q. 3, 103; Vaticana XVII, p. 35, lin. 6-10)

こうした発想，すなわち①res と realitas formalis の存在上のレベルの相違，実在的区別と形相的区別を認め，②同一のもの（res）から類概念や種差概念といった異なる概念が取り出されることができるのであるから，同一のもの

(res) の内に，このような複数の概念を成立させる根拠である複数の存在性 (realitas formalis) が存在するのであり，それらの一方の存在性は他方の存在性に対して，現実態が可能態に対するごとき関係にあり，一方が他方によって限定され完成され，③このような完成の究極的存在性からは，それ以上単純化不可能 (simpliciter simplex) な概念のみが取り出されるという発想は，個体化の理論だけでなく，スコトゥスの哲学全体に共通に見出される思想である。スコトゥスは次のように述べている。

『命題集註解（オルディナチオ）』第1巻第3区分第1部第3問題，神の可認識性についての議論

159 ……Sed nulla talis differentia est ultima, quia in tali continentur realitates plures, aliquo modo distinctae…… et ideo talis naturae conceptus non est simpliciter simplex. Sed ultima realitas sive 'perfectio realis' talis naturae, a qua ultima realitate sumitur ultima differentia, est simpliciter simplex; ista realitas non includit ens quiditative, sed habet conceptum simpliciter simplicem.

159 ……このような種差は究極のものではない。なぜなら，このようなものの内に，何らかの仕方で区別される複数の存在性が含まれているからである。……それゆえ，このような本性の概念は，それ以上単純化不可能なものではない。しかし，そこから究極的な差異が得られる，究極的存在性 (ultima realitas)，すなわちこのような本性の実在的な完成は，それ以上単純化不可能なものである。この存在性は何性・本質的存在を含まず，それ以上単純化不可能な概念を有する。(Scotus, *Ordinatio* I, d. 3, p. 1, q. 3, n. 159-160; Vaticana III, p. 97, lin. 16- p. 98, lin. 9)

『レクトゥーラ』第1巻第8区分第1部第3問題，神の単純性についての議論

（1） 102 ……Conceptus generis essentialiter determinabilis est per conceptum differentiae,── et non tantum conceptus, sed est aliqua realitas in re a qua sumitur conceptus generis, quae est 'esse in potentia', et ita determinabilis per realitatem a qua sumitur conceptus differentiae.

102 ……類の概念は本質的に，種差の概念によって限定される。──更に，単に概念だけでなく，そこから類の概念が取り出される，ものの内の存在性 (realitas in re) は，そこから種差の概念が取り出される存在性に対して可能態においてあり，それによって限定される。(Scotus, *Lectura* I, d. 8, p. 1, q. 3, 102; Vaticana XVII, p. 34, lin. 6 -10)

（2） 118 ……simplicitas perfecta non solum excludit compositionem ex re et re realiter diversa, sed compositionem ex realitate et realitate formali quarum una est in potentia ad aliam, ……

118 ……完全な意味での単純性は，実在的に異なるものとものとの複合 (compositio ex re et re) を排除するだけでなく，それらの一方が他方に対して可能態の関係にある存在性と存在性との複合 (compositio ex realitate et

realitate formali) をも排除する。(Scotus, *Lectura* I, d. 8, p. 1, q. 3, 118; Vaticana XVII, p. 41, lin. 21-23)

【III】更にまた，次のテキストにおいても同様のことが言える。
テキスト③『アリストテレス形而上学問題集』第7巻第13問題97
nec est inconveniens quod natura specifica sit in potentia ad <u>formam individualem</u>, et ex hac et illa fit unum. ……Unde 'quod quid est' speciei est idem cum specie simpliciter, sed non est idem cum individuo, sed quodammodo pars eius, cum individuum addat supra eam <u>formam individualem</u>, ut dictum est.

種的本性が<u>個体的形相</u>に対して可能態においてあり，この（種的本性）とあの（個体的形相）とから一つの事物が生ずることは何ら不適切ではない。……それゆえ，種の何であるか・その本質は無条件に種と同一であるが，個物と同一ではなく，或る意味で個物の部分である。上述のごとく，個物は種に<u>個体的形相</u>を付け加えるのだからである。(Scotus, *Quaestiones super libros Metaphysicorum Aristotelis*, Lib. VII, Quaest. 13, 97; Opera Philosophica IV, St. Bonaventure, N. Y. 1997, p. 251, lin. 4-16)

この『形而上学問題集』のテキストには，『命題集註解』（オルディナチオ）第2巻第3区分第1部第6問題206が対応している。

in conceptis autem cum materia (hoc est cum <u>entitate individuali</u> contrahente quiditatem), non est idem primo quod-quid-est et illud cuius est, quia sit conceptum primum non haberet quod-quid-est ex se sed tantum per partem, scilicet per naturam quae contrahitur per illam <u>entitatem individualem</u>.

質料と結びついている（すなわち何であるかという本質を個へと特定化する<u>個的存在性 entitas individualis</u>を伴っている）事物においては，その何であるか・本質と，それが属している事物は第一義的に同一ではない。なぜなら，このように第一に質料と結びついている事物は自らによって，何であるかという本質を有するのではなく，その部分すなわち個的存在性（entitas individualis）により個へと特定化された本性によってのみ何であるかという本質を有するのだからである。(Scotus, *Ord.*, II, d. 3, p. 1, q. 6, n. 206, Vaticana VII, p. 492, lin. 15-19：渋谷前掲訳，301頁)

これら二つのテキストは内容において一致している。すなわち，両方のテキストにおいても，「個物はその本質と同一ではない。本質は個物の部分であり，個物は種の本質に，それを特定化し<u>このもの</u>たらしめる個体化の原理が付け加えられたものである」ことが述べられている。しかし，こうした個体化の原理が『命題集註解』においては「個体的な存在性」(entitas individualis) であるとされ，『形而上学問題集』においては「個体的形相」すなわち<u>もの</u>（res）であるとされている点で相違している。こうした，『命題集註解』（オルディナチオ）における個体化の理論と，『形而上学問題集』における個体化の理論との相違に関しては，

渋谷克美 (2004), スコトゥスの二つの個体化の理論 (『G. オッカム著, スコトゥス「個体化の理論」への批判』), 知泉書館, 163-189頁.

横田蔵人 (2004), 「個体的差異と個体的グラドゥスの間で——ドゥンス・スコトゥスの個体化理論をめぐって」, 『中世哲学研究 VERITAS』XXIII, 京大中世哲学研究会, 87-96頁を参照。

あ と が き

　本書は，名古屋大学大学院文学研究科での西洋哲学史演習，2003年と2004年7月に行なった京都大学文学部，大学院文学研究科西洋哲学史集中講義をもとにしている。哲学科の学部や大学院の学生諸君との活発な議論は，筆者の励みになりました。

　本書の各章のいくつかは，既に発表された論文等を書き直したものである。以下，初出を記しておく。

序　論　オッカム『大論理学』の基底にあるもの（『創文』no.483, 2006）
　　　　オッカムの概念論（日本哲学会『哲学』41号，1991）
第1章　オッカム『大論理学』註解IV，創文社，2005
第2章　オッカム『大論理学』の研究，第2章，創文社，1997
第3章　オッカム『大論理学』註解II，創文社，1999
補　遺　スコトゥス，オッカムにおける様相論理と可能世界論（『中部哲学会年報』第34号，2001）
第4章　William of Ockham's Commentary upon Isagoge of Porphyry (VERITAS, Kyodai Studies in Medieval Philosophy, XVII, 1998)
　　　　第10回国際中世哲学会（Erfurt, 1997）発表原稿
第5章　オッカム『大論理学』註解III，創文社，2001
第6章　代示 suppositio の問題に関する，偽リカルドゥスとオッカムの議論（『中世思想研究』XL，中世哲学会，1998）

　最後に，本書の出版を快くお引き受けいただきました知泉書館の小山光

夫氏，髙野文子氏に大変お世話になりました。御礼申し上げます。

 2006年2月

渋 谷　克 美

索　引

あ 行

在るところのもの（quod est）…30-35, 39
何時性（quandalitas）…………100-102
馬性（equinitas）……39,42,77,101,102
エッセ，存在（esse exsistere）……4, 5,13,14-44,101-103
　現実存在（esse actualis existentiae）
　…………………………………21,47,48
エッセンチア，本質（essentia）…4,5, 13,14-29,35-44,101-103
　本質存在（esse essentiae）……21,47

か 行

解決困難な命題（insolubilia），嘘つきのパラドックス ………………6-8
可能世界 …………………107,114,117
可能態において（in potentia）持つ
　…………………………………132-135
考えられうるもの（esse intelligibile）
　…………………………………112,113
関係は parva res である ……92,95,102
観点において（ratione）区別される
　……………………………………21,23
共通本性 …………………4,5,45,46, 48-56,58,60,64,69,72-78,81,102, 103,120,158,159,166-168,173-177
形相的区別，形相的に異なる
　（distinctio formalis）……48-50,52, 54-58,74,102
形相的部分 …………………129,131,135

言語の階層（レベル）…………120,137, 145,146,148,166
現代の人々（moderni）…………4,81, 82,84-86,93,96,100-102,105
心の内の言葉（verbum mentale）…8,9
心の内の言葉と，心の外のものとの区別
　………………………5-8,42,45,77,81, 92,103,107,120,132,135,149,177
個体主義，心の外には，個物以外に何も存在しない …………169,170,175,176
個体化の理論 ………4,5,45-48,53,75,77
個体優位の思想 ……………158,159,175

さ 行

志向的概念（intentio）において異なる
　……………………………………21,22
実在的な区別，実在的に異なる ……5,13, 14,26-28,32,34,35,39,40,48-50, 52,54-57,66,84,91-93,95,102,103
述語づけの遂行態（actus exercitus）
　……4,120,149,160-170,173,176,177
述語づけの表示態（actus significatus）
　……4,120,149,160-170,173,176,177
除去 ……………………………123-125,135
　実在的な除去（interemptio realis）
　…………………………………124,125
　論理的な除去（interemptio logicalis）
　…………………………………124,125
ソクラテス性（Sorteitas）………55,77, 101,102
それによってものが在るところのもの
　（quo est）………………………30,32-35
存在性，実在性（realitas）……49-52,

54-56, 58, 72-75, 77, 102, 113

た 行

代示（suppositio） ……………6, 8, 10, 61, 62, 120, 145, 146, 149-160, 162-164, 166-168, 171, 173-176
 個体代示（suppositio personalis）
  …………61, 62, 98, 126, 145-148, 150-155, 157-159, 168, 176, 177
 形相代示（suppositio formalis）
  …………152-154, 171, 173, 174, 177
 質料代示（suppositio materialis）
  ……………………………145-147, 157
 単純代示（suppositio simplex） …61, 145, 146, 148, 150-153, 155-159, 163, 167, 168, 169, 172, 176, 177
 普遍的な在り方，存在様式を示す代示（suppositio manerialis）……155, 156
単意語（absoluta mere）……………92, 99-101, 103, 104
小さな存在性・もの（parva res）…92, 93, 95, 100-102, 104
討論における拘束の術（obligatio）
 …………………………………………6-8
独立して存在するもの（res absoluta）
 …………4, 25, 29, 49, 50, 52, 67, 81, 83, 85, 88-92, 94, 96, 97, 98, 100, 105
何処性（ubitas）………………100-102

は 行

走る（currere）……22, 31, 38, 39, 41, 42
 走るもの（currens）…………22, 31, 38, 39, 41, 42, 101, 102
 走行（cursus）………22, 31, 33, 38, 39, 41, 42, 101, 102
必然
 自然的必然性 ………………114-117
 論理的必然性 …………114, 116, 117
表示様態，表示の仕方（modus significandi）……22, 39, 40, 90, 97, 100
併意語（connotativa）……92, 99-101, 103, 104
本質的部分 ………………………127, 128

や 行

様相命題
 結合された意味において（in sensu compositionis）用いられる様相命題
 ………………120, 137-140, 142-148
 分離された意味において（in sensu divisionis）用いられる様相命題
 ………………………120, 137-148
様相論理 ………………………107, 114, 117
 共時的様相モデル（synchronis alternatives）………………109-111
 通時的様相モデル（diachronic modalities）…………………109, 110
より前 ………122, 123, 125, 126, 135
 存在において（in esse）より前
 ………………………………125, 126
 推論においてより前（secundum prioritatem consequentiae）
 ………………………………125, 126

ら 行

量独立説 ………………4, 5, 81-87, 90
論理的に可能な存在（esse possible logicum）……………………112-114

渋谷 克美（しぶや・かつみ）
1948年生まれ．金沢大学大学院文学研究科修士課程修了．京都大学博士（文学）．1991－92年 UCLA（カルフォルニア大学ロスアンジェルス校）客員研究員．現在愛知教育大学教授．

〔著書・論文〕『オッカム「大論理学」の研究』（創文社，1997），Scotus on Common Nature－Is Scotus's Theory Incoherent? (VERITAS, Kyodai Studies in Medieval Philosophy, XV 1995),「スコトゥス，オッカムの直知認識（notitia intuitiva）と抽象認識（notitia abstractiva）（『哲学史の再構築に向けて』昭和堂，2000），「抽象と直知－オッカムの直知理論－」（『中世哲学を学ぶ人々のために』世界思想社，2005），他．

〔訳書〕トマス・アクィナス『神学大全』第22分冊（創文社，1991），ドゥンス・スコトゥス「命題集註解（オルディナチオ）」第2巻，アダム・ヴォデハム「命題集第1巻第2講義」『中世思想原典集成18』所収，（平凡社，1988），『オッカム「大論理学」註解Ⅰ－Ⅴ』（創文社，1999-2001, 2003, 2005），オッカム『スコトゥス「個体化の理論」への批判－『センテンチア註解』第1巻第2区分第6問題』（知泉書館，2004）他．

〔オッカム哲学の基底〕　　　　　　　　ISBN4-901654-73-X

2006年 4月25日　第1刷印刷
2006年 4月30日　第1刷発行

著　者　　渋　谷　克　美
発行者　　小　山　光　夫
印刷者　　向　井　哲　男

発行所　〒113-0033 東京都文京区本郷1-13-2　　株式会社　知泉書館
電話03(3814)6161振替 00120-6-117170
http://www.chisen.co.jp

Printed in Japan　　　　　　　　　　　　印刷・製本／藤原印刷